Hans-Josef Joest
Auf der Schokoladenseite

Hans-Josef Joest

Auf der Schokoladenseite

Hans Imhoff –
eine Nachkriegskarriere

ECON Verlag
Düsseldorf · Wien · New York

Bildquellen:

»Die Farb-Illustrierte« 3/54
Drahten, Köln
Gottwald, Koblenz
Hubmann, München
Olligschläger, Köln
Press Advertising, Jerusalem
Eberhard Schuy, Köln
Sven Simon, Bonn

Alle Bildvorlagen wurden freundlicherweise von der Stollwerck AG in Köln zur Verfügung gestellt.

CIP-Titelaufnahme der Deutschen Bibliothek

Joest, Hans-Josef:
Auf der Schokoladenseite : Hans Imhoff – e. Nachkriegskarriere / Hans-Josef Joest. – Düsseldorf; Wien; New York: ECON Verl., 1988
ISBN 3-430-15098-1

Gesetzt aus der Garamond der Linotype GmbH
Satz: ICS Communikations-Service GmbH, Bergisch Gladbach
Papier: Papierfabrik Schleipen GmbH, Bad Dürkheim
Druck und Bindearbeiten: Bercker, Kevelaer
Printed in Germany
ISBN 3-430-15098-1

Für Eleonore,
Jens und Tim

Inhaltsverzeichnis

Vorwort

Lebens-Leistung
Betrachtungen im Sinne von Hans Imhoff
von Johannes Gross

I.

Es ist die klassische Rags-to-riches-Geschichte, die Hans-Josef Joest in diesem Buch farbig, lebhaft und umfassend erzählt. Sie ist klassisch im Sinne des amerkanischen Traums, aber nicht typisch für Europa. Der Aufstieg aus dem Nichts der Allgemeinheit zu Ansehen, Einfluß und Erfolg dank der Leistung nur *einer* Generation ist auf dem alten Kontinent nie häufig gewesen, in unserem Jahrhundert nur in den Aufbaujahren nach dem Zweiten Weltkrieg öfters vorgekommen und wird nun wieder seltener werden.

Hans Imhoff gehört nicht zu den Erfolgreichen der ersten Stunde, nicht zu den Profiteuren der Mangelwirtschaft oder den großen Aufsteigern im Gefolge der Erhardschen Wirtschaftsrevolution. Er hat sein großes Glück gemacht (nicht gefunden), als das meiste schon längst wieder etabliert war, als die ersten Zweifel am Industriestandort Bundesrepublik in Mode kamen und die hochgemut freie Marktwirtschaft sich schon zur administrierten Marktwirtschaft verdickt hatte.

Imhoff wird mit Recht beschrieben als hart arbeitender Unternehmer und zudem als rheinische Frohnatur, die in die populäre Typologie vom Kapitalisten aus dem Geist der protestantischen Ethik mit seiner innerweltlichen Askese (Ernst Troeltsch, Max Weber, R. H. Tawney) nicht paßt – er gehört nicht in diese Tradition, die ohnedies ihre Gültigkeit einbüßt, da seit dem Ende des Bismarckreiches die protestantische Führungsschicht desintegriert, von der Industrie bis zu den Künsten. Imhoff ist aber nicht nur der fröhliche Schaffer, der auch den guten Dingen des Lebens fröhlichen Zuspruch tut, sondern, vor der Öffentlichkeit sorgsam verdeckt, ein Mann der Nachdenklichkeit, mit dem sich über Welt- und Zeitläufte ernste Gedanken spinnen lassen. In der Erinnerung und gleichsam als Fortsetzung vieler Gespräche in seinem Haus oder in Franz Kellers Restaurant oder in seinem Kontor auf der falschen Seite Kölns sind die folgenden Betrachtungen niedergeschrieben.

II.

Die Polemik gegen die Leistungsgesellschaft – das Wort selbst ist als Diffamation gedacht – ist nur eines unter den Symptomen für die radikale Änderung des öffentlichen Bewußtseins seit den fünfziger Jahren. Als objektive Ursachen für die Veränderung mag man auf die Sättigung der Grundbedürfnisse hinweisen, den Wegfall begeisternder, wirklichen Einsatz legitimierender Ziele für eine junge Generation, der man die Geschichte als bewältigte Vergangenheit wegnahm und eine Zukunft anbietet, die nur hochgerechnete Gegenwart ist; vielleicht auch auf die allgemeine Tendenz, Leistungen gerade denen billiger anzubieten, die selbst keine erbringen, vom Flug zu fernen Zielen bis zur Kinokarte.

Interessanter sind die ideologischen Motivationen. Die Kritik an der Leistungsgesellschaft richtet sich auf Leistungen der kapitalistischen Wirtschaft oder auf Leistungen, die am oberen Ende einer Hierarchie erbracht werden, wie die der Chefärzte. Der Angriff richtet sich nicht gegen künstlerische und sportliche Leistungen, die gewissermaßen außerhalb der Arbeitswelt erbracht werden und deren Prestige bei der Menge nicht zu erschüttern ist. Die Kritik wird plausibel, weil nur eine winzige Minderheit Chefpositionen innehat und das Image der Unternehmer, die das Leistungsprinzip vor allem darstellen, negativ ist. Die Kritik geht vornehmlich aus von akademischen oder literarischen Disziplinen, in denen Leistungen nicht deutlich gemessen werden können. Die Widersprüchlichkeit der Attacken auf das Leistungsprinzip liegt darin, daß auch von den Kritikern ein Nichtfunktionieren sozialer Abläufe nicht gewünscht wird; es soll durchaus die Funktionsfähigkeit der Verkehrswege, der Versorgung aufrechterhalten bleiben, es soll ein Sozialprodukt geben, das wenigstens umverteilt werden kann. Auch setzt die Freizeitgesellschaft eine funktionierende Leistungsgesellschaft voraus. Ziel der Kritiker der Leistungsgesellschaft wird darum nicht sein, sie zu zerstören, sondern sie zu erpressen.

III.

Die Überzeugung, daß Leistung erbracht und belohnt werden müsse, trägt Imhoff so ungeniert vor wie alles andere auch. In seinem altfränkisch-liberalen guten Gewissen erscheint er wie ein Fabeltier in einer Unternehmermentalität, die eher auf öffentliche Vorsicht und betriebliche Risikominderung aus ist als auf unerschrockene Behauptung des allgemeinen und des eigenen Interesses. Damit erregt er Anstoß, aber am Ende auch Zustimmung. Das gilt für Köln, wo die politischen Rahmenbedingungen für sein Wirken ihm schon von der Herkunft her günstig sein mußten. Köln ist eine Stadt, der es ziemlich gleichgültig ist, wer sie regiert, es sind ohnedies immer die gleichen: weder ein Patriziat noch ein Pöbel, sondern die Vertreter des kleinbürgerlichen Elements, das das Gemeinwesen trägt und jenen Typ des Kommunalpolitikers in allen

Parteien bevorzugt, die das Wohl der Stadt mit dem eigenen verbinden und dem handfesten Argument immer zugänglich bleiben. Aber auch anderwärts, in entlegenen Zuständen, Belgien, Schweiz, Israel, hat sich sein Kosmopolitismus bewährt, der im wesentlichen auf nichts anderem gründet als der raschen Erfassung ökonomischer Fakten und einem von Herzen freundlichen Temperament, das durch alle Barrieren von Sprache, Gesinnung und Bildung schlägt.

Einmal ist Imhoff, sonst die Gelassenheit selbst, wegen einer Frage empört gewesen, die den Charakter des Unternehmers berührt. Es ging um Erwerb und Sanierung eines Unternehmens in Hannover und die Beteiligung der öffentlichen Hand. Imhoff wollte keine Unterstützung und hat keine erhalten, aber war nicht gefaßt darauf, daß politische und öffentliche Stimmungen gegen ihn mobilisiert werden sollten, weil der wirtschaftliche Verstand Produktionsverlagerungen und Personalabbau vorschrieben: Das durfte nicht sein. Er sah sich in den Ruf des erbarmungslosen kapitalistischen Profitgeiers gebracht, da er doch für Fabrik und Region das menschenmöglich Richtige und Gute ins Werk setzen wollte. Seine Reaktion war begreiflich, aber naiv. Er hatte sich nicht klargemacht, daß bei solchen Vorgängen in aller Regel Verursacher und Ankläger identisch sind. Diejenigen, die zunächst die Bedingungen für unternehmerischen Erfolg verschlechtern (durch staatliche Reglementierung, hohe Sozialkosten), sind es auch, die laut schreien, wenn der von ihnen erzeugte Rationalisierungsdruck Rationalisierungen bewirkt. Dann ist von Moral, der mangelhaften Moral, der Unternehmer die Rede.

IV.

Über die Moral der Unternehmer, wie die Moral überhaupt, herrschen absonderliche Vorstellungen. Während die allgemeine Auffassung von Moral porös wird, steigt der Anspruch auf das Wohlverhalten der Führungsgruppen. Kann man für frühere Zeiten Moral als Herrschaftsinstrument begreifen, als ein Mittel, die *Untertanen* zu zähmen und in ruhiger Pflichterfüllung zu halten, so wird sie heute dergestalt demokratisiert, daß sie die *Eliten* in Pflicht nimmt, wo noch solche vorkommen. Gegenüber der Tendenz, die allgemeine Moral, wie sie sich etwa in den Zehn Geboten ausspricht, für reine Privatsache zu halten und davon eine rollenspezifische Moral abzuheben, die öffentlich kontrolliert und durchgesetzt wird, ist daran zu erinnern, daß keine Gesellschaft überstehen kann, wenn sie die allerersten Grundsätze der Moral für privat, also unverbindlich, erklärt und dafür Sondermoralen proklamiert, die im wesentlichen Leistungs- und Führungshemmung zum Inhalt haben. Denn diese neuen und künstlichen Moralen (künstlich, weil auf Überlegungen von Intellektuellen weit mehr beruhend als den Gesinnungen im Volk) verlangen vom Politiker zuerst, daß er wahrhaftig, nicht korrupt und ideal gestimmt sei, vom Offizier die demokratische Integrität und die Anhänglichkeit an die innere Führung, vom Geistlichen das undogmatische Verständnis für den Nicht- oder Andersgläubigen, vom Unternehmer oder Manager die nichtautoritäre Führung, das herzliche Betriebsklima, die treuliche Ablieferung an das Finanzamt und die Sorge um den Umweltschutz. So wichtig, so richtig dies alles ist – die zentrale Forderung, welche Moral stellt, ist es gerade nicht. Der Gottesmann soll zuerst von Gesetz und Erlösung predigen, der Soldat den Krieg vermeiden helfen und ihn im Ernstfall gewinnen, der Politiker das nationale Interesse vertreten, der Unternehmer Gewinn machen.

Jeder Beruf hat sein »Ethos«, die Übereinstimmung der ihm Angehörigen über die Form seiner Ausübung, aber das Fundamentalprinzip bei den Berufen ist überall gleich: Der Mensch wird an der Erfüllung seiner Aufgabe gemessen. Dem schlechten Chirurgen hilft es nicht, daß er ein zärtlicher Gatte ist, sowenig wie dem feigen Soldaten die Frömmigkeit oder das Betriebsklima dem Bankrotteur. Sie mögen liebenswerte Menschen sein, oft sind sie es tatsächlich, die aus Unvermögen Gescheiterten in den Prestigepositionen – als Gescheiterte haben sie keine Moral.

V.

Hans Imhoff wird in diesem Jahr die Ehrendoktorwürde der Universität Witten-Herdecke verliehen werden. Das ist eine treffende Ehrung. Eine Hochschule, hervorgegangen aus privatem Unternehmungsgeist, gibt einem Mann den akademischen Rang des gelehrten Lehrers, den das Leben das Wesentliche gelehrt hat und von dem andere, zum Nutzen unserer Volkswirtschaft, lernen können.

Köln, im Juli 1988 — Johannes Gross

1.
Elternhaus und Berufsstart

»Weil das Geld für Schokolade fehlte, mußte ich mich am Kakaoduft satt riechen«

Ein Zehnjähriger ist auf dem Holzweg. »Guten Tag, Frau Schmitz, mein Name ist Imhoff.« Köln, Bayardsgasse 7: Vor der Wohnungstür im dritten Stock links steht ein adrett gekleideter, stämmiger Junge. »Ich bin Hans Imhoff, gern möchte ich Ihnen eine Freude machen.« Anna Schmitz muß unwillkürlich schmunzeln. Da macht ihr ein kleiner Kavalier seine Aufwartung, fein herausgeputzt mit kariertem Sporthemd, Bleyle-Hose und akkurat heraufgezogenen Kniestrümpfen. Ihren Namen weiß er sicher erst, so vermutet sie richtig, seit er auf das kleine Messingschild an der Tür geschaut hat. Dieser Kleine hat es faustdick hinter den Ohren, und die Nickelbrille gibt ihm außerdem noch etwas Altkluges.

»Liebe Frau Schmitz, hier habe ich wunderschönes Anmachholz«, rückt der Besucher ein prall gefülltes Spankörbchen mit Kleinholz ins Blickfeld, »das müssen Sie sich einmal anschauen, es brennt phantastisch.« Sobald Anna Schmitz verhaltenes Interesse zeigt, fügt der Junge in Vertretermanier überschwenglich hinzu: »Sie haben morgens überhaupt keinen Ärger mehr mit dem Herdanmachen, denn das Holz stinkt nicht, qualmt nicht, das ist wunderbar abgelagert – und der große Korb kostet nur zehn Pfennig.«

Kein Zweifel, Anna Schmitz hat bereits Feuer gefangen für den kleinen Überredungskünstler. Im Lebensmittelladen um die Ecke verlangen sie auch zehn Pfennig für Anmachholz, doch in diesem Korb ist tatsächlich weit mehr aufgeschichtet. In ihrer Schürzentasche findet sie auch den nötigen Groschen, den der Junge stolz in Empfang nimmt. »Danke, und ich komme gern wieder«, versichert er ihr. Einen Moment später ist er bereits im Treppenhaus verschwunden.

Eine Kölner Alltagsszene – fast ein idyllischer Moment im Deutschland des Jahres 1932: Eine ungeliebte Republik liegt im Todeskampf. Das Kaiserreich hat den Krieg verloren, die Demokratie muß die Verantwortung dafür übernehmen. Die Erbschaft der Niederlage, die Reparationslast von Versailles, hängt wie ein Mühlstein an der jungen Republik. Militärs, konservatives Bürgertum, Unternehmer und Beamte leben noch in der autoritären Tradition des Obrigkeitsstaates weiter. Die Dolchstoßlegende nach der unerwarteten Niederlage, das Verarmen des Bürgertums und die wachsende Arbeitslosigkeit während der Weltwirtschaftskrise, schließlich die tief verwurzelte Kommunistenfurcht begünstigen die gefühlsbetonten demagogischen Heilslehren Adolf Hitlers. Im Frühjahr 1930 platzt die große Koalition, zerbricht damit die letzte parlamentarische Regierung der Weimarer Republik. Seither suchen Minderheitskabinette von Gnaden des Ersatzkaisers Hindenburg einen Weg aus dem wirtschaftspolitischen Dilemma.

1932, der erste Versuch einer Demokratie in Deutschland geht in das letzte Jahr. Im Marschlied »Wenn der Sturmsoldat ins Feuer zieht« grölen ihr die SA-Trupps Hitlers bereits das Requiem: »Judenrepublik«. Die Weltwirtschaftskrise erreicht in den kommenden Monaten ihren Höhepunkt, sechs Millionen Deutsche stehen ohne Arbeit da, Hitler erntet die Früchte seiner maßlosen Propaganda. Ende des Jahres zeigt sich ein Silberstreif am Horizont, erwartet Reichspräsident Hindenburg beim Neujahrsempfang, »daß die härteste Notzeit überwunden und der Weg aufwärts nunmehr für uns frei wird«. Hitlers genialer Volksverdummer Joseph Goebbels notiert nach schweren Rückschlägen für die NSDAP bei den Reichstagswahlen vom November am Tag vor Heiligabend wütend in sein Tagebuch: »Das Jahr 1932 war eine einzige Pechsträhne, man muß es in Scherben schlagen.« 38 Tage später ernennt Hindenburg Adolf Hitler zum Reichskanzler.

»Die Geschichte des Nationalsozialismus«, bewertet der Politologe Karl Dietrich Bracher das Versagen der politischen Parteien im Jahr 1932, »ist wesentlich die Geschichte seiner Unterschätzung.« Zugleich macht Bracher Hindenburg und die mit Notverordnungen am Parlament vorbeiregierenden letzten Weimarer Kanzler mitverantwortlich für die verhängnisvolle Entwicklung: »Die Verkopplung der Ausnahmegewalt mit dem Recht zur Auflösung des Reichstags und zur Ernennung des Reichskanzlers ermöglichte eine legale Diktatur des Reichspräsidenten; mit ihrer Hilfe und nicht als Führer einer Mehrheitsregierung ist Hitler an die Macht gelangt.« Die nur zwölf Jahre kurze Epoche des vermeintlichen Tausendjährigen Reiches beginnt. Hitlers Schreckensherrschaft wird sechs Millionen Juden auf bestialische Weise das Leben kosten, der Zweite Weltkrieg rund 55 Millionen Menschenopfer fordern.

Wie erlebt ein Zehnjähriger dieses Wendejahr von der jungen, ungeliebten Demokratie zur menschenverachtend grausamen Diktatur? Hans Imhoff erfährt diese epochalen Ereignisse in ihren Ausstrahlungen auf seine kleine Welt, daheim in der Kölner Fleischmengergasse 34, unweit des Neumarktes. Hier im zweiten Stock wohnt er mit seinen Eltern und seiner zwei Jahre älteren Schwester Marianne. Der Vater betreibt zwei Blocks entfernt in der Bobstraße eine Schlosserei. Bereits mit 23 Jahren hat Fritz Imhoff vor der Handelskammer Köln seine Meisterprüfung abgelegt und sich Anfang der zwanziger Jahre direkt neben dem väterlichen Betrieb als Deutschlands jüngster Schlossermeister selbständig gemacht. Zwei Reichspatente seines Vaters und dessen florierende Fabrikation von Kirchenfenstern fördern Fritz Imhoffs Wagemut. Seine Vorfahren haben es sogar zu künstlerischem Ruhm gebracht.

Seit dem 18. Jahrhundert läßt sich in Köln die weitverzweigte Bildhauerfamilie Imhoff in fünf Generationen nachweisen. Peter Joseph Imhoff (1768 bis 1844) schuf die früheste und wohl bedeutendste klassizistische Skulptur auf dem berühmten Kölner Friedhof Melaten, den Todesgenius. Im Jahr 1823 vollendete er in Elberfeld das erste öffentliche Denkmal der Rheinprovinz für einen wohlhabenden Bürger.

Wilhelm Joseph Imhoff (1791 bis 1858), ein Neffe Peter Josephs, meißelte in den dreißiger Jahren des letzten Jahrhunderts nach Entwürfen des Berliner Baumeisters Schinkel Posaunenengel für den Chor im Kölner Dom. Sein Grabmal auf Melaten ziert ein unvollendetes weibliches Haupt. »Bei diesem Kopf«, so der Spruch darunter, »brach ihm der Meißel ab, und der Künstler sank ins Grab.«

Fritz Imhoff und seine junge Familie, Nachfahren dieser bedeutenden Bildhauer, gehören zweifellos zu den besseren Kreisen in ihrem Wohnviertel, in dem hauptsächlich Arbeiter und Handwerker leben, die dem Mittelstand zuzuzählen sind.

Charlotte Imhoff entstammt der angesehenen Berliner Bankierfamilie Gallé. Ihr Vater hatte sein beträchtliches Erbe in Weimar in eine dampfbeheizte Großgärtnerei investiert. Aber mehr als unternehmerische Qualitäten zeichneten ihn Kunstsinn und eine außerordentliche Sprachbegabung aus. Als er zusätzlich noch für einige Offizierskollegen bürgte, kostete ihn dies den eigenen Betrieb. Fortan arbeitete er als Chef-Garteninspektor beim Herzog von Weimar. Nach seinem frühen Tod eröffnete die Witwe dort ein Blumengeschäft, in dem Charlotte Gallé das Blumenbinder-Handwerk lernte.

Als Waffenmeister im kaiserlichen Heer hatte Hans Imhoffs Vater 1915 die Auslagen dieses Blumengeschäftes begutachtet, als Charlotte Gallé gerade von innen an die Scheibe trat und die Sträuße richtete. Fritz Imhoff kommentierte dies mit einem Scherz – und sie streckte ihm die Zunge heraus: eine Geste mit nachhaltiger Wirkung.

Ein Jahr später, mitten im Ersten Weltkrieg, zogen die frischvermählten jungen Leute westwärts ins ferne Rheinland. Als sie in Köln ankamen, fielen dort ausgerechnet die ersten Bomben.

Wo heute die Stadtbücherei mit einem repräsentativen Gebäude aufwartet, richteten sich die Imhoffs in der zweiten Etage des Hauses Fleischmengergasse 34 ein. Ganz in der Nähe des Neumarktes liegt dieses Altstadtviertel, dessen winklige Gassen fremdländische Namen tragen: Bayardsgasse, Großer Griechenmarkt, Pantaleonsmühlengasse, Thieboldsgasse. Gemessen am Wohnkomfort, den sanitären Verhältnissen, der Kinderhäufigkeit und der Beschäftigungsstruktur, sind Imhoffs nicht in die beste Gegend gezogen. An die Bayardsgasse schließt sich das Judenviertel an, im gleichen Straßenzug existieren zwischen Milchläden, Schuhreparaturbetrieben und Gemüsehändlern zwei urkölsche Bordelle mit Preisen von einer Reichsmark aufwärts. In dieser von vielen unterschiedlichen sozialen Schichten geprägten Wohnumgebung kommt Hans Robert Friedrich Imhoff am 12. März 1922 zur Welt. Der Krieg liegt erst gut drei Jahre zurück, noch halten die Franzosen das Rheinland besetzt. Die Inflation gewinnt verhängnisvoll an Fahrt. Hat die Parität der Reichsmark zum Dollar im Juni 1920 noch 40 Mark betragen, verschlechtert sich dieses Wechselverhältnis im November 1922 auf 7 000 Mark, bis es ein Jahr danach auf 4,2 Billionen absinkt.

Doch die Währungsreform, die Versorgung der Wirtschaft mit ausländischem Kapital und die vorläufige Regelung der Reparationsfrage im Dawesplan ermöglichen im folgenden ein Jahrfünft der Prosperität. Fritz Imhoff leistet sich einen unerhörten Luxus. Er kauft sich ein Motorrad, eine 500er DKW wassergekühlt, hochmodern in Rot, Chamois abgesetzt. Den passenden Beiwagen fertigt er in der eigenen Schlosserei aus Aluminiumteilen. Fortan lernen die Imhoffs Sozialneid hautnah kennen. Aus Rücksicht auf die Nachbarn nehmen sie deshalb für die Spritztour am Sonntagnachmittag jeweils einen Start mit Hindernissen auf sich. Der Vater fährt zunächst mit Motorrad und Beiwagen zur Rückseite des Wohnblocks und wartet dort, bis Mutter und Kinder ihn zu Fuß auf der anderen Seite der Häuserzeile erreicht haben.

Noch gibt es für den Schlosserbetrieb mit seinen 20 Mitarbeitern genug Aufträge. Imhoffs können die Miete von 29,80 Mark pünktlich zahlen. Gern übernimmt es Hans Imhoff, das Geld bei den Eigentümern im Lederwarenladen Berger im Souterrain abzuliefern. Allerdings patrouilliert er oft stundenlang vor dem Laden, bis er eintritt. Denn nur einer der beiden Inhaberbrüder gibt ihm jeweils zehn Pfennig Trinkgeld – den Gegenwert von zwei Portionen Eis. Eine unbeschwerte Zeit, diese goldenen Zwanziger zwischen Währungsreform und New Yorker Börsenkrach. Mit sechs Jahren darf Hans Imhoff an der Rheinischen Musikschule das Klavierspiel lernen – ein Privileg, das er gegenüber den gleichaltrigen Nachbarskindern genießt. In der Grundschule profitiert der Junge davon, daß seine Eltern daheim hochdeutsch sprechen. Den Lehrerinnen fällt er als feiner, gebildeter Junge auf. Während der ersten vier Jahre bringt er die jeweils klassenbesten Zeugnisse nach Hause. Besonders im »mündlichen und schriftlichen Gedankenaustausch« weiß Hans Imhoff zu brillieren. Schön zu schreiben fällt ihm dagegen schwer. Bereits seit dem fünften Lebensjahr besitzt er eine Brille. Ein Bild seiner

Volksschulklasse zeigt ihn unter 40 Kindern als einzigen Brillenträger. Diese Gläser provozieren Gleichaltrige zu dem bösen Schimpfwort »Schäl«. Aber der Angegriffene weiß sich zu helfen. Kräftig gebaut, gewinnt er nahezu jeden Zweikampf. Nachdem er auch den Rivalen aus der Mansardenwohnung im Haus Nummer 34 bezwungen hat, hören die Jungen in der Fleischmengergasse auf sein Kommando.

Als der Börsenkrach am 25. Oktober 1929 in New York die goldenen Zwanziger als eine trügerische Herrlichkeit auf Pump entlarvt, bekommen Imhoffs die Folgen mit voller Wucht zu spüren. Von einer rheinischen Wohnungsbaugesellschaft hat der Vater einen bedeutenden Auftrag zur Ausrüstung von Neubauten mit Treppengeländern und Türverschlüssen über die stolze Summe von 60 000 Reichsmark erhalten. Seine 20 Mitarbeiter, ein Drittel davon Lehrlinge, sind über Monate vollauf beschäftigt. Allerdings muß Fritz Imhoff mit Bankkrediten in Vorleistung treten. Doch als der Auftrag nahezu abgewickelt ist, geht die Baugesellschaft plötzlich in Konkurs. Fassungslos beobachtet Hans Imhoff, wie über Nacht graue Strähnen die Lockenpracht seines Vaters durchziehen. »Nie wieder habe ich meine Eltern so hilflos und verzweifelt gesehen«, schildert er die bedrückende Situation. Fortan fehlte das Geld selbst für das Nötigste. Aber Charlotte Imhoff lehnt es kategorisch ab, im Lebensmittelgeschäft anschreiben zu lassen. Fritz Imhoff muß die Hälfte seiner Belegschaft entlassen.

Zeitweise nimmt der Vater den Jungen frühmorgens um halb sechs vor Schulbeginn mit in die Werkstatt, damit er ihm handlangert. »Das war eine unerhörte physische Anstrengung für mich«, weiß Hans Imhoff noch, »aber die Begeisterung meines Vaters für die Arbeit übertrug sich auch auf mich.« Diese frühen Erfahrungen des harten Alltags wecken den Arbeitseifer des Jungen, nicht jedoch seine Neigung zur Handarbeit. Kaltes Eisen etwa verursacht ihm Schauer auf dem Rücken, ebenso ungern faßt er Briketts oder schmutzige Kartoffeln an. Das Talent seiner Vorfahren zum Modellieren fehlt ihm ohnehin. Schon nach diesen ersten Erlebnissen in der Werkstatt erklärt Hans Imhoff seiner Mutter: »Die Schlosserei möchte ich nicht übernehmen, und schon gar nicht unter Vater arbeiten, der bleibt doch ewig der Chef.«

Auf dem Rückweg von der Schlosserei treffen Vater und Sohn immer häufiger auf Arbeitslose, die jedem unverblümt drohend geschmuggelte Zigaretten zum Kauf anbieten, der dort wie Fritz Imhoff mit Schlips und Kragen vorbeikommt. Noch nehmen breite Bevölkerungskreise das wachsende Beschäftigungsproblem nicht wirklich ernst. Denn in den Kölner Kinos lacht das Publikum herzhaft über Heinz Rühmann, Willy

Fritsch und Oskar Karlweis als »Die Drei von der Tankstelle« – drei Arbeitslose, die sich nicht unterkriegen lassen.

Bedrückt beobachtet Hans Imhoff, wie sein Vater nach 14 Stunden harter Arbeit abends eine Milchsuppe vorgesetzt bekommt, die ihn nicht satt machen kann. Noch stärker wühlt ihn jedoch auf, wenn seine Mutter den Gasmann oder den Ableser vom Elektrizitätswerk bitten muß, den fälligen Betrag doch später abzuholen, und anschließend am Küchentisch in die Schürze weint. Jeden Morgen erinnert sie ihren Mann, bevor er die Wohnung verläßt: »Du hast mir noch kein Tagesgeld gegeben.« Dann erhält sie zumeist zwischen einer und fünf Mark. Hans Imhoff erinnert sich allerdings auch an Tage, an denen der Vater mit einem Achselzucken aus dem Haus ging, weil seine Geldbörse offenbar leer war.

Arbeitslosigkeit wird zur Geißel der Zwischenkriegszeit. Rudolf Ditzen alias Hans Fallada setzt in seinem Roman »Kleiner Mann – was nun?« dem Heer der Entwurzelten, vor allem aber den nicht Entmutigten ein literarisches Denkmal. Während der arbeitslose Buchhalter Johannes Pinneberg nachts verzweifelt durch Berlin irrt, sichert seine tapfere Frau »Lämmchen« mit Näh- und Flickarbeiten das Überleben der Familie: »Ach denke immer daran, wie's morgen anders sein kann, wenn sich die Wolken verziehn und neue Hoffnungsblumen blühn . . .«

Im Winter 1931/32 übersteigt die Zahl der Stellungslosen sechs Millionen und erfaßt damit ein Drittel der Arbeitnehmer. In keinem der Folgemonate des Jahres 1932 wird diese Schreckensrate unter 5,1 Millionen sinken. Zu ganzen 40 Prozent sind die industriellen Anlagen ausgelastet. In der Landwirtschaft können selbst Subventionen und Schutzzölle die Einkommensausfälle als Folge des Preisrückgangs nicht bremsen. Die meisten Industrieländer durchschreiten im Sommer 1932 den Tiefpunkt der Depression. In Schweden bricht der riesige Zündholzkonzern zusammen, sein Schöpfer Ivar Kreuger begeht in Paris Selbstmord. Zwischen Köln und Bonn entsteht Europas erste Autobahn, die »HaFraBa«, eine Schnellverbindung von Hamburg über Frankfurt nach Basel. Weitere konkrete Pläne der Weimarer Beamten für kreuzungsfreie Fernstrecken werden die Nationalsozialisten bald mit großem Propagandawirbel als von ihnen selbst erdachte Arbeitsbeschaffungsmaßnahmen für ihre Zwecke benutzen und den Publikumserfolg auf ihre Mühlen lenken.

Friedrich Imhoff hat, aus streng katholischer Familie stammend, auf den früheren Zentrums-Fraktionschef und Reichskanzler Brüning seine ganze Hoffnung gesetzt. Doch Brüning belebt mit seinem rigorosen Sparkurs bei den Staatsausgaben die Wirtschaft nicht, im Gegenteil: Er verschärft die Krise noch. Mit weiteren Kürzungen der Beamtengehälter und Arbeitslosenunterstützungen treibt er die Verzweifelten den rechten und linken Republikverächtern in die Arme, während die politische Mitte zwischen diesen Flügeln erstickt.

An der Ecke der Fleischmengergasse/Bayardsgasse beobachtet Hans Imhoff zunehmend Handgreiflichkeiten zwischen dem Roten Frontkämpferbund der Kommunistischen Partei und der Sturmabteilung (SA) der Nazis. Wie im Brennglas konzentrieren sich die sozialen Gegensätze auf die Fleischmengergasse. Dort markiert die Straßenhälfte eine Klassentrennung. Die »alte« Gasse zählt zur sozial schwächsten Zone, während wenige Meter weiter Richtung Neumarkt die »neue« Fleischmengergasse mit Imhoffs Wohnhaus bereits als bürgerlich zu bezeichnen ist. In diesen Wochen, wo Schmalhans daheim logiert, übt ein Schulkamerad besondere Anziehungskraft auf den jungen Imhoff aus. Denn in der Pause packt Metzgersohn Kurt Lammerich Stullen aus, von denen Hans Imhoff nur träumen kann: dick mit Fleisch oder Leberwurst belegt. Er kennt allenfalls Schmalz auf seinem Pausenbrot. Bald beschützt der stämmige Hans Imhoff den schmächtigen Metzgersohn auf dem Schulhof und erhält dafür als Tribut jeweils eine Wurststulle. Als er daraufhin daheim verkündet, warum er fortan keine Butterbrote mehr mitnehmen müsse, reagieren die Eltern bestürzt. Zwar zeigt die Mutter Verständnis für den Appetit des Sohnes, aber der Vater verlangt kategorisch, Hans solle auf dieses »Geschäft« verzichten, und falle es ihm noch so schwer. Seine Begründung: »Du weißt nicht, ob dir der Junge in ein paar Jahren vorhält, du habest ihn ständig um Butterbrote angebettelt.« Sosehr es ihn auch schmerzt, Hans Imhoff sieht dies ein. Tapfer macht er seinem Schützling klar, Fleisch und Wurst lägen ihm zu schwer im Magen, Schmalz dagegen bekomme ihm weit besser. Noch heute empfindet Hans Imhoff »den verständlichen Stolz der Eltern richtig, auch wenn ich schon damals gern gegessen habe«.

Noch mehr als Wurstbrote läßt ihm Schokolade das Wasser im Mund zusammenlaufen, aber die Zeitumstände richten sich nicht nach Kinderwünschen. Unweit der Fleischmengergasse produziert die Stollwerck-Fabrik im Severinsviertel. Sobald der Wind eine Kakao-Duftwolke vor die Haustür treibt, verfolgt Hans Imhoff sie zurück bis zur Annostraße oder zum Oberländer Ufer. »Ich mußte mich satt riechen«, beschreibt er diese Fährtensuche, »weil das Geld fehlte, um den Schokoladenhunger zu stillen.«

Aus Erzählungen der Eltern weiß Hans Imhoff um die Geschichte dieses beherrschenden Unternehmens in der Kölner Südstadt. »Kamelle-

Napoleon« haben die Einheimischen den Gründer genannt, den 1815 geborenen Sohn eines Wollspinners, Franz Stollwerck.

Tatsächlich begann der gelernte Bäcker mit seiner 1839 gegründeten Firma einen Eroberungsfeldzug, der seinem historischen Namensgeber Napoleon alle Ehre machte. Bis zum Ausbruch des Ersten Weltkrieges schafften Franz Stollwerck und seine fünf Söhne eine beispiellose Vormachtstellung auf dem Süßwarensektor mit Zweigwerken in England, Österreich, Ungarn, Rumänien und den USA. Dort betrieb Stollwerck die zweitgrößte Schokoladenfabrik der Staaten.

Die Vorrangposition der Gebrüder Stollwerck AG, 1902 in eine Publikumsgesellschaft umgewandelt, gründete sich auf eine beispielhafte Unternehmensstrategie: eine konsequente Markenartikelpolitik, branchenweite Maßstäbe für die Reinheit der verwendeten Rohstoffe, verkaufsfördernde Beigaben wie Bilderserien und Kombinationsprodukte wie Kinderspielzeug, hoher Werbeaufwand, völlig neue Vertriebswege über Automaten und Innovationen in rationeller Fertigungstechnik.

Im Heimatkunde-Unterricht weiß Imhoff die Frage zu beantworten, wie denn Franz Stollwerck zu seinem Ehrentitel »Kamelle-Napoleon« kam. Bonbons, in kölscher Mundart Kamelle, standen zuerst auf der Warenliste seiner Firma.

Staunend hört Hans Imhoff zu, als der Lehrer das Rezept der berühmten Stollwerckschen Brustbonbons zum Lindern von Hals- und Lungenkrankheiten vorliest: »Huflattich, irländisches Moos, Mohnblüten, Eibischwurzel, Süßholz, Gänseblümchen, isländisches Moos, Souchongtee, destilliertes Wasser und Zucker.« Imhoffs Appetit steht jedoch nicht nach solchen Hustenbonbons, sondern nach den unvergleichlichen Tafelschokoladen, die Stollwerck seit der Jahrhundertwende als ›Gold‹-, ›Silber‹- und ›Kupfer‹-Marken anbietet. Nichts geht ihm über eine Tafel ›Extrazart‹, eine Milchschokolade, mit der sich Stollwerck dem schweizerischen Wettbewerb stellt.

Was der Junge aber nicht weiß: Es steht nicht gut um Stollwerck Anfang der dreißiger Jahre. Nach dem Ersten Weltkrieg hat Stollwerck seine Fabriken in England und den USA eingebüßt. Mehr noch – das Qualitätsimage von Stollwerck ist arg ramponiert. Eine Pioniertat zeigt verheerende Spätfolgen.

Im Jahr 1887 stellte Stollwerck die ersten Automaten für Schokoladentäfelchen auf – fünf Jahre später gab es davon bereits 15 000 in Deutschland.

Vergebens versuchten Geistliche, diesen neuen Vertriebsweg als Störung der Sonntagsruhe zu verteufeln. Bald errichtete die Tochterfirma

Deutsche Automatengesellschaft Stollwerck & Co. (DAG) komplette »Automatenhallen«, die außer Süßem auch Getränke und Parfüm offerierten. 1913 hatte das Automatengeschäft mit 64 Millionen Packungen und 50 Prozent vom Stollwerck-Umsatz seinen Zenit erreicht.

Doch durch Regen oder Hitze verdorbene Automatenware hatte Stollwercks Qualitätsruf geschädigt. Deshalb hatten die Kölner 1930 den Hamburger Kakaopulverproduzenten Reichardt übernommen. Seine Tochterfirmen Joh. Gottl. Hauswaldt GmbH in Magdeburg, die P. W. Gaedke GmbH in Hamburg und die Goldina AG in Bremen sollten das Markenrenommee von Stollwerck wieder stärken, denn das Reichardt-Geschäft bestand zu 97 Prozent aus angesehenen Markenartikeln.

Aber die Übernahme von Reichardt bringt Stollwerck an den Rand des Konkurses, die Familie scheidet aus der Firmenleitung aus, die Deutsche Bank verstärkt ihren Einfluß.

Von solchen Wirtschaftsproblemen im Wendejahr versteht Hans Imhoff auf Schnupperfahrt mit seinem Fahrrad Richtung Severinsviertel noch ebensowenig wie von der Wahl des Reichspräsidenten am 13. März 1932, die eine tiefe Kluft im deutschen Volk aufreißt. Zwar erringt der greise Paul von Hindenburg mit 49,6 Prozent der Stimmen einen deutlichen Sieg über Adolf Hitler mit nur 30,1 Prozent, aber an der erforderlichen absoluten Mehrheit fehlen ihm 170 000 Stimmen. Vor dem zweiten Wahlgang ergreift der deutsche Kronprinz öffentlich Partei für Hitler, so wird dieser Stimmenentscheid zur Volksabstimmung für oder gegen den Nationalsozialismus: Marschall Hindenburg siegt. Im Wahlkampf besucht Hitler auch Köln.

Der ständige Geldmangel daheim läßt den Zehnjährigen nach einer Chance zum Geldverdienen suchen und den eingangs beschriebenen Holzweg gehen. Noch stehen in den Küchen des Viertels Kohleherde. Sie morgens unter Feuer zu setzen, bedarf es neben Zeitungspapier auch Kleinholz zum Vorglühen der Kohle oder der Briketts. Deshalb bieten die Lebensmittelgeschäfte Anmachholz zum Kauf an, etwa zehn Zentimeter lange Holzstäbe, von einem Draht zusammengehalten. Ein solches handliches Bündel von etwa 30 Zentimeter Durchmesser kostet zumeist einen Groschen, günstigenfalls gibt es zwei Bündel für 15 Pfennig. Bei vorsichtigem Einsatz läßt sich mit einer Packung etwa zehn- bis zwölfmal anheizen.

Dieser Markt für Anmachholz facht Hans Imhoffs unternehmerische Phantasie an. Aus einem alten Kinderwagen bastelt er eine stabile Karre und macht sich damit auf den Weg zu Abrißgebäuden oder Baustellen in der Kölner Innenstadt. Die dort eingesammelten Holzreste säubert er im

Keller der elterlichen Wohnung von Mörtelstücken und Nägeln. Damit er gleichmäßige Holzstäbchen fertigen kann, entschließt sich der Junge zu einer gewaltigen Investition, einem Beil für 1,30 Reichsmark aus dem Eisenwarengeschäft Krewerth. Zusammen mit einem Freund zerkleinert Hans Imhoff das Abfallholz und verpackt es raffiniert in Spankörbchen. Dem angehenden Holzhändler ist klar, daß er zum Anmachholz-Preis von einem Groschen nur dann ins Geschäft kommt, wenn er eine größere Menge bietet. Aber die Spankörbchen schlucken gleich viermal mehr, als ein Bündel wiegt. Um dennoch die Relation zwischen Arbeitsleistung und Ertrag günstig zu gestalten, entwickelt Hans Imhoff eine spezielle Verpackungskunst: das »Stiffeln«. Dazu werden die untersten Hölzchen auf beiden Seiten gegeneinandergestellt, so daß ein dachförmiger Hohlraum entsteht. Darauf kommen – vorsichtig – die übrigen Hölzer, bis sie eine leichte Wölbung über dem Korbrand bilden: eine eindrucksvolle Mogelpackung.

Mit diesen Spankörbchen schickt Hans Imhoff zunächst drei Spielkameraden auf Verkaufstour. Doch ungeachtet seines Versprechens, ihnen zehn Prozent vom Umsatz zu zahlen, enttäuscht diese Vertretertruppe auf ganzer Linie. Lustlos fragen die Jungen an den Haustüren: »Braucht ihr Holz?« und erhalten stereotyp »Nee« zur Antwort. Mit wachsendem Ärger registrieren sie, daß ungeachtet allen Klinkenputzens nicht einmal die erhoffte Portion Eis für fünf Pfennig herausspringt. Also zieht Hans Imhoff seine Vertreter zurück, versetzt sie statt dessen in die Produktion und nimmt den Verkauf selbst in die Hand. Seine Redegewandtheit verhilft ihm sogar zu einem Tageshöchstsatz von 28 Körbchen.

Abseits dieses kleinen Wirtschaftswunders inmitten der Weltwirtschaftskrise spielen die Nazis eine immer wichtigere Rolle in Deutschland. Am 13. Mai notiert Hitlers Herold Joseph Goebbels triumphierend in seinem Tagebuch: »General Schleicher hat die Übernahme des Reichswehrministeriums abgelehnt. Unsere Wühlmäuse sind an der Arbeit, die Brünings Position vollkommen zernagen.« Zwar hat der Reichskanzler im Januar den Westmächten in Lausanne ein Ende der deutschen Reparationszahlungen abgetrotzt, doch die Ernte seines außenpolitischen Erfolgs wird er nicht mehr einfahren. Denn die Konferenz vertagt sich. Als sie am 9. Juli endlich im Sinne Heinrich Brünings entscheidet, ist dieser seit gut einem Monat nicht mehr im Amt, nach eigener Einschätzung »100 Meter vor dem Ziel« gestürzt.

Die Jungen aus der Fleischmengergasse wissen nichts von solchen diplomatischen Erfolgen und enttäuschten Politikerhoffnungen. Hans Imhoff investiert, von seinen Anfangserfolgen ermutigt, in die Qualität seines Rohstoffs. Im Fachhandel auf der Luxemburger Straße kauft er einen Festmeter sauberes, gesägtes Holz. Da dies weder mit Mörtel verschmutzt noch uneben ist, bedeutet die Investition eine wesentliche Rationalisierung des Produktionsprozesses.

Zugleich bringt dieser professionelle Rohstoffeinkauf einen bemerkenswerten Zugewinn an Betriebssicherheit. Denn ein Unfall im Holzkeller der Fleischmengergasse hätte kurz zuvor das aufblühende Geschäft fast jäh gestoppt. Beim Spalten eines unebenen Abfallholzes war das Beil abgerutscht und Hans Imhoff in den linken Handballen geschlagen. Tief erschreckt sah dieser den abgehackten Fleischfetzen, preßte ihn auf die blutende Fläche, wickelte ein Taschentuch um die Hand und rannte zum Restaurant Mohr und Baedorf am Neumarkt, wo der Vater Umbauarbeiten durchführte. Die Hände auf dem Rücken, erkundigte er sich nach ihm. Als Fritz Imhoff schließlich erschien und wissen wollte, warum sein Filius ihn suche, hörte er nur: »Ach nichts, ich wollte nur ›guten Tag‹ sagen . . .« In diesem Moment fiel Hans Imhoff besinnungslos um und fand sich erst im Krankenhaus wieder, als der Ballen längst angenäht war.

Auf Vaters Anordnung kam das Beil von nun an in den Werkzeugschrank. Doch Fritz Imhoff war verständnisvoll genug, damit nicht die Gehversuche seines Sohnes in Richtung Selbständigkeit zu vernageln. Deshalb entwickelte er in der Schlosserei eine Spezialapparatur zum Holzspalten, die jeden Sicherheitsingenieur zu Freudentränen gerührt hätte. Auf den Holzklotz montierte er einen Vierkant und schweißte darauf ein Stück Stahl in Form eines Spitzdaches. Fortan konnte Hans Imhoff getrost das Beil zum alten Eisen legen. Statt dessen spaltete er das Holz, indem er es mit Hammerschlägen auf dem Stahlkeil auseinandertrieb.

Die Einnahmen aus dem Holzhandel erlaubten es Hans Imhoff, sich häufiger Schokolade zu leisten. Zwischen der Fleischmengergasse und der Bobstraße gab es in der Bayardsgasse den bekannten Süßwarenladen ›Britz‹. Die Tochter des Hauses entwickelte sich zum Gegenstand lebhaftesten Interesses von Hans Imhoff, »weil sie unbegrenzt und ohne jede Kontrolle Schokolade essen konnte«. Einige spezielle ›Britz‹-Artikel faszinierten Imhoff besonders: eine Nougatstange, 50 Gramm für zehn Pfennig, eine Vollmilch-Blockschokolade, ein Rippchen für einen halben Groschen und Cremehütchen in weißen Spitztüten. Bald wußte Hans Imhoff, was ein gewinnendes Lächeln zu bewirken vermag. Zwar entsprach die ›Britz‹-Tochter mit ihren roten Haaren nicht seinen Traumvorstellungen, aber eine freundliche Geste Imhoffs veranlaßte das Mädchen jeweils dazu, besonders großherzig zu wiegen – wenn seine Mutter wegschaute.

Ungeachtet solcher zärtlichen Signale unter Kindern wachsen die sozialen Spannungen im Viertel. Die Hoffnungslosigkeit der Arbeitslosen entlädt sich in Schlägereien zwischen SA-Männern und KPD-Aktivisten. Den Ausgangspunkt solcher Provokationen bilden die Stammlokale von Rotfront und SA. Zwischen 20 und 22 Uhr gibt es fast immer Randale. Zuerst fliegen Pflastersteine in die Fenster einer Kneipe, dann stürmen die zahlenmäßig überlegenen Angreifer den Laden und schlagen die Gäste zusammen. Fast täglich gibt es Verletzte durch Messerstechereien, auch Schüsse. Tief aufgewühlt sieht der junge Imhoff Sterbende in den Kneipeneingängen liegen, die wie Schlachtvieh abtransportiert werden. Selbst wenn die Straßenkämpfe die Nacht hindurch andauern, bleiben die Polizisten im Hintergrund. Denn mischen sich die Beamten ein, konzentrieren sie spontan den Zorn der verfeindeten Parteien auf sich. Die Bewohner des Viertels reagieren, als herrsche Belagerungszustand. Nach 20 Uhr wagt sich kaum noch jemand durch die engen Gassen.

Neun Ermordete in Deutschland allein am Wahltag überschatten die Reichstagswahlen vom 31. Juli 1932. Hitler erringt mit 13,5 Millionen Stimmen die gleiche Zustimmung wie bei der Reichspräsidentenwahl vom Frühjahr. Damit verdoppelt sich die Zahl der NSDAP-Mandate im Reichstag auf 230. Das Wegschmelzen der bürgerlichen Parteien vereitelt jede Mehrheitsbildung, ob als große Koalition oder bürgerliche Rechtskoalition. Während die Gespräche über eine Regierungsbildung laufen, hält Joseph Goebbels in seinem Tagebuch fest: »Haben wir die Macht, dann werden wir sie nie wieder aufgeben, es sei denn, man trägt uns als Leichen aus unseren Ämtern heraus.«

Bei Imhoffs verhindert die angespannte finanzielle Situation den Wechsel des Sohnes auf ein Gymnasium; die Eltern vermögen das Schulgeld nicht aufzubringen. Der kleine Holzhandel nimmt Hans Imhoff so in Beschlag, daß er häufiger seine Hausaufgaben für die Volksschule während der großen Pause nachholt.

Der Erfolg seiner Eigeninitiative außerhalb der Schulzeit weckt auch das Selbstbewußtsein im Klassenzimmer. Die Lehrer registrieren eine gewisse Renitenz. Der Pädagoge Schreiber bemüht sich eigens zu den Eltern, um sein äußerstes Befremden über das Verhalten des Schülers Imhoff zu bekunden. Dieser hat das Bibelzitat, einem Schläger duldsam die andere Wange hinzuhalten, spontan kritisiert: »Wenn mir einer eine haut, dann kriegt der so schnell wie möglich eine zurück.«

Offenbar bieten die Ereignisse im Wohnviertel wenig Anlaß, an die Überlegenheit der Toleranz zu glauben. Franz von Papen verkündet als neuer Reichskanzler Ende August den Deutschen, wie er die Krise meistern will. Freiwilliger Arbeitsdienst, Vorrang für privatwirtschaftliche Initiativen und Steuervorteile für Unternehmer bei Einstellung von Arbeitslosen lauten die Kernpunkte seines Jahresplans. Doch am 6. November wählen die Deutschen bereits zum zweitenmal in diesem Jahr wieder eine Volksvertretung.

Die tiefe Spaltung zwischen den politischen Parteien setzt sich inzwischen in die Stadtviertel, ja in einzelne Häuser und Familien fort. In der Fleischmengergasse 34 etwa leben die Kommunisten ganz oben unterm Dach. Darunter machen es sich Liberale gemütlich, die Schäfers. Das Zentrum repräsentiert Familie Imhoff im zweiten Stock. Eine Treppe tiefer lebt ein jüdischer Stoff- und Garnhändler. Im Erdgeschoß schließlich stärken die streng katholischen Hauseigentümer die Zentrumsfraktion.

Das Ergebnis der Reichstagswahlen im November 1932 läßt die Anhänger der Weimarer Demokratie noch einmal hoffen: Zwar gewinnen die Kommunisten 611 000 Stimmen hinzu, aber die NSDAP verliert gut vier Prozent – zwei Millionen Stimmen – und geht mit 33,1 Prozent Anteil angeschlagen durchs Ziel. Das Mittelfeld der Parteien verliert weiter, einschließlich der SPD, eine Mehrheitsbildung ist damit ebenso unmöglich wie nach den Juliwahlen. So ist die Versuchung groß, erneut mit Notverordnungen den Reichstag auszuschalten und eine Präsidialregierung zu bilden. Anfang Dezember wird General Kurt von Schleicher Reichskanzler. Über den Rundfunk erläutert er seine Regierungserklärung: »Unser Programm besteht in einem einzigen Punkt: Arbeit schaffen!« Schleichers weitere Erklärungen sprechen rastlos Engagierten wie Fritz Imhoff aus dem Herzen: »In unserem Volk lebt ein Schaffensdrang, der durch keine Enttäuschung umzubringen ist; und in allen Bevölkerungsschichten kämpft man mit demselben Mut, derselben verbissenen Zähigkeit wie im Kriege heute gegen die schweren wirtschaftlichen Nöte unserer Zeit.«

Während Schleicher unverdrossen an seine Mission glaubt, läßt sich in den Kölner Gassen ein bemerkenswerter Wandel im Auftreten der Nazis beobachten. Die früheren Saufbanden der SA marschieren nun straff diszipliniert und einheitlich gekleidet mit Fahnen in 60-Mann-Zügen durch das Viertel. Noch immer enden diese Demonstrationen spätestens dann in wüsten Prügeleien, wenn Rotfront-Stoßtrupps aus Seitenstraßen herbeistürmen und die Reihen sprengen. Aber das Bemühen der SA, als verläßliche Ordnungsmacht und nicht als gefährlicher Unruhestifter zu gelten, wird offenbar.

In den ersten Dezembertagen bringt Fritz Imhoff ein Paket mit in die

Wohnung, das fortan die ganze Phantasie seines Sohnes auf sich ziehen wird: eine Drei-Kilo-Packung Pralinen, von einem Stollwerck-Vertreter und Mitglied im Motorradklub günstig erstanden. »Das war wie ein Traum«, beschreibt Hans Imhoff seine Begeisterung, »und mein Vater wußte auch um die Gefährdung dieses enormen Schatzes.« Feierlich überreicht er deshalb jedem Familienmitglied eine Praline und erklärt den Bestand ansonsten bis Weihnachten an geheimem Ort für sakrosankt. Doch Hans Imhoff findet nicht allein alsbald heraus, daß der Karton im Wohnzimmerschrank verschlossen steht. Mehr noch: Er sieht den Vater seinen eigenen Anweisungen zuwiderhandeln und Pralinen naschen. Endlich entdeckt der Junge auch das Schlüsselversteck hoch oben auf einem Bilderrahmen im Wohnzimmer. Nun können ihn selbst schwierigste Umstände nicht mehr von heimlichen Naschaktionen abhalten. Vom Wohnungsflur aus führen Türen mit ornamentverzierten Milchglasscheiben in die angrenzenden Zimmer. Und diese Glasausschnitte geben selbstverständlich verdächtige Schatten im dahinter liegenden Raum preis.

Ständig die Tür im Auge, muß Hans Imhoff also klopfenden Herzens auf einen Stuhl klettern, nach dem Schlüssel hangeln, den Stuhl zurück an seinen Platz stellen – schaut auch niemand? –, sich vor den Schrank hinknien, zur Tarnung ein Buch aufblättern, mit starrem Blick zur Tür den Schrank öffnen, den Kartondeckel lüften, eine Handvoll Pralinen raffen – die Tür? – und in der Hosentasche verschwinden lassen, den Schlüssel zurücklegen und ein ruhiges Plätzchen zum Genießen suchen.

Diesen Mundraub entwickelt Hans Imhoff zu solcher Meisterschaft, daß die Weihnachtsbescherung 1932 bereits am 23. Dezember stattfindet. Beim Vorbereiten der bunten Teller entdeckt der Vater, daß noch allenfalls 200 Gramm Pralinen übriggeblieben sind. Sein Zorn gilt der dreisten Selbstversorgung des Filius, mehr noch aber dem Entdecken des sicher geglaubten Schlüsselverstecks. Und die Stimmung beim folgenden Weihnachtsfest läßt sich am ehesten mit dem bekannten Liedbeginn »Stille Nacht« beschreiben.

Um so lauter grölen in der Nacht des 30. Januar 1933 die Braunhemden durch das Viertel. Reichspräsident von Hindenburg hat Adolf Hitler zum Reichskanzler ernannt. In nur 14 Jahren hatten 20 Kabinette an den einschneidenden Konsequenzen des verlorenen Krieges laboriert. Daß nun die demokratische Epoche der Weimarer Republik zu Ende geht, hat Hitler allen, die es hören wollten, bereits am 17. Oktober 1932 auf einer Wahlveranstaltung in Königsberg angekündigt: »Ich will nur die Macht. Wenn wir einmal die Macht bekommen, dann werden wir sie, so wahr uns Gott helfe, behalten. Wegnehmen lassen wir sie uns dann nicht mehr.«

Die Spaltung innerhalb des Kollegiums in der Volksschule an der Wollküche wird nun offenbar. So polemisiert Lehrer Wisch weiter vor der Klasse unbeirrt gegen Hitler, bis ihn die Nazis wenig später kaltstellen. Sein Kollege Schreiner, Ästhet, Philanthrop, stark im katholischen Glauben verankert, mahnt ebenso vor den neuen Heilsbotschaften – wenn auch subtiler. Dagegen verlassen die Mitläufer des braunen Rattenfängers inzwischen ihre vornehme Deckung.

Auch Hans Imhoff sieht sich bald zur Parteinahme herausgefordert. 1931 war er Mitglied des Christlichen Vereins Junger Männer geworden, »ein prima Verein, der Gemeinschaftserlebnisse bot«. Doch als diese Jugendgruppe 1933 in die Hitlerjugend übernommen wird, tritt Hans Imhoff nach knapp drei Wochen aus. Auch wenn er diesen Schritt heute nicht als bewußten Protest verstanden wissen möchte: »Mir gefiel das Exerzieren nicht.«

Mit der Wirtschaft geht es nach der Machtergreifung erkennbar aufwärts, auch in der Schlosserei in der Bobstraße füllt sich das Auftragsbuch wieder. Nach Jahren harter Aufbauleistung und schwerer Rückschläge gelingt den Imhoffs bereits 1935 ein bedeutender sozialer Fortschritt. Der Vater kauft einen Pkw, einen Adler Triumph Junior, und spart gleichzeitig etwas für einen Volkswagen an. Vor allem jedoch zieht die Familie in ein besseres Viertel um, zum Königsplatz, dem zeitweiligen Horst-Wessel-Platz und heutigen Rathenauplatz. Dort, mit Blick auf zahlreiche schöne, große Bäume, richten sich die Imhoffs im Hochparterre eines altes Patrizierhauses ein; nun sind Ärzte, Geschäftsleute und Beamte die Mitbewohner. Von 1935 an besucht Hans Imhoff die angesehene städtische Handelsschule am Mauritiuswall. Erstmals erlebt er ernsthafte Konkurrenz. Zwar glänzt er nach wie vor mit seiner Formulierungsgabe, ebenso dem kaufmännischen Rechnen und im Geschichtsunterricht. Doch Algebra, Geometrie und Französisch fallen ihm schwer, so daß er insgesamt zum Mittelfeld zählt.

Gleichzeitig spürt Hans Imhoff die im Vergleich zur Volksschule sozial gehobene Herkunft seiner Klassenkameraden. Neben ihm auf der Schulbank sitzen Ärzte- und Architektensöhne, der Filius vom Möbelspediteur Licht und der Erbe der Margarinefabrik Klein. Kann Hans Imhoff über 20 Pfennig Taschengeld pro Woche verfügen, erhält der Sohn des Likörfabrikanten Passmann täglich 40 Pfennig. Für zwei Groschen leistet sich dieser jeweils in der großen Pause eine Tasse köstlich duftenden Kakaos und ein riesiges Stück Bienenstich, während der Schlossermeistersohn lustlos an seinem Pausenbrot kaut.

Die Schwierigkeiten in einzelnen Fächern und wachsende Unlust an der passiven Wissensaufnahme lassen Hans Imhoff nach zweieinhalb Jahren Handelsschule die Chance nutzen, praktisch weiterzulernen. Über Kontakte seines Vaters bietet sich die Gelegenheit zu einer Lehre als Einzelhandelskaufmann bei M. Mertlich, dem Bosch-Dienst Köln am Hohenstaufenring 11. Die Handelsschule hat ihm soziale Unterschiede und den Vorteil finanzieller Spielräume teilweise schmerzlich bewußtgemacht. Der gesellschaftliche Anspruch dieser Lehranstalt des gehobenen Kölner Bürgertums hat ihm zugleich den Weg verbaut, ähnlich wie zu Volksschulzeiten durch Eigeninitiative sein Taschengeld aufzubessern. »Der Charakter der Handelsschule verbot es mir«, malt Hans Imhoff diesen Anpassungsdruck aus, »irgendwelche kleinen Nebengeschäfte zu machen, etwa Zeitungen auszutragen, so etwas war nicht üblich, das hätte Isolation provoziert.« Dagegen verspricht die praktische Ausbildung beim Bosch-Dienst immerhin brutto 15 Mark im ersten Lehrjahr, in den beiden folgenden 25 und 35 Mark monatlich.

Als Hans Imhoff am ersten Arbeitstag um drei Minuten vor sieben im Betrieb am Hohenstaufenring erscheint, faucht ihn die Chefin Florentine Mertlich, eine resolute Mittfünfzigerin, gleich wütend an: »Du bist der letzte, was fällt dir ein, so spät zu kommen, eine Viertelstunde vor der Zeit ist Soldaten-Pünktlichkeit, aber das hat der Herr wohl nicht nötig.« Noch bevor sich der Stift rechtfertigen kann, erhält er eine Flasche Sidol und ein Poliertuch in die Hand gedrückt. So kann er seinen Ärger am großen Messing-Handlauf vor dem Schaufenster auslassen. Scheiben wischen, Theke bohnern und Laden kehren runden den Schnellkurs in Betriebshygiene ab. Im Lager darf der Neue anschließend Pakete auspakken, bevor er mit einem Lastenfahrrad Ersatzteile wie Zündkerzen, Scheinwerfer oder Lichtmaschinen zu Bosch-Kunden im Kölner Stadtgebiet bringt. Doch sosehr sich Hans Imhoff abstrampelt, nach jeder Rückkehr erwartet ihn die vorwurfsvolle Frage der Chefin, woher er denn erst jetzt komme, und die Drohung: »Ich werde dem Jungen aus feinem Haus schon Mores beibringen.« Fritz Imhoff rät seinem irritierten Sohn daraufhin zu passiver Resistenz: Lehrjahre sind keine Herrenjahre.

Oftmals enden die Bürostunden erst gegen 22 Uhr. Da Ferngespräche ab 19 Uhr erheblich weniger kosten, warten die Kunden außerhalb Kölns mit ihren Ersatzteilbestellungen bis zum Abend. Als jüngster Stift darf Hans Imhoff diese Aufträge entgegennehmen, die Expreßkarten und

Paketaufkleber beschriften, die Ersatzteile in gebrauchten Kartons fachgerecht mit Holzwolle verpacken und zum Bahnhof Süd an der Luxemburger Straße bringen. Dort vor dem Expreßschalter warten bereits andere Stifte in der Schlange. Vater Imhoff mag diesen regelmäßigen Spätschichten seines Sohnes nicht recht glauben. Doch er überzeugt sich mehrmals selbst davon, daß Hans seine Abende nicht in irgendwelchen finsteren Spelunken totschlägt, sondern am Expreßschalter auf dem Bahnhof an der Luxemburger Straße steht.

Hans Imhof drängt es, seine Ausbildung so rasch wie möglich hinter sich zu bringen. Deshalb meldet er sich nach zweijähriger Lehre vorzeitig bei der Industrie- und Handelskammer zur Prüfung an. Als Florentine Mertlich davon erfährt, schwankt sie zwischen Wut und Belustigung, felsenfest davon überzeugt, bisher keinen schlechteren Stift als diesen renitenten Imhoff im Büro gehabt zu haben. Daraufhin hört dieser täglich, wie sehr sie sich schon darauf freue, den Lehrvertrag nach verpatzter Prüfung verlängern zu dürfen.

Diesem furchterregenden Szenario versucht Hans Imhoff durch verstärkte Selbsthilfe entgegenzutreten. Ein Türschild in der Beethovenstraße hat auf dem täglichen Nachhauseweg sein Interesse geweckt: Dipl.-Kaufm. W. Überfeldt, Dipl.-Handelslehrer. Als der Prüfungstermin herannaht, nimmt sich Hans Imhoff ein Herz und bittet um Privatstunden. Pro Termin verlangt Überfeldt drei Mark – das gesamte Taschengeld einer Woche. Trotzdem willigt Imhoff ein, erbittet 30 Mark Darlehen von seiner Mutter und absolviert zehn Stunden.

In der letzten Sitzung drängt er seinen Privatlehrer, ihm doch einmal eine solche Prüfungssituation zu beschreiben. Zunächst ziert sich Überfeldt, doch dann skizziert er ein Beispiel: »Die Bedeutung des deutschen Einzelhandels für die Volkswirtschaft.« Und als Hans Imhoff noch immer nicht lockerläßt, beginnt sein Privatlehrer ein solches Thema auszumalen: »Der Führer hat dem deutschen Einzelhandel die Aufgabe gestellt, Mittler zu sein zwischen Produzent und Verbraucher unter Hinzuziehung des Großhandels ...« Kaum zu glauben, exakt diese Themenstellung erwartet Hans Imhoff am Prüfungstag. So wird die Einleitung des Aufsatzes zur reinen Gedächtnisübung, und den sofort ausgefertigten Handelsgehilfenbrief kann er anschließend stolz seiner Chefin vorlegen. Doch die traut ihren Augen nicht. Denn auf der Urkunde ist eine Sonderzeile eingefügt und mit separatem Stempel bestätigt: »Mit besonderem Erfolg.« Deshalb läßt sich Florentine Mertlich das Papier aushändigen und stapft damit schnurstracks zur Kammer. Nach ihrer Rückkehr wirkt sie wie ausgewechselt und schenkt Hans

Imhoff fünf Mark. Eine Belobigung hat sie stolz gemacht, bisher hat niemand bei ihr die Lehre mit Auszeichnung absolviert, erklären jedoch kann sie sich das alles nicht.

Vom Bosch-Dienst wechselt der junge Verkäufer 1939 zum Heinrich Müller Autozubehör Großhandel an der Aachener Straße. Als er dort einmal den Ford-Eifel-Kastenwagen im Hof wäscht, ruft ihm eine Kollegin aus dem ersten Stock zu: »Na, junger Mann, schön fleißig, putzen Sie das Auto vom Chef?« Leicht verschnupft kontert Imhoff: »Demnächst putze ich mein eigenes Auto.« Dieses ist der erste Kontakt mit seiner späteren Frau Irmgard Lenz, die bei Müller als Bürogehilfin arbeitet.

Das nachlassende Geschäft mit Privatwagen und die wachsenden Zulieferungen für die Heimat-Kraftfahrt-Parks (HKP) der Wehrmacht kündigen die dramatischen Entwicklungen auf der politischen Bühne an. Am 31. August 1939, einen Tag vor Kriegsausbruch, meldet sich Hans Imhoff als Freiwilliger bei der Wehrmacht. »Das entsprach der Mentalität und Begeisterung eines 17jährigen«, erklärt er diesen Schritt, »Krieg – das war mit der Vorstellung von Abenteuer, fremdländischem Erlebnis, von Fernreise verbunden; ebenso spielte nationales Empfinden mit.« Sechs Jahre Propaganda, Fahnenmeere, Marschmusik, Fackelzüge, Uniformen haben ihre Wirkung nicht verfehlt. Vergeblich warnen die Eltern: »Du kommst noch früh genug dran.« Doch Hans Imhoff wird ausgemustert und fühlt sich mit diesem Resultat keineswegs glücklich: »Fragte mich jedoch jemand, warum ich nicht Soldat sei, konnte ich ihm meinen Wehrpaß mit dem Eintrag ›Ersatzreserve II‹ zeigen.«

Unterdessen träumen Irmgard Lenz und Hans Imhoff von einer gemeinsamen unternehmerischen Selbständigkeit. »Irmchen« spricht auch im Büro unbefangen darüber. Doch ihr Chef findet das gar nicht so gut und legt ihr dringend einen Wechsel nahe. Im nachhinein muß sie ihm für dieses Hinauskomplimentieren herzlich dankbar sein. Denn Irmgard Lenz wird Sekretärin bei Karl Erasmi, Abteilungsleiter Einkauf bei Ford, und verdient sofort mehr als das Doppelte als bisher, nämlich 450 Mark im Monat.

Doch als die Verluste der deutschen Wehrmacht zwei Jahre später bedrohlich anwachsen, wird Hans Imhoff plötzlich nachgemustert und am 2. Oktober 1941 eingezogen. An diesem Tag tritt die Heeresgruppe Mitte erneut zum Angriff auf Moskau an, das Unternehmen läuft unter dem Decknamen ›Taifun‹. Hitler erklärt bei der Eröffnung des Winterhilfswerks die Sowjetunion bereits als geschlagen, sie werde »sich nie mehr erheben«. Den Tag seiner Einberufung empfindet Hans Imhoff »bedrückend, jede Kriegsbegeisterung war inzwischen verflogen«. Nach zwei Tagen Bahnfahrt kommt der junge Matrose spätnachts bei der 1. Ersatz-Marine-Artillerie-Abteilung an. Als es nach drei Stunden bereits wieder »Raus aus den Kojen!« heißt, fühlt er sich nicht angesprochen. Stunden später entdeckt der Stubendienst den pflichtvergessenen Neuling und treibt ihn mit wüsten Flüchen aus der Koje. Da die neuen Stiefel nicht passen, hastet Hans Imhoff in karierten Filzpantoffeln auf den Exerzierplatz, der zugleich als Rollfeld für die nach England startenden Bomber dient. Der Ausbilder Brütje, Melker im erlernten Beruf, hat gerade seine Fassung ob der unerlaubten Verspätung wiedergewonnen, da entdeckt er das ganz und gar unmilitärische Schuhwerk Imhoffs. Jetzt fällt ihm nur noch die Bestellung zum Rapport ein.

Nach dieser schrillen Ouvertüre begehen Hans Imhoff und vier Kameraden Tage später den Leichtsinn, sich auf die Frage zu melden: »Wer kann Klavier spielen?« Voller Freude kommandiert der Spieß: »Prima, dann ab sofort die angelieferten 30 Waggons Briketts in den Wellblechbaracken aufstapeln.« Während dieser 14 Tage unverhoffter Freizeitgestaltung schwört Hans Imhoff jeder weiteren vorzeitigen Freiwilligenmeldung ab. Daß von anderen erwählt zu werden ebenso unangenehm sein kann, erfährt er wenig später als frischgebackener ›Putzer‹ des Oberfeldwebels. Zwar begleitet ihn der Neid seiner Kameraden, die mit diesem Posten Einfluß und Privilegien verbinden, aber Hans Imhoff selbst empfindet sich rasch als »drittklassiger Kammerdiener«. Vor allem verabscheut er die Schuhpflege, das Wienern der Knobelbecher. Deshalb reibt der Putzer eines Abends die Stiefel mit Tranfett ein – eine der sichersten Möglichkeiten, sie nie wieder blank zu bekommen – und findet sich erwartungsgemäß mit sofortigem Rausschmiß belohnt.

Nach sechs Wochen Grundausbildung wechselt Hans Imhoff Mitte November nach Potsdam zur Marine-Propaganda-Kompanie. Dort erhält er Anfang 1942 den Stellungsbefehl zur 9. Marine-Kriegsberichter-Halbkompanie nach Saloniki. Die griechische Hafenstadt konfrontiert Hans Imhoff mit extremen Eindrücken: Fasziniert beobachtet der 20jährige eine völlig fremde Welt. Bestürzt sieht er Einheimische am Straßenrand verhungern, ohne den ursächlichen Zusammenhang mit der deutschen Besetzung Griechenlands wahrzunehmen. Unterdessen eröffnet der Chef des Reichssicherheitshauptamtes, Reinhard Heydrich, in Berlin das grausamste Kapitel der Nazi-Schreckensherrschaft. Auf der sogenannten ›Wannsee-Konferenz‹ proklamiert er am 20. Januar 1942 vor Staatssekretären wichtiger Ministerien die »Endlösung der Judenfrage«, der bis Kriegsende in einem beispiellosen Völkermord sechs Millionen Juden zum Opfer fallen werden.

Seit Anfang Juni 1942 bei der 11. Marine-Kriegsberichter-Halbkompanie in Athen, ist Imhoff für einen Sondereinsatz bei der deutschen U-Boot-Flottille vorgesehen. Doch die ärztliche Voruntersuchung bringt einen erschreckenden Befund: Sein ohnehin schwaches Augenlicht hat unter der grellen griechischen Sonne stark gelitten. Als die Kontrolldiagnose in der Berliner Charité diesen Nachweis bestätigt, läßt der behandelnde Oberstabsarzt Imhoff einen Vordruck unterschreiben, in dem er bei sofortiger Entlassung aus der Wehrmacht auf sämtliche finanziellen Ansprüche an das Reich verzichtet.

Der Kompaniechef Neumann findet diese Überrumpelungstaktik des Arztes empörend, aber Hans Imhoff begründet seine Unterschrift: »Wenn ich jetzt entlassen werde, kann ich mir eine Existenz aufbauen, gewinnen wir den Krieg, brauche ich keine Rente. Sollten wir verlieren, halte ich eine Rente für nicht wahrscheinlich.« Eine gefährliche Stellungnahme, Defätismus wird drakonisch bestraft. Aber Hans Imhoff steht unter dem Eindruck eines Schlüsselereignisses im Kriegsgeschehen. Am 2. Februar 1943 hat die 6. Armee unter Friedrich Paulus im Kessel von Stalingrad kapituliert. Die Stadt an der Wolga markiert den Wendepunkt im Kriegsverlauf an der Ostfront – und eine menschliche Tragödie: 130 000 deutsche Soldaten geraten in Gefangenschaft, nur 6 000 werden nach 1945 zurückkehren. Hans Imhoff sieht am 10. Februar 1943 Köln wieder, in der Tasche den roten Ausmusterungsschein mit dem Vermerk: »Völlig ungeeignet für den jetzigen oder künftigen Dienst in der Deutschen Wehrmacht.«

Zwei Wochen vor seinem 21. Geburtstag am 12. März 1943 will Hans Imhoff beim Kölner Standesamt I das Aufgebot bestellen, erfährt jedoch vom Beamten, daß er – da er noch nicht volljährig sei – die Genehmigung seines Vaters benötige. Nach kurzer Denkpause entschließt sich Hans Imhoff doch, diesen entscheidenden Lebensabschnitt nicht quasi ›unmündig‹ zu beginnen. Zwei Wochen darauf aber, nach seinem Geburtstag, heiraten Irmgard Lenz und Hans Imhoff. Die Lebensmittel-Sonderzuteilung für sechs Personen erlaubt ein bescheidenes Festmahl, unterbrochen von Fliegeralarm. Am nächsten Morgen – in Hitlers Flugzeug wird an diesem Tag eine Zeitbombe versagen – ist Hans Imhoff bereits wieder im Dienst, bei seinem neuen Arbeitgeber Rennbahn-Großgarage Christian Odenthal, Opel-Vertretung in Nippes. Der akute Arbeitskräftemangel nach fast vier Jahren Krieg hat dem 21jährigen die herausgehobene Position des Technischen Leiters beschert und damit die Verantwortung für eine Werkstatt mit 80 Beschäftigten. Doch Hans Imhoff erkennt rasch, daß diese Aufgabe eine Nummer zu groß für ihn ist.

Deshalb wechselt er im Spätherbst 1943 ins linksrheinische Merheim zu der kleinen Autowerkstatt Gustav Linden in der Neußer Straße und schließt einen ungewöhnlichen Vertrag ab. Volle neun Stunden arbeitet Hans Imhoff in der Werkstatt, um seine Kenntnisse als Mechaniker zu verbessern. Dafür erhält er das bescheidene Entgelt von 250 Mark. Nach Feierabend aber führt er dem Chef die Bücher. Für diesen Zusatzdienst entlohnt ihn der bäuerliche Nebenerwerbshof mit einem guten Gratisessen: »Da gab es Speck und Fleisch – alles reichlich, und das bedeutete in dieser Zeit mehr als pures Gold.« Diese Doppelbelastung hält Imhoff einen Winter lang durch, dann besitzt er, auch wegen seines dreimonatigen zusätzlichen Werkstattpraktikums beim Bosch-Dienst, ausreichend praktische Kenntnisse. »In diesen sechs Monaten«, blickt Imhoff zurück, »habe ich mehr gelernt als in den fünf Jahren vorher.«

Von seiner Ehefrau, der Sekretärin des Ford-Einkaufschefs, weiß er um den akuten Fachkräftemangel des Kölner Fahrzeugproduzenten. Selbstbewußt fordert Hans Imhoff deshalb im Frühjahr 1944 beim Vorstellungsgespräch in Niehl gleich die Einstellung als Sachbearbeiter. Doch er bekommt zur Antwort: »Lieber Herr Imhoff, das hat Ihnen wohl Ihre Frau gesteckt, aber so geht das bei uns nicht. Sie können zwar Klavier spielen im Sinne einer technisch-kaufmännischen Tätigkeit, aber das Ford-Klavier ist etwas Besonderes. Erst müssen Sie dessen Resonanzboden kennenlernen. Ob Sie dann Karriere machen, liegt nur bei Ihnen.«

Anschließend erfährt Hans Imhoff die Ford-Ochsentour: Eingestellt wird in der Warenannahme, das bedeutet Kisten auspacken, Ersatzteile zählen, Eingangsscheine ausstellen. Dann steht in der Inspektion die Materialprüfung einzelner Teile an, bevor es ›an die Linie‹, also in die Produktion geht. Erst anschließend darf ein Neuling als ›Terminjäger‹ hinter einem Schreibtisch Platz nehmen, zum Sachbearbeiter, später zum Disponenten aufrücken, schließlich nach rund 15 Ford-Dienstjahren als verantwortlicher Einkäufer fungieren. Aber das gelingt nur wenigen.

Immerhin erzielt Hans Imhoff ein wichtiges Verhandlungsergebnis: »Auf meinen Wunsch hin konnte ich jeweils unverzüglich die einzelnen Prüfungen ablegen.« So beginnt er für brutto 350 Mark bei Ford in der Warenannahme, sitzt bereits nach zwei Monaten als Terminjäger im Büro und fungiert wenige Wochen später als Sachbearbeiter – ein Rekord, gemessen an den normalen Verhältnissen bei Ford. Ab diesem Zeitpunkt zählt der Einkauf von 140 verschiedenen Artikeln für den V-8-Lkw-Dreitonner zu seinem Aufgabenfeld, darunter so interessante Kompensationsartikel für rar gewordene Lebensmittel wie Benzin oder Kunstleder für die Fahrersitze. Für sein komplettes Nettogehalt kann sich Hans Imhoff in dieser Endphase des Kriegs allenfalls unter der Hand noch einen fünf Pfund schweren Käse kaufen.

Im Herbst 1944 geben die Alliierten ihre frühere Zurückhaltung bei Bombenangriffen gegenüber den amerikanischstämmigen Ford-Werken in Köln auf, da die Firma inzwischen allein für die Wehrmacht produziert. Deshalb lagert Ford seine Einkaufsabteilungen in das weniger bombengefährdete Umland aus, den Einkauf in ein Tal zwischen Solingen und Wuppertal, nach Kohlfurth. Anfang 1945 bleibt, jedenfalls den nüchtern urteilenden Deutschen, nur noch ein Fixpunkt: die bevorstehende Kapitulation. Zwei Fragen bestimmen das Denken: Wie kann man trotz Hunger und Bomben überleben? Und wie geht es anschließend weiter? Die Sorge vieler Menschen um ihre unterschiedlich starke Verstrickung in das politische System belastet Hans Imhoff nicht, da er kein NSDAP-Mitglied ist. »Weder war ich der geborene oder aktive Widerstandskämpfer«, charakterisiert er seine damalige politische Haltung illusionslos, »noch habe ich vom Nazi-Regime Vorteile irgendwelcher Art gehabt.«

Die ungeschminkten Nachrichten vom Soldatensender Calais, alias Radio London, unter einer dicken Wolldecke gehört, lassen keinen Zweifel an der drohenden Niederlage. Doch auch der Tag der Kapitulation kann Hans Imhoff nicht lähmen. Mühevoll sucht er aus dem fluchtartig verlassenen Wagenpark der deutschen Truppen am Straßenrand in Wuppertal drei noch vollgetankte Ford-Lastwagen heraus und bringt sie auf einen von ihm angemieteten Hof. Diese Lastwagen sollen den Start in seine selbständige Tätigkeit erleichtern.

Doch um die erforderliche Erlaubnis für seine Transportfirma einzuholen, steigt der angehende Jungunternehmer zunächst wieder aufs Fahrrad um. Bei der englischen Kommandantur im Wuppertaler Stadtteil Cronenberg bietet er sich als Organisator von Lebensmitteln für die Bevölkerung an. Denn schon zur Stunde Null zeichnet sich ab, was das zentrale Problem der nächsten Jahre sein wird: die Versorgung der Stammbevölkerung und der zwölf Millionen Flüchtlinge mit Nahrungsmitteln und Brennstoffen in den Westzonen – in dem Teil Deutschlands, der von den ostelbischen Kornkammern und schlesischen Kohlegruben abgeschnitten ist.

In einer völlig verworrenen Lage bietet sich den Briten also ein 23jähriger als Helfer an, der startklare Lkws und ehemalige Ford-Kollegen als Mitarbeiter vorweisen kann. Diese Tatsachen, von forschem Auftreten unterstützt, überzeugen die Besatzer. Imhoff bekommt seine Lizenz. Halsbrecherische Fahrten auch über die gerade entstandene

Schiffbrücke über den Rhein bei Oberdollendorf beginnen. Es war nur eine Frage der Zeit, bis plündernde Gruppen die noch vorhandenen Reservelager entdecken. Was in einem solchen Fall geschehen wäre, hatte der Kölner Joseph Fischer am 5. März 1945 kurz vor dem Einmarsch der Amerikaner in seine Heimatstadt beobachtet: »Am Bonntor, auf der Bonner Straße, kommen sie mit halben Schweinen auf dem Rücken und Vierteln vom Rind.« Das sei aus dem Kühlhaus an der Severinstraße, erfährt Fischer und überzeugt sich selbst: »Nicht nur in den Kühlhäusern liegen ungeheure Mengen Nahrungsmittel. Im Proviantamt am Rheinauhafen stapeln sich Kisten mit Schmalz und Säcke mit Hülsenfrüchten, Büchsenfleisch, Ölsardinen, Reis, Obst- und Gemüsekonserven, als ob Güterzüge umgekippt worden seien.« Der rasche Zusammenbruch der Erftfront hatte das Sprengen dieser Warenlager vereitelt. Jetzt sorgte ihr überreicher Inhalt nach Monaten härtester Entbehrung für eine fast groteske Szene in den Trümmern von Köln: »Es wird gefressen und gesoffen, und vor dem Bunker in der Schnurgasse wird demonstriert, wie viele Eier man auf einmal in eine Pfanne schlagen kann.«

Doch nicht der trügerische Überfluß nach einer Plünderung, sondern nagender Hunger bestimmt den Alltag im Nachkriegsdeutschland, vor allem im strengen Winter 1946/47. Pro Tag braucht der Mensch 2 200 Kalorien Mindestration zum Überleben, vielfach müssen sich die Deutschen mit weniger als 1 200 Kalorien bescheiden. Nur jedes fünfte Kölner Kind hat Normalgewicht. Ende 1946 leiden 10 000 Hamburger Bürger an Hungerödemen.

Einige Wochen lang hilft Hans Imhoff mit, vorhandene Lebensmittelbestände sinnvoll zu verteilen. Dann wagt er den Schritt vom Spediteur zum Kompensationshändler, der besonders eklatante Versorgungsmängel zwischen der britischen und der französischen Zone ausgleicht. Mit ihren 5,9 Millionen Einwohnern und 42 800 Quadratkilometern Fläche ist das französische Hoheitsgebiet die bei weitem kleinste der drei Westzonen, gemäß dem Beschluß der alliierten Regierungschefs von Jalta aus der britischen und amerikanischen Zone entstanden. Über die Verwaltung im französischen Besatzungsareal urteilt der Politologe Alfred Grosser: »Der Oberbefehlshaber in Baden-Baden verfuhr wie ein Prokonsul und hielt sich nicht allzu streng an die Anweisungen, die er aus Paris bekam. Die Provinzdelegierten in Koblenz, Freiburg und Tübingen fühlten sich kaum bemüßigt, den Befehlen aus Baden-Baden nachzukommen. Auf Bezirks- und Kreisebene ging es nicht anders zu. Jeder war glücklich, zu regieren und eine fast absolute Autorität auszuüben.« Über mehr als kalkulatorische Sicherheit mußte darum ein Grenzhändler wie

Hans Imhoff in dieser schwierigen Besatzungszeit verfügen. Diplomatisches Geschick war überlebenswichtig, da sich jedes Vorbeimogeln an der Autorität der Sieger als lebensgefährlich erwies. »Die Zonengrenze bei Rolandseck am Rhein«, erinnert sich Imhoff, »war ähnlich gesichert wie heute die DDR-Grenze.«

Tausche Solinger Rasierklingen gegen süffige Mosel-Spätlese – auf diese Kurzformel läßt sich Imhoffs Kompensationsgeschäft bringen. Ob Stiefeleisen für Schuhabsätze, Scheren, Meißel, Hämmer oder Nägel: was es im Bergischen noch reichlich gab, rollte in den ehemaligen Wehrmacht-Lkws Richtung Rolandseck, sobald Imhoff den Briten die unerläßliche Ausfuhrerlaubnis abgerungen hatte, den Deblockadeschein. Für solche Mangelware öffneten die Moselwinzer ihre Felsenkeller. »Das entscheidende Kriterium«, zieht Imhoff im nachhinein Bilanz, »war die Wertschöpfung, die man dabei erreichte, das heißt der Tausch Ware gegen höherwertige Ware.« Ein Lastzug Eisenteile brachte in der Kompensation drei Lastwagen Wein – mit entsprechendem Wertausgleich über reichlich vorhandene Reichsmark.

Der von den Franzosen eingesetzte Landrat im Kreis Zell, Ewald Theodor Drahten, Inhaber der Keller-Geister-Kellerei, erteilte Imhoff am 2. Oktober 1945 die offizielle Erlaubnis zum Errichten einer Lebensmittelgroßhandlung in Alf. Dort an der Mittelmosel, auf der einen Seite von Rebenhängen, auf der anderen von zwei burgengekrönten Waldkuppen eingerahmt, bezog der »Hans Imhoff Lebensmittel- und Industrie-Großhandel« eine leerstehende Lagerhalle. »Ich hatte eine offizielle Firma«, wertet Imhoff diesen Schritt, »und brauchte nicht mehr zu kungeln.«

Nach einem Dekret des Besatzungsgouverneurs durften Lebensmittel-Großhändler nur in dem Kreis Waren verteilen, in dem ihr Unternehmen angesiedelt war. Die gute Absicht, auf diese Weise Reifen und Kraftstoff zu sparen, hatte sich in den Kreisen Zell, Bernkastel und Daun in ihr Gegenteil verkehrt. Dort nämlich gab es bislang keine Lebensmittelgroßhändler, mit der Folge: »Man konnte von einer katastrophalen Unterversorgung sprechen. Über Monate hatte die Bevölkerung kein Gramm Salz gesehen, obwohl Salz nicht bewirtschaftet war.« An diese schwierige Zeit erinnert sich der Trierer Pfarrer Heinrich Schneider: »Einige mit Bohnen und Erbsen beladene Waggons auf dem Bahnhof Bullay wurden von der Bevölkerung darum ›gefringst‹ – ein damals vom Volksmund geprägtes Wort, hergeleitet von einer gewissen Legitimierung des Mundraubes in Notzeit durch den damaligen Kölner Kardinal Frings.«

Imhoffs Großhandel brachte deshalb eine entscheidende Verbesserung der Versorgungslage an der mittleren Mosel und in den angrenzenden Regionen von Eifel und Hunsrück. Das Erscheinen der alten Wehrmacht-Lastwagen erregte entsprechendes Aufsehen. Bald wuchs die Transportflotte auf 25 Stück an, beschafft bei Ford in Köln und Büssing in Braunschweig im Tausch gegen Moselwein.

Wie Hans Imhoff in Kooperation mit den Behörden den Speiseplan der Moselanrainer abwechslungsreicher gestaltete, veranschaulicht ein Beispiel. Die Wirtschaftsämter im Hunsrück, der Mosel und der Eifel gaben aus ihren Landkreisen Getreide und Kartoffeln frei. Diesen Ackersegen schaffte Imhoff nach Singen zu den Maggi-Werken und lud für die Rückfahrt Fertigsuppen, Maggi-Würze und gekörnte Brühe. »Diese Kompensation lief Gewicht gegen Gewicht«, weiß Imhoff noch, »eine extreme Wertschöpfung, denn so brachten 20 Tonnen Roggen 20 Tonnen Fertigsuppen.«

In nur wenigen Monaten steigt Hans Imhoff auf diese Weise zu dem mit Abstand größten Lebensmittelversorger an der Mosel auf – unter hohem persönlichen Einsatz, denn für den grenzüberschreitenden Warenverkehr gibt es inzwischen keineswegs immer die nötigen Deblokkadescheine. Doch als am 4. Januar 1948 die erste Ausgabe des ›Spiegel‹ erscheint, beschäftigt sich das Blatt in der Sparte Wirtschaft nicht mit solchen Anstrengungen, die Grundversorgung der Bürger zu gewährleisten, sondern mit dem Schwarzmarkt. Und selbst die heute markenzeichenreife ›Spiegel‹-Häme ist von Anfang an dabei: »Eine besonders regierungsfeindliche Autogang in Westdeutschland stahl eine ganze Reihe von prächtigen Ministerwagen des ersten Kabinetts Amelunxen in Düsseldorf. Die Minister waren allerdings nicht drin.« Imhoff aber fehlt es im Frühjahr 1948 nicht an Fahrzeugen, sondern an Lagerplatz.

Deshalb entschließt er sich zum Bau eines großen Lagerhauses gegenüber von Alf auf dem anderen Moselufer in Bullay, einer Winzergemeinde, sechs Kilometer von Zell entfernt. Die römische Niederlassung Bullay, 1150 erstmals urkundlich erwähnt, hatte Ende des Zweiten Weltkriegs wegen ihrer strategisch wichtigen Eisenbahnbrücke über die Mosel schwer unter Bombenangriffen zu leiden. Zeitweise lebten die Bürger in Wohnhütten im Wald, bis die Amerikaner am 16. März 1945 nachts um drei Uhr den Ort erreichten. Als Bauplatz in Bullay bietet sich Imhoff das hochwasserfreie Gelände einer stillgelegten Ziegelei an, noch dazu empfiehlt sich der Weinbauort als einzige Schnellzugstation an der mittleren Mosel entlang der Bahnlinie von Koblenz nach Trier.

In ihren Düsseldorfer Leitsätzen wird die CDU am 15. Juli 1949 über die Folgen der Währungsreform vom Jahr vorher urteilen: »Mut, Kraft und Energie wurden entfacht und das ganze Volk aus dem Zustand der Lethargie gerissen.« Hans Imhoff bedurfte offenbar eines solchen wirtschaftspolitischen Signals nicht, aber gegen die Lethargie der Menschen mußte auch er kämpfen. Welcher Facharbeiter mochte in Bullay auf der Baustelle in die Hände spucken, wo doch allein die Zigarettenwährung und nicht der Lohn in Reichsmark das Überleben sicherstellte? Also lockte Hans Imhoff mit Naturalien, richtete eine Feldküche mit zwei riesigen Kochkesseln ein und sagte jedem Arbeiter Mittagessen gratis zu – »und zwar soviel er Appetit hatte«. Das nötige Fleisch für den Eintopf beschaffte er nachts auf Eifeler Bauernhöfen im Tausch gegen Mangelware. Manches arme Schwein verlor so im Morgengrauen sein Borstenkleid.

Das Tagesgeschäft bestimmte der Umgang mit drei höchst unterschiedlichen Warengruppen. Da waren einmal die bewirtschafteten Artikel wie Zucker oder Fett, die es nur auf Lebensmittelkarten gab. Daneben mußte ein Großhändler Mangelware bieten wie Kaffee-Ersatz oder flüssige Seife, denn erst sie ermöglichte eine Konkurrenz unter den Einzelhändlern. Schließlich galt das Hauptinteresse der UT-Ware. Das Kürzel umschrieb »unter der Theke« und meinte extrem seltene Luxusartikel wie parfümierte Seife, einzeln verpackte Rasierklingen oder echten Bohnenkaffee aus Beständen der Besatzungstruppen. Werte galten in dieser Zeit vor dem Währungsschnitt alles, Geld dagegen nichts. Der Fahrer eines 20-Tonnen-Lkws verdiente bei Imhoff 400 Reichsmark im Monat. Doch ein Pkw-Reifen kostete 5 000 Reichsmark, eine Flasche Moselwein ließ sich im Ruhrrevier für 60 Reichsmark absetzen. Die Flasche Speiseöl wechselte auf dem Schwarzmarkt für 300 Reichsmark ihren Besitzer, auf 14 Marken-Abschnitten kostete die gleiche Menge – staatlich zugeteilt – allenfalls drei Reichsmark.

Mit Blick auf den bevorstehenden Tag X überlegte auch Imhoff, welche Werte er in die künftige Währungsepoche hinüberretten sollte. Seine Diagnose: Diese Waren durften nicht bewirtschaftet sein, denn auf das Horten solcher Güter standen schwere Gefängnisstrafen. Sie mußten außerdem lagerfähig sein, denn der Tag der Währungsreform blieb sorgsam geheimgehalten. Schließlich sollten es gefragte Artikel sein, für die jemand später harte Mark auszugeben bereit war. Bei vier Produkten seines Großhandels fand Imhoff diese Voraussetzungen erfüllt und legte im Rohbau seines neuen Lagerhauses einen entsprechenden Vorrat an: Salz, Rasierklingen, flüssige Seife und Maggi-Würze Nr. 6 in Nachfüllflaschen. Bis zum Sonntag, dem 20. Juni 1948, verkaufte die Bullayer Großhandlung völlig normal, das heißt, Imhoff hortete nichts außer den vier Sonderrationen. Seine Kundschaft dagegen war aufgrund der umlaufenden Gerüchte in den letzten Tagen vor der Währungsreform mit Handwagen oder Pferdegespannen selbst vom entfernten Cochem nach Bullay gekommen, um sich vorsorglich einzudecken. So lagen am Tag der Währungsreform, als die Ware praktisch einen 15fachen Wert bekam, zum Beispiel noch ganze neun Sack Zucker auf Imhoffs Lager, und das bei einem Monatsumsatz von über 50 Tonnen.

Am Tag danach geschah dann ein Wunder, es gab wieder alles zu kaufen. Hans Imhoff, der einige Jahre lang immer einen Koffer voller Geld unter seinem Bett aufbewahrt hatte, mußte »erneut rechnen lernen, denn plötzlich wurde eine Bilanz wieder wichtig, kam es auf das betriebswirtschaftliche Ergebnis an«. Geld zählte wieder. Und die für die neue Zeit gehortete Ware? Mit ihr machte Imhoff recht unterschiedliche Erfahrungen, wie sie die CDU-Leitsätze vom Juli 1949 als grundlegend für die neue Wirtschaftsform beschrieben: »Echter Leistungswettbewerb liegt vor, wenn durch eine Wettbewerbsordnung sichergestellt ist, daß bei gleichen Chancen und fairen Wettkampfbedingungen in freier Konkurrenz die bessere Leistung belohnt wird.«

Im einzelnen: Die rund 300 Tonnen Salz, in einer riesigen Lagerhalle auf dem nackten Boden aufgeschüttet, waren inzwischen steinhart geworden und mußten bergmännisch abgebaut werden. Dies ersparte Hans Imhoff zwei Jahre lang den Einkauf von Salz. Mit den Rasierklingen aber schnitt sich der Großhändler gründlich in die Finger, weil sie nicht einzeln verpackt waren. Als die neue D-Mark blinkte, besaß er nur noch verrostete kleine Metallstücke. Auch auf den über 100 Fässern flüssiger Seife rutschte Imhof gehörig aus. Nach der Währungsreform erwies sich dieses Produkt als unverkäuflich – und zwar auf Jahre hinaus. Blieb schließlich die Maggi-Würze.

Diese Würze Nr. 6 hatte Imhoff in viereckigen Ein-Liter-Nachfüllflaschen bezogen. Maggi war nicht bewirtschaftet gewesen, aber Mangelware. Deshalb hatte Imhoff ein originelles Versteck für sein Flaschenreservoir ausgesucht: einen leeren Aufzugsschacht im Lagerneubau. Dort warteten mehrere tausend Flaschen, über vier Etagen aufgestapelt, auf Erhards finanzpolitischen Startschuß. Dieser unbegrenzt haltbare Markenartikel half Imhoff mehrere Jahre lang, sich selbst zu subventionieren, »denn ich hatte keinen Einkauf, aber Erlöse«.

2.
Unternehmer in Bullay

»Meine Fabrik an der Mosel ist garantiert moderner als Ihre«

Zum morgendlichen Frühstück servierte die ›Bild‹-Zeitung ihre Sensation: »Junger deutscher Millionär unter schwerem Verdacht«. Dabei bot die Weltpolitik an diesem Mittwoch, dem 13. Januar 1954, sehr wohl anderen Stoff für Schlagzeilen. In Amerika hatte Außenminister John Foster Dulles der Öffentlichkeit tags zuvor die neue »Strategie der massiven Vergeltung« vorgestellt. Sie drohte Moskau bei einem Angriff den vollen Einsatz der amerikanischen Atomwaffen an. Und in Bonn hatte der Präsident des Deutschen Bundestags, Dr. Hermann Ehlers, den Vorschlag seines Ost-Berliner Amtskollegen Dieckmann erhalten, bei der für Ende Januar 1954 geplanten Viermächtekonferenz der Außenminister in Berlin gemeinsam eine gesamtdeutsche Volksvertretung zu fordern.

Doch weder die Drohgebärde aus Washington noch die ausgestreckte Hand aus Ost-Berlin war nennenswert genug, um sie an diesem 13. Januar 1954 den Lesern zu präsentieren. Der »kometenhafte Aufstieg«, so der Untertitel des Mehrspalters, eines jungen Millionärs und sein womöglich bevorstehender tiefer Fall erschien Chefredakteur Rudolf Michael offenbar eher als Stoff, aus dem die Träume seines Publikums sein sollten. »Gegen den Inhaber der Imhoff-Schokoladen-, Kakao- und Bonbonfabrik, den 32jährigen Hans Imhoff aus Bullay an der Mosel«, stand dort fettgedruckt, »hat der Zollfahndungsdienst des Finanzamtes ein Verfahren wegen Steuerhinterziehung und anderer wirtschaftlicher Delikte eingeleitet.«

In nur einem Satz machte der mehrspaltige Artikel die ›Bild‹-Leser mit dem Verdacht vertraut: Imhoff sollte in sogenannten D.P.-Lagern, also Unterkünften von ehemaligen ausländischen Kriegszwangsarbeitern (*Displaces Persons*), »unverzollt Schokolade aufgekauft und in Umlauf gebracht« haben. Um so intensiver malte der Koblenzer Korrespondent dagegen die Traumkarriere des Verdächtigen aus: »Hans Imhoff gilt als jüngster Millionär Deutschlands. Er kam 1945 als kleiner Angestellter an die Mosel und eröffnete eine Lebensmittelgroßhandlung, die den etwas abseits gelegenen Teil des Moselgebietes belieferte.« Und dann der beispiellose Aufstieg: »1948 gründete er die Schokoladenfabrik, die einen erstaunlichen Aufschwung nahm. 400 Arbeiterinnen und Arbeiter waren darin beschäftigt. Die Erzeugnisse gingen zum großen Teil als Export nach Amerika.« Diese Tellerwäscherkarriere so ganz nach dem Geschmack vieler Deutscher galt als exemplarisch für den Überlebenswillen des zerschundenen Landes: »In Wirtschaftskreisen wurden Imhoffs Leistungen rückhaltlos bewundert. Ausländischen Kommissionen zeigte man seinen Betrieb als Musterbeispiel des Aufbaus der Bundesrepublik.«

Mit 32 Jahren ganz oben – und schon am Ende? ›Bild‹ meldete

›Bild‹ pflichtgemäß: »Imhoff hat die ihm zur Last gelegten Vergehen energisch zurückgewiesen.«

Eine ›Bild‹-Story wie aus dem Bilderbuch, zweifellos das Tüpfelchen auf dem i dieser Ausgabe, die auch sonst mit einer raffinierten Themenmixtur die geheimen Neugierwünsche ihres Millionenpublikums erfüllt: Neben Imhoffs Neid- und Schadenfreudetext standen die obligatorische Tiergeschichte »Spitz mußte sterben«, der Politskandal »Erkauftes Amt« und die Rührstory »Rettungsengel im Schnee«. Den von der Zeitung so herausgehobene Tagesspruch mußte der öffentlich vorgeführte Imhoff wie Hohn empfinden: »Sehnsüchte beflügeln nichts, sondern alles hängt an der Unverdrossenheit.«

Über eine Million deutscher Zeitungsleser waren nun über Hans Imhoff im Bild, aber waren sie es tatsächlich? Die wenigen Druckzeilen verwirrten mehr, als sie enthüllten. Auf der einen Seite beschrieben sie einen überdurchschnittlich erfolgreichen Unternehmer, der aus bescheidenen Anfängen eine Firma aufgebaut hatte, die selbst ausländischen Kundschaftern als Musterbeispiel für den Pioniergeist im jungen Nachkriegsdeutschland präsentiert wurde. Andererseits konnte beim ›Bild‹-Leser der Verdacht bleiben, dieses respektable Fabrikgebäude stehe auf tönernen Füßen, ja rage aus dem Morast einer kriminellen Aktivität heraus.

Höchste Zeit also, dem Zeitungsbericht die historischen Tatsachen entgegenzusetzen. Diese Spurensuche führt zurück in die Monate vor der Währungsreform am 21. Juni 1948 – und zunächst auf die Weltbühne. Im Frühjahr 1947 stellte der amerikanische Außenminister George C. Marshall nach einer gescheiterten Konferenz in Moskau über eine Zusammenarbeit von Ost und West beim wirtschaftlichen Wiederaufbau Europas die bedrückende Diagnose: »Der Patient stirbt, während die Ärzte beraten.« Aus dieser Erkenntnis entwickelte Marshall am 5. Juni 1947 bei der Jahresabschlußfeier der Harvard-Universität die Idee einer amerikanischen Hilfsaktion für Europa. »Es ist nur logisch«, begründete der ehemalige General sein Konzept, »daß die Vereinigten Staaten alles tun, um die Wiederherstellung gesunder wirtschaftlicher Verhältnisse in der Welt zu fördern, ohne die es keine politische Stabilität und keinen sicheren Frieden geben kann.« Von diesem Marshallplan, dem *European Recovery Program* (ERP), ging auf dem alten Kontinent eine psychologisch starke Signalwirkung aus. In Westdeutschland stützen diese Gelder den beginnenden konjunkturellen Aufschwung.

Aber neben dem Marshallplan löste die Währungsreform im Frühsommer 1948 einen weiteren entscheidenden Impuls für die wirtschaftliche

Gesundung Westdeutschlands aus, indem sie den aus der Kriegsfinanzierung stammenden Geldüberhang beseitigte. Zugleich kündigte Professor Ludwig Erhard über den Rundfunk das bevorstehende Ende der Bewirtschaftung für eine Reihe von Konsumgütern an – ein weiterer Anreiz, die Schaufenster wieder mit attraktiven Waren auszustatten. Der fortan einsetzende rasche Aufschwung veranlaßte die renommierte britische Tageszeitung ›The Times‹, dieser ökonomischen Erholungsphase das Etikett »deutsches Wirtschaftswunder« anzuheften. Und einer dieser Wirtschaftswundermacher agierte zweifellos in der Provinz abseits der Reiserouten vieler Staatsmänner und Korrespondenten: Hans Imhoff in Bullay.

Schon vor der Währungsreform war sein Optimismus mindestens ebenso groß wie der eben im Rohbau fertiggestellte Lagerneubau auf dem alten Ziegeleigelände gegenüber von Alf. 7 000 Quadratmeter Stapelplatz in einem 120 Meter langen, 20 Meter breiten und 16 Meter hohen Gebäude mußten sich dann als überdimensioniert erweisen, wenn die planwirtschaftliche Zuteilung von Lebensmitteln einem freien Konsummarkt Platz machen würde. Was also tun? Auf Senfeimern und Zuckersäcken wie gelähmt kauern, bis Ludwig Erhards Politik einer sozialen Marktwirtschaft das Traumschloß aus der konkurrenzlosen Zeit einstürzen ließ? Hans Imhoff resignierte nicht, der junge Mann aus Köln strebte zu neuen Ufern: »Das war die Geburtsstunde der Idee einer Schokoladenfabrik.«

Kaum eine deutsche Branche wies so traditionsreiche und eingeführte Namen auf wie die Zunft der Stollwercks, Sprengels, Sarottis oder Suchards. Kaum eine Markenartikelsparte gerierte sich so elitär wie die Schokoladen-Moguln. Doch Hans Imhoff bewertete seine unternehmerische Chance nicht nach den Hindernissen einer Etablierung im traditionell verteilten Markt, sondern von den neuen Horizonten eines lange entbehrten Bedarfs.

Der buchstäbliche Hunger der Deutschen auf Schokolade ermutigte ihn – ein Heißhunger, den die amerikanische Journalistin Margaret Bourke-White 1945 ungläubig auf dem Berliner Schwarzmarkt beobachtete: »Der *jeep driver* zog ein Päckchen Zigaretten heraus und wollte sich gerade eine anstecken, als sich ein Haufen deutscher Frauen auf unseren Wagen stürzte. Wie der Blitz hatten die Zigaretten für hundert Mark den Besitzer gewechselt. ›*Chocolate*, *chocolate*‹, bettelten die Frauen und wedelten mit ihren Hundertmarkscheinen vor unseren Gesichtern. ›Heiliger Bimbam‹, sagte der Captain, ›hundert Mark für eine Schokoladentafel.‹ Zigaretten und *candy bars* und Hundertmarkscheine wechselten so rasch von Hand zu Hand, daß die Boys nicht einmal Zeit hatten, ihr Geld zu zählen.«

Solchen lange ungestillten Appetit auf Süßes kannte auch Hans Imhoff. Als er 1979 für Flüchtlingskinder aus Vietnam 100 000 Tafeln Vollmilchschokolade spendete, begründete er dies gegenüber dem Korrespondenten der Tageszeitung ›Die Welt‹ eindrucksvoll: »Ich werde nie vergessen, mit welch leuchtenden Augen die Kinder in den harten Nachkriegsjahren nach einer Tafel Schokolade griffen – und da waren viele Kinder darunter, die vorher nie Schokolade gegessen hatten.«

Wie lebhaft seine eigene Kindheit noch präsent war, bewies Hans Imhoff 1948 bei der Namenssuche für seine Schokoladenfabrik: Teddy. »Das Stofftier Teddybär war und ist auch heute noch für mich der Inbegriff der Zärtlichkeit, der Gemütlichkeit, des Zufriedenseins«, erläutert Hans Imhoff diese Wahl, »als kleiner Junge hatte ich immer einen Teddybären, dem ich meine ganze Liebe schenkte.« Anfang der fünfziger Jahre jedoch wird eine Herforder Schokoladenfabrik geltend machen, sie habe »Teddy« geschützt. Imhoff nimmt die Gelegenheit wahr, sich von dem Firmennamen zu verabschieden, der ihm inzwischen ein wenig zu verspielt vorkommt, und benennt sein Unternehmen in Imhoff Schokoladen- und Zuckerwarenfabrik GmbH um. Am 16. Juni 1948, vier Tage vor der Währungsreform, lieferte der Jungunternehmer mit dieser Firmengründung ein Musterbeispiel für die fortan progagierte freie und soziale Marktwirtschaft: »Es war ein außerhalb jeder Logik liegendes Unterfangen, denn keine der etablierten Schokoladenfabriken war in Betrieb, es fehlte nämlich am wichtigsten aller Rohstoffe, am Kakao, es fehlte an qualifizierten Mitarbeitern und Maschinen.«

Die letzten Süßwarenbetriebe hatten am Jahresanfang 1943 ihre Produktion einstellen müssen, mit Ausnahme von Lieferungen an die Wehrmacht. Bereits im Januar 1946 hatten die Alliierten das gewerbliche Verarbeiten von Zucker verboten, doch seit der Währungsreform waren Zucker und Milch wieder frei verfügbar – aber diese beiden Zutaten machen noch keine Schokolade. Zeitweise hatten geröstete Hülsenfrüchte als Kakaoersatz gedient, solche Nachahmungen hießen »Pit-o-Lade« oder »Schicolana«. Die Rohkakaoeinfuhren von noch 82 521 Tonnen im Jahr 1938 waren völlig zum Erliegen gekommen, bis Ende der dreißiger Jahre hatte Deutschland zwischen 11 und 17 Prozent der Welternte an Rohkakao verarbeitet.

Joachim-Erich Buhl, der erste Nachkriegsgeschäftsführer des Fachverbandes der Süßwarenindustrie Detmold, dokumentierte eingehend den schwierigen Neubeginn der Branche nach dem verlorenen Krieg. »Zum

Weihnachtsfest 1946«, registrierte Buhl, »erhielten Kinder und Jugendliche bis 18 Jahre eine Sonderzuteilung von 250 Gramm Zuckerwaren.« Ein Jahr später konnten »alle Verbraucher auf einen 500-Gramm-Abschnitt der Brotmarken 500 Gramm Weihnachtsgebäck mit 30 Prozent Zucker beziehen«.

Nach Buhls Aufzeichnungen durften am 1. April 1947 in der britischen Zone 37 von 56 Schokoladenbetrieben die Herstellung von Zuckerwaren wiederaufnehmen, es galt, Nährstangen für Schulkinder und Vitaminbonbons für Bergarbeiter zu produzieren. Seit 1946 bemühten sich die Verbandsvertreter in zähen Verhandlungen mit den Militärs, den Fabriken wieder Rohkakao zu verschaffen. »Im Mai 1947 wurde versucht«, beschreibt Buhl diese Strategie, »den Betrieben zusätzliche Betätigungsmöglichkeiten durch Lohnveredelung von Rohkakao bei Wiederausfuhr der Kakaobutter zu verschaffen.« Aber die Alliierten erlaubten vorerst nicht einmal solche Gastspiele des Kakaos im Nachkriegsdeutschland.

Und in diese Gruppe nicht über Rohstoffe verfügender, aber etablierter Produzenten versuchte sich nun ein Branchenfremder einzureihen – ohne eigenes Know-how, ohne qualifiziertes Personal, ohne speziellen Maschinenpark, vom unentbehrlichen Kakao ganz zu schweigen. Doch die überdimensionierten Lagerräume in Bullay verbaten ihm das Zurückschrecken vor dem gewagten Projekt.

Zunächst ließ Imhoff dort nach einem Experten suchen, wo für ihn das Mekka der Schokoladenproduktion lag: in Köln bei Stollwerck. Seinen besten Mitarbeiter Heinz Fiedler beauftragte er damit, einen hochqualifizierten Stollwercker abzuwerben: »Wenn Sie einen exzellenten Fachmann finden, bieten Sie ihm für eine Fünftagewoche 1 000 Mark Monatsgehalt.« Noch heute steht Imhoff Fiedlers Reaktion vor Augen: »Er war irritiert, er selbst verdiente nur 400 Mark im Monat.«

Nach einer Woche kam Fiedler mit Konrad Eich zurück, einem Mittfünfziger, dem Obermeister und Produktionschef bei Stollwerck für den Bereich Pralinen. Er hatte sich zuletzt nicht mehr mit dem Firmenchef verstanden. Eichs erste Fragen: »Kann ich mal die Fabrik sehen? Stimmt das mit den 1 000 Mark?« Imhoff bestätigte die Gehaltssumme. »Das mit der Fabrik war nicht so einfach, da gab es nur riesige leere Räume – sonst nichts.« Trotzdem willigte Eich ein, erhielt einen Beratungsvertrag und die Order, eine Fabrik für Schokolade und Süßwaren einzurichten. »Mir selbst«, räumt Imhoff freimütig ein, »fehlte jede Vorstellung, wie das zu bewerkstelligen sei, aber im Alter von 26 Jahren hatte ich allein den unbändigen Willen, diese Chance zu nutzen, und zwar so gut wie irgend möglich.«

Unter abenteuerlichen Umständen machte Konrad Eich seine erste Dienstreise nach Limburg und organisierte dort sechs Marmorplatten von zwei mal einem Meter Größe. Auf diesen Platten wurde zuvor erhitzter Zucker ausgegossen und mit Spachteln tabliert, das heißt aufgelöst und in eine weiße Fondantmasse verwandelt. So weit wie Imhoff nun waren die Konkurrenten auch gekommen. Aber was ist ein Zuckerklecks ohne braune Kakaohaut?

Doch anders als seine Konkurrenten kam Imhoff der rettende Gedanke. Dabei wählte er weder den Weg über den Schwarzmarkt, noch schmuggelte er, aber die Suche nach dem braunen Rohstoff führte ihn trotzdem auf besonderes Territorium.

Zu den eigenartigen Realitäten der ersten Nachkriegsjahre zählten auch die D.P.-Läger, Aufenthaltsorte für *Displaced Persons,* Angehörige fremder Völker, meist aus Osteuropa, die größtenteils während des Zweiten Weltkriegs im Deutschen Reich Zwangsarbeit geleistet hatten. Im Mai 1945 gab es in Deutschland 1,5 Millionen Russen, 1,2 Millionen Franzosen, 600 000 Polen, 350 000 Italiener, jeweils 200 000 Holländer und Belgier, 100 000 Jugoslawen und insgesamt weitere 100 000 Tschechen, Luxemburger, Griechen, Dänen und Norweger. Sie erhielten Lager zugeteilt mit eigener Polizeihoheit – durch Schlagbäume kenntlich gemacht. Ein Großteil dieser *Displaced Persons* sollte in die Heimatländer zurückkehren, andere wanderten nach Übersee aus. Rund 220 000 blieben in der Bundesrepublik und erlangten im Februar 1951 die rechtliche Gleichstellung mit den Bundesbürgern.

Diese *Displaced Persons* durften wegen ihrer Entbehrungen im Krieg der besonderen Anteilnahme des Auslands gewiß sein, deshalb erhielten sie besonders viele *Care*-Pakete. *Care*, das im Englischen »für jemanden sorgen« bedeutet, war zugleich die Abkürzung der Vereinigung für amerikanische Hilfssendungen nach Europa. Der Kölner Kardinal Frings würdigte diese Hilfsbereitschaft der US-Bürger: »Wieviel tausend unschuldige Kinder sind vor Siechtum, ja vor Tod bewahrt worden durch die systematischen Kinderspeisungen! Wie viele Kranke haben Arzneien und Stärkungsmittel erhalten, sei es durch *Care*-Pakete, sei es durch Sendungen im großen.« Und Joseph Frings fügte hinzu: »Wie viele Hungernde und Darbende haben sich einmal satt essen, eine Tasse echten Kaffee trinken, einen Riegel Schokolade genießen können?«

Solche amerikanischen Schokoladengeschenke konnten sogar in Deutschland selbst produziert worden sein, womöglich in Imhoffs Fabrik, und dies, noch bevor die Schokoladenbranche Rohkakaoeinfuhren zur freien Verfügung erhielt. Beispielsweise stellte Bullay für die

Care-Organisation 200 Tonnen Schokolade mit eigens importierten Rohstoffen her. Imhoffs Schokoladenmeister Konrad Eich mußte höllisch aufpassen, daß der Schwund in plausiblen Grenzen blieb, denn die Amerikaner hatten exakte Vorgaben gemacht. Um so größer waren Überraschung und Freude bei Eichs daheim, als Wochen später ein *Care*-Paket eintraf. Es enthielt vom Empfänger selbst produzierte Schokolade, deren Qualität die doppelte Reise über den Atlantik keinen Abbruch getan hatte.

Häufiger als deutsche Familien kamen die Bewohner der D.P.-Läger in den Genuß amerikanischer Hilfssendungen, zumindest sie hatten unschuldig unter dem verbrecherischen Nazi-Regime gelitten. Diese reichlichen Geschenke von Luxusartikeln wie Kaffee, Kakao oder Schokolade veranlaßten die Lagerbewohner zu Kompensationsgeschäften, um andere, in den Paketen nicht enthaltene Versorgungsgüter zu beschaffen – eine unternehmerische Chance für Hans Imhoff. Zwischen Mitte 1948 und Mitte 1949 schickte er Mitarbeiter in die D.P.-Läger, etwa nach Feldafing am Starnberger See oder Lampertheim bei Mannheim, und ließ solche Genußmittel aufkaufen. Die 100-Gramm-Tafel Schokolade kostete sechs Mark, das Kilogramm Kaffee 24 Mark.

In Bullay erhitzten Imhoffs Helfer die Schokolade in einfachen Blechtöpfen über Spirituskochern und überzogen die Fondantstücke mit der begehrten braunen Haut. Imhoff stolz: »Das waren die ersten Pralinen im Nachkriegsdeutschland des Jahres 1948.« Für sieben Mark Fabrikabgabepreis gingen diese ›Teddy-Pralinen‹ als 100-Gramm-Packungen an Woolworth, Kaufhof, Karstadt, Kaufhalle, Edeka und Rewe – eine kleine Sensation im Süßwarenregal, für zehn Mark Verkaufspreis. »Wir waren damals die am meisten geschätzten Lieferanten«, scherzt Imhoff, »denn wir konnten als einzige Pralinen anbieten.«

Die ersten Kakaobohnenlieferungen an die deutschen Schokoladenhersteller setzten nämlich erst im Mai 1949 wieder ein, bis Juli 1950 lenkten die Behörden sogar noch die Zuteilung der Kakaobohnen an die Firmen. Dieser von der Branche nach zehn Jahren Zwangspause ersehnte Neubeginn hätte für den vorgepreschten Newcomer an der Mosel fast das schnelle Aus bedeutet. Denn nur der sollte Anspruch auf ein Kontingent Kakaobohnen erhalten, der vor dem Krieg nachweisbar Rohkakao verarbeitet hatte.

Hans Imhoff gelang es in zähen Verhandlungen, den Behörden eine Ausnahmeregelung abzutrotzen. Danach sollte auch ein solcher Betrieb Rohkakao zugeteilt bekommen, der in der Lage sei, ihn fachgerecht zu verarbeiten. In seinen Gesprächen über diese Lex Imhoff hatte der junge

Unternehmer den Beamten treuherzig versichert, er besitze diese Qualifikation. In Wirklichkeit: »In meinem ganzen Leben hatte ich noch keinen Rohkakao gesehen.« Aber Konrad Eich wußte Hilfe, als der rheinland-pfälzische Ernährungsminister Oskar Stübinger eine Prüfungskommission in Bullay ankündigte.

Drei Tage Vorbereitungszeit blieben Imhoff noch. Schon bald wußte er, daß keiner der vier Inspektoren jemals zuvor eine professionelle Kakaobohnen-Verarbeitung zu Gesicht bekommen hatte. So baute Konrad Eich in Bullay ein Potemkinsches Dorf auf, Novesia aus Neuss lieferte dazu zwei Säcke Rohkakao. »Ein Kriminaltango«, erinnert sich Imhoff, »aber es funktionierte, beeindruckt zogen die Herren von Bullay weg mit der Überzeugung, eine richtige Schokoladenfabrik gesehen zu haben.

Trotzdem machte sich Imhoff keine Illusionen darüber, daß ihm diese Show allenfalls einen begrenzten Zeitgewinn verschafft hatte. Deshalb orderte er rasch gebrauchte Spezialmaschinen bei der Düsseldorfer Firma Sohn. Als die Branche im Mai 1949 erstmals seit Kriegsende Rohkakao zum fixierten Preis von 3,15 Mark pro Kilogramm erhielt, bekam Bullay davon 15 Tonnen Rohkakao im Monat ab. Daraus ließ sich etwa die acht- bis zehnfache Menge Milchschokolade herstellen. Die Höhe des Kontingents – bei den etablierten Betrieben nach der Vorkriegsproduktion bemessen – bestimmte die Startchancen im Süßwarengeschäft.

Hatte die Branche im Durchschnitt der dreißiger Jahre 80 000 Tonnen Rohkakao verarbeitet, kamen 1949 insgesamt 18 331 Tonnen nach Westdeutschland. »Es war ein reiner Verkäufermarkt«, erläutert Imhoff, »Deutschland war ausgehungert nach Süßem.« Stollwerck ging mit einem enormen Vorsprung ins Geschäft, denn die Kölner hatten vor dem Krieg den Bremer Kakaoverarbeiter Reichardt übernommen und dessen bedeutendes Kontingent erhalten.

Im Herbst 1949 allerdings stahl der Bullayer Newcomer den Stollwerckern auf dem Kölner Messegelände die Schau. Neben seinen ›Teddy-Pralinen‹ überraschte Imhoff das Fachpublikum in Deutz mit ›Teddy-Leckerbissen‹, stanniolverpackten Würfeln für einen Groschen. Sie sahen Suppenwürfeln zum Verwechseln ähnlich – Kunststück, sie stammten aus einer solchen Spezialmaschine. Vom Suppenproduzenten Zamek in Düsseldorf hatte Imhoff eine Gebrauchtmaschine zum Herstellen von Brühwürfeln erworben. Doch statt Suppenkonzentrat füllte die Bullayer Fabrik eine Mischung aus Kakaopulver, Zucker und Milchpulver ab. »Ein sensationeller Artikel«, charakterisiert Hans Imhoff diese Innovation, »unter damaligen Umständen.« Nach der Kölner Präsentation warteten zeitweise die Kundenlastwagen zwei Tage lang auf dem Fabrikhof an der Mosel, weil die Würfelmaschine nicht mit der Nachfrage mithielt.

Ein solcher Andrang veranlaßte den Korrespondenten der ›Trierischen Landeszeitung‹, den Betrieb zu besichtigen: »Beim Betreten der Fabrikationsräume kommt uns der angenehme Kakaogeruch entgegen.« 360 Menschen beschäftigt Imhoff, erfuhren die Leser, vor allem Frauen, die sogenannten Schokoladenmädchen. Während der Hauptsaison von September bis März, insbesondere vor Weihnachten, werde in drei Schichten gearbeitet. Pro Schicht, so die Landeszeitung, verließen allein 30 000 Tafeln Schokolade in 14 verschiedenen Geschmacksrichtungen auf Lastwagen Bullay zu den Auslieferungslagern in Bielefeld, Essen, Neuss, Mainz, Köln und Stuttgart.

Selbst vor der Werksküche machte der gewissenhafte Reporter nicht halt: »Hier ist Fräulein Hedwig in ihrem Element; ihre abwechslungsreiche und gute Speisekarte veranlaßt sehr oft selbst den Fabrikchef, im Werk seine Mahlzeit einzunehmen.« Daß die Liebe zum Beruf sehr wohl durch den Magen gehen konnte, nutzte Hans Imhoff auch in seinen Inseraten etwa zur Anwerbung von Aushilfskräften für das Weihnachtsgeschäft: »Wir suchen 200 saubere Mädchen oder Frauen für eine saubere und angenehme Arbeit innerhalb unserer verschiedenen Schokoladen- und Pralinenabteilungen.« Neben den Schichtzeiten enthält der Text den offenbar zugkräftigen Hinweis: »Unsere Werksküche gibt mittags ein ausgezeichnetes warmes Essen.«

Anders als der Lokaljournalist tauchte eines Nachmittags ein Lkw-Fahrer unangemeldet in Bullay auf. Wenig später stürmte Einkaufschef Heinz Fiedler ins Chefbüro: »Unten steht ein Lastwagen mit drei Tonnen Rohkakao, die wir für den halben Preis bekommen können.« Imhoff ließ nachfragen, ob es sich um zweitklassige Ware oder einen Versicherungsschaden handele. »Nein, Chef, das ist bester Ghanakakao, originalvernäht in Säcken«, hatte Fiedler überprüft, »der Mann ist Händler, hat die Ware irgendwo in Zahlung genommen und will nun im Laderaum Platz schaffen, damit er an der Mosel Wein zuladen kann.« Hans Imhoffs Skepsis wuchs, als er zusätzlich erfuhr, daß der Lieferant Bargeld verlange. Deshalb wünschte er einen schriftlichen Herkunftsnachweis des Kakaos zu sehen. Empört über solches Mißtrauen, zog der ungebetene Rohstoffhändler ab. »Auch wenn wir einen Vorteil von ein paar tausend Mark ausgeschlagen haben«, tröstete Imhoff den enttäuschten Fiedler, »stellen Sie sich vor, der Kakao wurde bei Stollwerck in Köln geklaut?« 24 Stunden später erschien die Kriminalpolizei in der Fabrik, das Sonderangebot vom Vortag war tatsächlich bei Stollwerck gestohlen worden.

Kurze Zeit später wurde der übermächtige Konkurrent Stollwerck ein zweites Mal zum Prüfstein für den Newcomer aus der Provinz. Von der Großdruckerei Illert & Ewald in Steinheim ließ Hans Imhoff neue Verpackungen für seine Tafelschokolade entwerfen. Sein spontanes Gefallen fand ein Entwurf, der einen bunten Vogel als Blickfang aufwies. Doch kaum erschien das neue Imhoff-Design in den Süßwarenregalen der Kaufhäuser, konterte Stollwerck mit einer einstweiligen Verfügung gegen den Vertrieb.

Die Stollwercker verwiesen auf ihr seit über 50 Jahren geschütztes Warenzeichen für ihre Pralinenpackung ›Knuspergold‹, die zwei bunte Papageien zieren. Es kam zum Prozeß vor dem Oberlandesgericht Düsseldorf, weil sich Imhoff in zweifacher Hinsicht im Recht sah. Zum einen stammte der Entwurf seiner Packung von einem fremden Auftragnehmer, zum andern nutzte Imhoff das Vogelmotiv nicht für eine Pralinenschachtel, sondern für die Hülle einer Tafel Schokolade.

Doch der Stollwerck-Anwalt setzte sich vor Gericht gar nicht mit der Anklage auseinander, stellte statt dessen in seinem Plädoyer um so mehr die ruhmreiche Historie des Branchenprimus heraus und schloß sarkastisch: »Ich möchte es jetzt meinem Prozeßgegner überlassen darzustellen, warum er schmarotzt.« Sosehr ihn dieser Begriff aus dem Wettbewerbsrecht verletzte, Hans Imhoff versuchte der Stollwerck-Geschichte die Bedeutung seiner Fabrik für die strukturschwache Moselregion gegenüberzustellen. Aber die Stimmung im Gerichtssaal war klar gegen ihn, bereits das Wort Bullay weckte Heiterkeit unter den Zuhörern. Entnervt beugte sich Imhoff dem Vergleichsvorschlag des Vorsitzenden, die Anschuldigung ›Schmarotzer‹ bestimmte noch lange seine Gedanken.

Zu schmarotzen versuchte dagegen der Staat Anfang der fünfziger Jahre angesichts des Heißhungers der Deutschen auf Schokolade. Zukkerhaltige Süßwaren sollten als Luxusartikel hoch besteuert werden.

Diese Überlegung stellte der Staatssekretär im Bundesernährungsministerium, Dr. Theodor Sonnemann, am 9. Dezember 1950 in der Tageszeitung ›Die Welt‹ an. Seine Forderung eröffnete der Ministerialbeamte mit einem bedrückenden Befund: »Die Illusion der übervollen Schaufenster hat uns vergessen lassen, daß wir ein armes Volk geworden sind.« Die Aufhebung der Bewirtschaftung von Lebensmitteln habe »zu tiefgreifenden Veränderungen in den Verzehrgewohnheiten und den Geschmacksrichtungen geführt«. Sonnemann zeigte Verständnis dafür, »daß der jahrelange Verzicht auf Qualitätsnahrungsmittel ein aufgestautes Verlangen gerade nach den Lebens- und Genußmitteln entstehen ließ, die vom Markt verschwunden waren«. Die Folge: Der Zuckerverbrauch in Westdeutschland wuchs von 1949 auf 1950 um 50 Prozent.

»Die seit Ausbruch des Korea-Krieges ins Kraut geschossene Hamsterpsychose ist keineswegs abgeebbt«, kritisierte der Argrarstaatssekretär weiter, »im Oktober sind 200 000 Tonnen Zucker auf den Markt geflossen und im Handumdrehen aufgesogen worden.« Sonnemann schloß seine Bilanz des deutschen Heißhungers auf Süßes: »Um das Bild abzurunden, sei noch vermerkt, daß die Einfuhr an Schokolade- und Kakaohalbfabrikaten in den ersten zehn Monaten dieses Jahres rund 65 Millionen Dollar erfordert hat, gegen 0,75 Millionen im Durchschnitt der Vorkriegsjahre, dazu kommen noch erhebliche Zuflüsse aus Liebesgabensendungen, D.P.-Lagern und aus dem Schwarzhandel beziehungsweise Schmuggel.« Und die politischen Konsequenzen? Sonnemann beließ es in seinem ›Welt‹-Artikel nur bei dem vorsichtigen Hinweis auf nötige Entscheidungen »volkswirtschaftlicher und wirtschaftspolitischer Art«.

Was der Staatssekretär damit meinte, mutmaßte die Bonner ›Welt‹-Redaktion in der gleichen Ausgabe unter der Überschrift: »Steuerschraube gegen Zuckerverschwendung«. Eine drastische Anhebung der Umsatzsteuer für Zucker sei geplant, hieß es dort, denn nach Ansicht der Bundesregierung sei »die überhandnehmende Zuckerverschwendung vor allem bei der Süßwarenherstellung ein unverantwortlicher Luxus, den sich Westdeutschland nicht leisten kann«.

Steuerstrafen für Naschkatzen? Keine neue Idee. Schon 1919, nach dem verlorenen Ersten Weltkrieg, hatte es im Reich eine Luxussteuer auf Pralinen gegeben. Diesmal dachte der Bonner Finanzminister Fritz Schäffer über eine Steuer auf Süßwaren nach, die 50 Prozent des Endverbraucherpreises ausmachen sollte. Gegen diese geplante »Sonderumsatzsteuer auf Süßwaren und andere Gegenstände des entbehrlichen Gebrauchs« organisierte die Süßwarenbranche am 9. Februar 1951 eine Großkundgebung in Köln. Auf besonders erbitterten Widerstand traf Schäffers Versuch, Zucker auf eine Stufe zu stellen mit ebenfalls im Gesetzentwurf erfaßten Schildkröten, Hummer, Kaviar oder Austern. 14 Industrieverbände begründeten in einer gemeinsamen Entschließung ihr kategorisches Nein mit dem Hinweis, vom Kalorienwert betrachtet, sei Zucker das billigste Nahrungsmittel: »Folgerichtig müßte der Zuckerverbrauch von der Regierung gefördert und nicht gedrosselt werden.« 250 000 Arbeitsplätze in Bäckereien und Süßwarenfabriken seien gefährdet. Mehr noch: »Ein solches Gesetz schaltet breite Bevölkerungskreise von dem Bezug eines hochwertigen Nahrungsmittels aus und beraubt Millionen von Menschen einer der kleinen verbleibenden Freuden des Alltags.«

Der massive Protest zeigte Wirkung. Schäffer zog im Juni 1951 seine Luxussteuervorlage zurück. Bissig kommentierte der Verband der Deutschen Süßwarenindustrie in seinem Jahresbericht: »Bonn mußte sich von der Tagespresse bescheinigen lassen, daß das geplante Gesetz einen Provinzialismus zeige, der einem Ministerium nicht anstehe.«

Diese harsche Schelte warf zugleich ein bezeichnendes Licht auf die äußerst vornehme Schokoladenbranche. Um zu diesem Kreis zu gehören, mußte ein Anbieter mindestens ›von der Bohne her‹ produzieren, das heißt den Rohkakao selbst verarbeiten, statt Schokoladenmasse zum bloßen Portionieren anzukaufen. Doch zur Creme zählte erst, wer außerdem eine etwa hundertjährige Markentradition einbringen konnte. Die ›von der Bohne‹ arbeitenden Schokoladenfabrikanten hatten als Gemeinschaftsunternehmen die Kakao-Einkaufs-Gesellschaft (KEG) mit Sitz in Hamburg gebildet, um auf diese Weise einen günstigen Einkauf ihrer Rohstoffe zu organisieren. Durch einen Zufall besaß Hans Imhoff bereits seit 1949 einige der begehrten Geschäftsanteile am größten deutschen Kakaoimporteur.

Frohgemut machte sich der neue KEG-Teilhaber deshalb zur Gesellschafterversammlung ins noble Baden-Baden auf. Dr. Bernhard Sprengel empfing das erlauchte Publikum am Eingang des Festsaals. Unter den etwa 60 Gästen kam Imhoff als einer der letzten an die Reihe. »Dr. Bernhard Sprengel streckte mir die Hand entgegen«, blieb Imhoff diese Schlüsselszene detailliert haften, »und ehe ich sie ergreifen konnte, nannte ich meinen Namen – Imhoff aus Bullay –, da sank ihm, wie vom Schlag gerührt, die Hand an die Hosennaht zurück. Hans Imhoff aus Bullay die Hand zu geben war für ihn sicher ein echtes Problem, doch er faßte sich und schüttelte sie mir doch noch.« Auch im Saal fühlte sich der Newcomer von dem elitären Unternehmerkreis geschnitten: »Das war so, als wenn der Pfarrer von Hintertupfingen in Rom als Kardinal eingeführt worden wäre.«

Auch beim übrigen Rohstoffeinkauf galt Dünkel zeitweise mehr als Geschäftssinn, wie Hans Imhoff bald während eines Besuchs beim bedeutendsten Haselnußimporteur Hamburgs, Pisani & Rickertsen, erfahren mußte. Geschlagene 25 Minuten hatte er bereits in der Anmeldung verbracht, als der Juniorchef Wilhelm Rickertsen schließlich bitten ließ, ohne Imhoff einen Stuhl, geschweige denn einen Kaffee anzubieten.

Der folgende Dialog blieb Imhoff wie eine Zeitlupenaufnahme im Gedächtnis: »Ach, Sie sind der Herr Imhoff?«

»Ja, ich betreibe eine Schokoladenfabrik an der Mosel und möchte gern Haselnüsse von Ihnen beziehen.«

»Ach so, ja, ja, wo bitte war noch Ihre Fabrik, war das nicht in Köln?«

»Nein, in Bullay an der Mosel.«

»Aha, wo liegt den Bullay, bitte?«

»Bullay ist ein kleiner Ort an der Mittelmosel.«

»Ach so, und da haben Sie eine Schokoladenfabrik. Ach ja, Ihr Vater hatte die ja schon.«

»Nein, nein, mein Vater war Schlossermeister in Köln, die Fabrik habe ich dort gegründet.«

»Ach so, ja, ich entsinne mich. Aber wo kommen Sie denn her?«

»Ich habe bei Bosch gelernt, war dann bei Ford.«

»Hm, und Sie wollen also Haselnüsse kaufen?«

»Ja.«

»Moment mal, ich muß etwas nachschauen.«

Nach zwei Minuten kommt Wilhelm Rickertsen junior zurück: »Ich habe gerade unsere Bücher überprüft. Wir sind nicht am Markt mit Haselnußkernen.«

»Entschuldigung, wie soll ich das verstehen, das ist doch Ihr Geschäft?«

»Nein, Sie müssen verstehen, wir leben von Importen und von unseren Büchern, wie wir das nennen. Im Moment haben wir keine zusätzlichen Kontrakte, sind also nicht auf der Suche nach weiteren Abnehmern und können Ihnen deshalb nichts verkaufen.«

Weiteren Nachfragen von Imhoff begegnete der forsche Junior kurz angebunden mit dem Hinweis: »Vielleicht besuchen Sie uns später noch einmal.«

Dieses frustrierende Erlebnis beantwortete Imhoff mit einem Brief an Pisani & Rickertsen, in dem er kein Blatt vor den Mund nahm. Etwa vier Wochen später erreichte ein Besuchswunsch Bullay – von Wilhelm Rickertsen senior. Er habe den Eindruck, da sei einiges klarzustellen, entschuldigte sich der Firmenchef schon im vorhinein für die Arroganz seines Sohnes. Vor Ort an der Mosel zeigte der Senior große Sympathie für seinen Gastgeber, auch er habe bei Null angefangen. Was immer Imhoff an Haselnußkernen benötige, er sei jederzeit lieferbereit – selbstverständlich auch auf Kredit. Aus diesem Gegenbesuch entwickelte sich eine herzliche Freundschaft. »Noch heute«, bewertet Imhoff diesen Geschäftskontakt mit Hindernissen, »ist Wilhelm Rickertsen senior für mich eine der faszinierendsten und stärksten Persönlichkeiten, die ich in meiner Laufbahn kennengelernt habe.«

Im Jahr 1951 produzierte die Branche bereits wieder 102 507 Tonnen Schokoladenerzeugnisse, zwei Jahre später 131 533 Tonnen. »Auf dem Schokoladensektor ist die Sucht der Bevölkerung nun gestillt«, meldete der Verband der Deutschen Süßwarenindustrie Mitte 1952, »und der Bedarf beginnt sich zu normalisieren.« Im Oktober 1952 sagte sich die Lokalzeitung erneut zum Besuch in Bullay an. 448 Arbeitskräfte produzierten nach dem Bericht pro Schicht 35 000 Tafeln Schokolade, 10 000 Packungen Pralinen, 1 000 Kilogramm Likör- und Cognacbohnen, 1 000 Kilogramm Weihnachtsbaumschmuck und 2 500 Kilo Bonbons. Dazu verbrauchte Imhoff allein sechs Tonnen Zucker pro Tag. Nicht weniger beeindruckte den Korrespondenten der »neuwertige Maschinenpark«. Ebenso erfuhren die Moselaner, daß der »Export nach USA, Belgien, Kanada und Ägypten sich ausweitet und stabilisiert«.

Zweifellos kam dem wachsenden Export maßgeblicher Anteil am deutschen Wirtschaftswunder zu. 1952 zeigte die Außenhandelsbilanz der jungen Bundesrepublik erstmals einen Exportüberschuß von 700 Millionen Mark, im Jahr darauf bereits 2,5 Milliarden Mark – und die Schokoladenfabrik an der Mosel lag voll im Trend. Den Auftakt für Hans Imhoffs Exportgeschäft mit den USA bildete nach Einwandererart eine Schiffsreise. Zwei Wochen nachdem Bundeskanzler Konrad Adenauer mit dem Ozeanliner »United States« zum offiziellen Amerikabesuch aufgebrochen war, ging Hans Imhoff in Le Havre an Bord desselben Passagierschiffes mit Kurs New York.

Im Mutterland des Kapitalismus stieß der junge Deutsche mit seinem Musterkoffer voller Weihnachtsmänner und Osterhasen zunächst auf ungläubiges Staunen. »Noch war Deutschland etwas ganz weit Entferntes und etwas ganz Böses«, charakterisiert Imhoff die Reaktion der Amerikaner. Neben 200 Dollar Reisedevisen bewahrte der Jungunternehmer in seiner Brieftasche ein Empfehlungsschreiben wie einen Talisman, ein paar wohlwollende Zeilen von Rudolf Jahn, dem Deutschland-Chef der Kaufhauskette Woolworth. Dieses Entree verhalf ihm zum ersten Auftrag über Tafeln Schokolade in acht verschiedenen Geschmacksrichtungen vom amerikanischen Woolworth-Manager Max Reimann. Ebenso suchte der Mann mit den Hasen im Koffer den Kaufhauskonzern Macy's auf und den Lebensmittelfilialisten A+P Atlantic + Pacific Tea Company, den Tengelmann-Inhaber Erivan Haub eine Generation später kaufen wird. Das Ergebnis waren Aufträge für

150 000 Dollar bei einem Kurs von 4,20 Mark – dieses Volumen entsprach einem Monatsumsatz in Bullay.

Die Stadt der Wolkenkratzer erlebte Imhoff als Mischung aus »Schock und Faszination«. Trotz mäßiger Englischkenntnisse stieß der 31jährige auf »eine Menge Sympathie, wenn ich meine Story vortrug, weil Mut und Risiko den Amerikanern imponieren«. Imhoff wiederum zeigte sich ebenso beeindruckt »von der Unbekümmertheit und Freiheit, mit der Amerikaner über das Geldverdienen sprachen«. Daß sie dies ebenso vorbehaltlos praktizierten, hatte er bereits bei seiner Ankunft am Hotel »Waldorf Astoria« erfahren. In Deutschland pflegte er dem Hotelportier jeweils 50 Pfennig Trinkgeld zu geben. Als nun ein riesiger tiefschwarzer Wagenmeister in Operettenuniform den Schlag des Taxis aufriß, entschied sich Imhoff spontan für 25 Cent – also eine Mark – Trinkgeld: »Ich dachte, wenn du einen Quarter gibst, bist du schon ein feiner Pinkel.« Der Hüne stellte den Koffer beiseite, warf einen kurzen Blick auf das Geldstück, schloß die Hand wieder und gab Imhoff seinen Münzschatz zurück. »Seine Bemerkung dazu habe ich – Gott sei Dank – nicht verstanden.« Aber das Selbstwertgefühl des optimistischen Gastes hatte einen ersten schweren Stoß erlitten.

Dabei sollte sich diese Sparsamkeit schon bald als vorausschauend erweisen. Seit seiner Kriegszeit war Hans Imhoffs Sehkraft erheblich gemindert. Dieses Handikap stellte sich im Umgang mit den gleich großen und gleichfarbigen amerikanischen Banknoten, ob über einen oder 100 Dollar, bald als geradezu verhängnisvoll heraus. Als Imhoff nach kurzer Taxifahrt in Manhattan 75 Cent zu zahlen hatte, zog er eine Note aus dem Bündel, gab sie dem völlig überraschten Chauffeur und sah diesen in unglaublicher Eile davonrasen. Voll böser Ahnungen schaute Imhoff genau nach und stellte schockiert fest, daß er soeben die Hälfte seiner Reisedevisen gegeben hatte: 100 Dollar statt einem.

Wer hätte ihm in New York Geld geliehen, und wie ließ sich Nachschub von daheim heranschaffen? Schon ein Telefonat mit Bullay erwies sich als technischer Kraftakt. Mehrfach sah sich Imhoff falsch verbunden, nämlich mit dem ebenfalls an der Mosel gelegenen französischen Boulay. »In dem kleinen Café dort«, gewinnt er diesen Schwierigkeiten heute ihre guten Seiten ab, »kannten mich die Leute bald und freuten sich, wenn ich mich wieder mal aus Amerika meldete.«

Ungeachtet solcher Anlaufprobleme, der Geschäftskontakt zur Neuen Welt war geknüpft. »Imhoff-Schokolade geht in die USA«, machten die Regionalzeitungen an der Mosel die neue Marschrichtung bekannt und meldeten stolz die positiven Effekte für den heimischen Arbeitsmarkt:

»Um die Aufträge termingerecht ausführen zu können, wird zur Zeit die Belegschaft des Werkes um rund 150 Arbeitskräfte vergrößert – eine bedeutsame Etappe in der Entwicklungsgeschichte der einzigen Schokoladenfabrik des Landes Rheinland-Pfalz.«

Doch mit dem Exportvolumen sollten auch die Schwierigkeiten wachsen. Imhoff war es gelungen, die Kaufhauskette Macy's für einen Süßwarenartikel zu gewinnen, der so recht nach dem Geschmack der Amerikaner schien: *rattle eggs*, also Rappeleier, hühnereigroße Schokoladenhohlkörper mit zwei Drageebonbons Inhalt. Macy's orderte 48 000 Kartons à 100 *rattle eggs*, »eine märchenhafte Menge, die Bullay wochenlang beschäftigte«. Doch dann rappelte es plötzlich ganz unverhofft im Karton.

Die amerikanische Lebensmittelbehörde Food and Drug Administration (FDA) beschlagnahmte die Importe von der Mosel. Imhoff eilte zum Ort des Geschehens und fand als zuständigen FDA-Beamten einen emigrierten deutschen Juden vor, der ihn zunächst sehr abweisend behandelte. Der Inhalt der *rattle eggs* hatte den Zorn der Lebensmittelwächter entfacht, denn die Dragees enthielten einen in den USA nicht erlaubten Farbstoff. Imhoff verstand die Neue Welt nicht mehr. Gerade diese Drops hatte er nicht selbst produziert, sondern zugekauft. Wie sollte er diese Ware zurücknehmen – ein Produkt, das die kleinen Nascher daheim überhaupt nicht kannten.

Der FDA-Beamte sprach ein akzentfreies Deutsch und war bereits Anfang der dreißiger Jahre aus Deutschland emigriert. Schnell kam er auf seine alte Heimat zu sprechen und stellte tausend Fragen. Dann erzählte er, daß sein Elternhaus in Trier stand und sein Vater ein bedeutendes Weingut an der Mosel bewirtschaftete. Als er Hans Imhoffs Alter erfuhr und nachdem er seine Story vorgetragen hatte, war er wie umgewandelt, lud ihn zu Lobster und Cola in »Chandlers Restaurant« auf der 42. Straße ein. Seine Eltern hatten sich noch rechtzeitig Mitte der dreißiger Jahre absetzen können, aber er empfand trotz aller negativer Erfahrung noch viel Wohlwollen für seine alte Heimat. Am nächsten Morgen erhielt Imhoff die Freigabe seiner *rattle eggs*. Er war mal wieder gerettet.

Als Lieferant für Macy's sollte Imhoff zugleich den US-Kapitalismus von seiner härtesten Seite kennenlernen. Macy's zahlte jeweils nach 45 Tagen. Nachdem diese Frist einmal ohne Überweisung verstrichen war, erhielt Imhoff bei seiner Nachfrage in New York die überraschende Auskunft: »die Hälfte der Ware ist nicht verkauft und kann wieder abgeholt werden.« Imhoff glaubte seinen Ohren nicht zu trauen, doch sein Gesprächspartner verwies ihn auf den unterschriebenen Vertrag mit dem Hinweis *sales guaranty*. Diesen Passus hatte Imhoff als belanglose Floskel eingestuft, mit der sich Macy's zum Verkauf der Importware bereit erklärte. In Wirklichkeit bedeutet dieser Zusatz, daß der Anbieter die Verkaufsgarantie abgab oder die Artikel wieder zurücknahm. Solche Klauseln waren in Deutschland praktisch unbekannt. Nun stand Hans Imhoff vor der Situation, Ware für 20 000 Dollar zurücknehmen zu müssen.

Zwei Wochen später war endlich ein Spediteur verpflichtet, aber dieser stieß bei Macy's auf leere Regale. Die Ladenhüter seien weggeworfen oder an Waisenhäuser verschenkt worden, hieß es brüsk, Macy's sei kein Lagerhalter für Imhoff. Völlig irritiert wandte sich dieser an einen New Yorker Anwalt, den Exilungarn Niklas Cohn. »Lieber Freund«, besänftigte Cohn, »führen Sie in Amerika niemals einen Prozeß, erstens nicht als Ausländer, zweitens nicht gegen einen solchen Riesenladen wie Macy's.« 20 000 Dollar Lehrgeld? Imhoff mochte es nicht fassen, aber in den USA war offenbar alles etwas größer.

Eines hatte er damit schmerzhaft erfahren. Ein nennenswertes Exportgeschäft mit den USA ließ sich nicht ohne Stützpunkt im Land abwickeln, und Niklas Cohn sollte die Geschäftsführung übernehmen. Ein Verkäufertalent für die Imhoff-Importwaren hatte der Bullayer Fabrikant ebenfalls im Visier, den gerade gefeuerten US-Generalvertreter der britischen Cadbury, Harald Cummings. So gründete Imhoff seinen US-Ableger Bonn Chocolate Corp. mit einem Anfangskapital von 5 000 Dollar und der noblen Adresse vis-à-vis vom Woolworth-Building: New York, Broadway 261. »Bonn« im Firmennamen sollte Deutschland signalisieren. Wer das neue Bundesdorf noch nicht kannte, durfte an das französische »bon« denken – auch gut.

Nur plötzlich scheint nichts mehr gut, die Zukunft ausgesprochen düster. Seit sechs Jahren konkurriert ein Newcomer mit den renommierten Traditionsbetrieben der Branche, beschäftigt über 400 Menschen in einem abgelegenen Winkel der Bundesrepublik, schafft sogar von dort den Sprung über den Atlantik ins Mutterland des Kapitalismus – und nun soll ein Pressetext diese junge Firmengeschichte mit einem Federstrich beenden?

An diesem für Imhoff schicksalhaften 13. Januar 1954 kündigt ein Telefonat um 6.30 Uhr das drohende Unheil an. Am Apparat meldete sich ganz aufgeregt der Zentraleinkaufsleiter der Kaufhalle, Helmut Krägeloh: »Wissen Sie schon, daß Sie in der ›Bild Zeitung‹ stehen? Das gibt bestimmt Probleme.« Mit Sicherheit werde dieser Artikel in zwei Stunden Gegenstand der Geschäftsleiterbesprechung sein – ein Alarmzeichen, denn die Kaufhalle zählt zu den größten Kunden von Bullay.

Die Folgen einer solchen negativen Publizität kann sich Imhoff rasch ausmalen: »Auf der von mir gelieferten Schokolade stand damals in der Regel ›Imhoff‹.«

Zunächst versuchte Hans Imhoff ein paar wichtige Kunden anzurufen, um sie auf das verzerrte ›Bild‹ vorzubereiten, erreichte aber niemanden in dieser frühen Stunde. Zugleich wird ihm klar: Mehr als eindringliche Beteuerungen zählen in dieser Situation amtliche Zeugnisse, also Beweise statt Behauptungen.

Noch bevor im Finanzamt Zell die Bürostunden beginnen, wartete Imhoff in seinem Käfer vor der Eingangstür. Sein Anliegen findet beim Behördenleiter spontan Verständnis. Die beglaubigte Expertise fällt ebenso knapp wie unmißverständlich aus: »Herrn Hans Imhoff, Fabrikant in Bullay-Neumerl, wird hiermit bescheinigt, daß gegen ihn und seine Firmen kein Steuerstrafverfahren läuft.«

Zwei Stunden später betritt Imhoff das rheinland-pfälzische Finanzministerium in Mainz. Lange Gänge, eine Unzahl von Türen, blankgebohnerte Linoleumflure. Dann sitzt er dem zuständigen Fachmann in der Steuerabteilung gegenüber, dem Leitenden Ministerialrat Dr. Grass. Nach kurzen Rückfragen diktiert dieser seiner Sekretärin:

»Vor ungefähr zwei Jahren hat bei Herrn Hans Imhoff und den zwei Gesellschaften m.b.H., deren Geschäftsführer er ist, eine umfangreiche Betriebsprüfung stattgefunden, deren Ergebnisse durch die Finanzverwaltung ausgewertet wurden. Die Abwicklung der Steuernachholung aus der Betriebsprüfung erfolgt ordnungsgemäß. Ein Steuerstrafverfahren wurde nicht eingeleitet.«

Aber Dr. Grass läßt es nicht bei der dürren Skizze des Sachverhalts bewenden: »Der Bestand der jungen Unternehmen des Herrn Imhoff ist aus wirtschaftspolitischen und insbesondere aus arbeitsmarktpolitischen Gründen von besonderem Interesse für das Land Rheinland-Pfalz.« Und Grass komplettiert seine Bescheinigung mit einer gehörigen Presseschelte: »Wir würden es daher für sehr bedauerlich halten, wenn sich aus dem genannten Artikel für Herrn Imhoff beziehungsweise seine beiden Gesellschaften Nachteile ergeben sollten, und können es verstehen, daß Herr Imhoff gegen die ungünstigen Auswirkungen des Artikels sich mit allen Mitteln zur Wehr setzt.«

Erst im Flugzeug von Frankfurt nach Hamburg legt sich Hans Imhoff seine Strategie zurecht, wie er dem ›Bild‹-Chefredakteur gegenübertreten will. Ein Blumenstrauß soll dabei eine wichtige Rolle spielen, den er am Flughafen kauft, bevor er mit dem Taxi von Hamburg-Fuhlsbüttel zur Redaktion in der Neustädter Straße fährt.

Diesen Blumenstrauß wie einen Schutzschild vor sich haltend, läßt sich Imhoff bei Chefredakteur Michael melden. Dessen Sekretärin versucht ihn zunächst mit den üblichen Floskeln abzuwimmeln. Aber Imhoff hat unübersehbar vorgebaut. Mit einer großen Geste rückt er das Blumengebinde ins rechte Licht und fügt vielsagend an: »Das ist eine persönliche Überraschung für Herrn Michael, Sie möchten doch wohl keinen späteren Ärger mit Ihrem Chef riskieren?« Der Bluff wirkt – selbst bei dem eigentlichen Adressaten. Hoch erfreut wird Imhoff von dem grauhaarigen Mittfünfziger begrüßt und in die Sitzecke gebeten.

»Was veranlaßt Sie, mir dieses Geschenk zu machen?« erkundigt sich Michael sichtlich geschmeichelt.

»Ich bin Deutschlands jüngster Millionär«, greift Imhoff kühl die ›Bild‹-Formulierung vom Morgen auf, »ich bringe Ihnen einen Blumenstrauß zu meiner Beerdigung – Sie haben mich ruiniert.«

Noch bevor Michael seine Fassung zurückgewinnt, läßt Imhoff nach den Blumen nun die Fakten sprechen: die Bescheinigung des Finanzamtes Zell und die Beglaubigung des rheinland-pfälzischen Finanzministeriums. Gut zwölf Stunden nach der Unterrichtung seines Millionenpublikums ist ›Bild‹ jetzt vollständig im Bild.

Und die Folgen? Hans Imhoff malt sie drastisch aus: »Ich beschäftige 400 Menschen und werde die beiden nächsten Tage als Unternehmer wohl nicht überleben.«

Imhoff läßt seinem Gegenüber keine Chance zu billigen Abwehrgesten. Er weiß, die nächsten Minuten entscheiden über seine Chancen, das Blatt zu wenden. Dramaturgisch raffiniert nimmt er deshalb zunächst sein Unternehmen aus dem Blickfeld, charakterisiert statt dessen die schwierig gewordene Lage der gesamten Süßwarenbranche. Seit die Koreakrise die Hamster-Hysterie erneut entfacht hat, sind die Weltmarktpreise für Rohkakao sprunghaft in die Höhe geschnellt. Kosteten 100 Kilogramm Kakaobohnen Anfang 1953 noch 380 Mark, verlangen die Importeure inzwischen über 700 Mark. Nicht anders beim Zucker: Dessen Kilopreis hat sich von 35 Pfennig auf 1,10 Mark verdreifacht. Schon entwickelt sich ein neuer Schwarzmarkt für diese Rohstoffe.

Gleichzeitig lassen die Markenartikler ihre Muskeln spielen, die Anschaffung weiterentwickelter Verarbeitungsmaschinen hat ihnen Wettbewerbsvorteile verschafft. Pleiten kündigen an, daß der erste Heißhunger der Deutschen auf Süßes nun vorläufig gestillt ist. So geht beispielsweise in Mülheim an der Ruhr die Schokoladenfabrik Carmen sang- und klanglos ein. »Auch die Rentabilität in Bullay ist stark gefährdet«, hält Imhoff Michael entgegen, »wir teilen das Los aller Newcomer in der Schokoladenbranche: hohe Investitionen, geringer Gewinn – also eine ständig zu kurze Liquiditätsdecke.« Denn ein Außenseiter kann lediglich über den Preis im Geschäft bleiben. Dabei liegt der Wareneinsatz für Rohstoffe und Verpackung einer Konsumschokolade bereits über 80 Prozent. Im Klartext: Für das Herstellen, Verpacken, für Fracht und Verwaltung – und Verdienst – bleiben etwa 20 Prozent. »Ich stehe also mit dem Rücken an der Wand«, zieht Imhoff Bilanz, »und jetzt schießt auch noch ›Bild‹ auf mich.«

Mit einer Handbewegung bittet Michael seinen Gast, Platz zu behalten, er müsse einen Moment das Zimmer verlassen. Dann wird draußen im Vorzimmer offenbar telefoniert. Noch im Türrahmen macht Michael bei der Rückkehr seiner Wut Luft: »Das ist ja eine große Schweinerei, wir sind einer Fehlinformation erlegen.« Soweit sich das jetzt nachprüfen lasse, habe ein ehemaliger Imhoff-Mitarbeiter Beanstandungsdetails der bereits zwei Jahre zurückliegenden Steuerprüfung in Bullay aufgebauscht und einem seiner Reporter zugespielt.

Die Weitergabe solcher Halbwahrheiten wissen die Bullayer mit einer alten Spruchweisheit zu kommentieren: »Ma green en nejdige Herrest.« Es bedeutet soviel wie: Weil die Ernte unterschiedlich ausfallen wird, wächst der Neid. Chefredakteur Michael zeigt sich offenbar betroffen: »Wir müssen das wieder in Ordnung bringen.« Das jedoch solle am besten nicht in Form einer dürren Gegendarstellung geschehen, sondern »mit Format, Sinn und Verstand« in einem positiven neuen Porträt in der vielgelesenen Samstagsausgabe.

Hans Imhoff willigt schließlich ein und hofft, daß sich nun die Leser ein besseres Bild von ihm machen können. Am 16. Januar 1954 hat das Boulevardblatt einen anderen Bösewicht ausgemacht: »Hundeschlächter an der Arbeit«. Dafür gibt Hans Imhoff diesmal die gute Nachricht ab: »Vom Matrosen zum Millionär«. Nichts ist eben älter als die Zeitung von gestern . . . Um das Herz des Millionenpublikums zu erwärmen, heißt es dort, »vom Dienst als Matrose in südlicher Sonne fast erblindet«, sei »der temperamentvolle Kölner« mit 16stündiger Tagesarbeit zu Deutschlands jüngstem Millionär aufgestiegen. Nun aber, so ›Bild‹, gebe es »Gerüchte, die von ›Steuerschiebung‹ wissen wollen. In leidenschaftlicher Liebe zu seinem Werk zeigte er ›Bild‹ photokopierte Bescheinigungen, in denen ihm selbst das Finanzministerium Rheinland-Pfalz bestätigt, daß kein Zollverfahren gegen ihn läuft.«

Doch das Interesse der Journalisten an dem Senkrechtstarter von der Mosel ist damit keineswegs gestillt. Nur wenige Tage später tauchen in Bullay ein Reporter und ein Fotograf von der ›Farb-Illustrierten‹ auf, die heutige ›Bunte‹. Gewarnt durch die ›Bild‹-Veröffentlichung, versucht Imhoff beide rasch hinauszukomplimentieren. Doch der Reporter reagiert schroff: »Wenn Sie uns ein gutes Interview geben, Herr Imhoff, kann das eine gute Werbung für Sie werden.« Und die Kehrseite: »Schmeißen Sie uns raus, quartieren wir uns gleich an der Ecke im Gasthof ›Zum König‹ ein, fragen dort abends Ihre Mitarbeiter aus und wissen in einer Woche alles über Sie, selbst wie viele Unterhosen Sie besitzen – aber dann waschen wir schmutzige Wäsche.« Diese Antwort weckt spontan Imhoffs Interesse an einem ausgiebigen Gespräch.

So bietet die ›Farb-Illustrierte‹ ihrem Publikum im ersten Februarheft 1954 neben Impressionen von indischen Tempelfesten und einer Laudatio zum 70. Geburtstag des Bundespräsidenten Theodor Heuss eine neue Variation der Tellerwäscherkarriere an der Mosel: »Vom Stift zum Millionär. Deutschlands jüngster Millionär deckt seine Karten auf.« Endlich erfahren die Leser das Erfolgsrezept von Hans Imhoff: »Blitzschnelles Erkennen der jeweiligen Situation und ebenso schnelles Handeln.« Und zur gefälligen Nachahmung liefert der Reporter gleich eine passende Anleitung mit, den Wandspruch aus Imhoffs Chefzimmer: »Ohne Arbeit früh bis spät, wird dir nichts geraten. Neid sieht nur das Blumenbeet, aber nicht den Spaten.«

Zugleich veröffentlicht die ›Farb-Illustrierte‹ ein großformatiges Foto, das Hans Imhoff bei einem Essen mit amerikanischen Konzernchefs im New Yorker Hotel ›Ambassador‹ zeigt. Diese Einladung ist das Ergebnis eines erstaunlichen Zufalls. Anfang der fünfziger Jahre findet die Bundesrepublik Anschluß an den internationalen Flugverkehr. Bereits 1952 bieten 19 ausländische Gesellschaften von Frankfurt regelmäßige Flüge zu 1 256 Städten des In- und Auslands an. In Hamburg ergibt sich schon 1951 bei ankommenden Passagieren ein leichtes Übergewicht der Fluggäste gegenüber den Schiffsreisenden. Fünf Jahre später wird sich das Verhältnis von Flug- und Schiffspassagieren auf fünf zu eins verschoben haben. Die Lockheed 1049 G »Super Constellation« benötigt knapp 20 Stunden auf dem Weg von Frankfurt über Shannon in Irland und Gander auf Neufundland nach New York.

Wegen des großen Zeitgewinns gegenüber der Schiffsreise steigt auch Hans Imhoff für seine Verkaufsgespräche in Amerika in die »Super Conny« um. Den Termin seines ersten Atlantikfluges hat er besonders sorgfältig ausgewählt: An Bord ist Bundeswirtschaftsminister Ludwig Erhard – reiner Zufall. Denn Imhoffs Terminabstimmung hat einem anderen Passagier gegolten: Rudolf Jahn, dem Deutschland-Chef der F. W. Woolworth Company. Imhoff möchte die ausgedehnten Flug-

So fing es an . . . Hans Imhoff mit seiner Schwester Marianne (oben links), mit seiner Mutter, die ihm sehr viel bedeutete (oben rechts) und seinen Kindern Hans und Monica.

Oben: Aus dem Nichts schuf Hans Imhoff eine Schokoladenfabrik und wurde nach dem Krieg zu einem der wichtigsten Arbeitgeber in dem strukturschwachen Gebiet an der Mittelmosel. Die Ansicht seines Unternehmens in Bullay 1969.
Unten: Am 3. 12. 1953 nahm Hans Imhoff** in New York an einem Festessen im Hotel Ambassador teil, das die Deutsch-Amerikanische Handelskammer zu Ehren des damaligen Bundeswirtschaftsministers Ludwig Erhard gab.

Bundeskanzler Konrad Adenauer verteilt 1957 an Kinder Stollwerck-Schokolade – ein Qualitätsprodukt der aufblühenden Wirtschaft der jungen Republik.

LIEBER STOLLWERCK-KUNDE!

In ungefähr gleicher „Schönheit" sehen Sie mich ab 3. Februar auf Deutschlands Bildschirmen (30 Einschaltungen, ARD und ZDF).

Ich sage, daß Alpia die Lieblingsschokolade für jeden wird, der sie probiert. Dasselbe sagen wir dem Verbraucher in einer großen Illustrierten-Kampagne (8 Titel à 8 Anzeigen, 1/1 Seite vierfarbig).

Das alles mache ich, weil ich von der Qualität und vom Geschmack der Alpia überzeugt bin.

So überzeugt sogar, daß ich mit Ihnen, lieber Stollwerck-Kunde, eine Schokoladenwette abschließen will. Mehr darüber auf der ISM in Köln. Tolle Preise winken. Bitte besuchen Sie uns.

Herzlichst Ihr

(Vorsitzender des Aufsichtsrates der Stollwerck AG, Köln)

Unser Stand: Halle 13, Obergeschoß, Gang K+L, Nr. 151–173 und 250–272; vom 2.–6.2.1976.

Hans Imhoff hat als einer der ersten seinen Käufern persönlich gezeigt, was sein Produkt auszeichnet. Eine Werbestrategie, die mittlerweile viele Nachahmer gefunden hat.

stunden nutzen, mit ihm ungestört über Exportchancen beraten zu können. Erhards Anwesenheit an Bord veranlaßt Jahn zu der Bitte an Hans Imhoff, doch für ihn die Chance eines Gesprächs mit dem Politiker zu ventilieren. Dieser gewinnt das Vertrauen des Erhard-Assistenten, Oberregierungsrat Müller, und wenig später treffen sich der Deutschamerikaner Jahn und der Minister in einer Konferenzecke der »Super Constellation«. Jahns Anliegen, das für Warenhäuser ungünstige Ladenschlußgesetz zu ändern, blieb zwar bis heute unerledigt. Aber für Imhoff bringt dieser diplomatische Dienst Vorteile: »Ich hatte mich meinem größten Kunden gegenüber profiliert.« Erhard wiederum lädt den Jungunternehmer zu seinem Empfang für 200 amerikanische Topmanager ins New Yorker Hotel ›Ambassador‹ ein. So können die Leser der ›Farb-Illustrierten‹ den Newcomer aus der Provinz im Kreis amerikanischer Multimillionäre bestaunen.

Fortan muß Hans Imhoff seine ganze Kraft darauf konzentrieren, sich im härteren Wettbewerb zu behaupten. Zwischen 1953 und 1958 verringert sich die Zahl der bundesdeutschen Süßwarenbetriebe von 488 auf 403. Vor allem die namenlosen Außenseiter versuchen um jeden Preis ihre Haut zu retten. »Unter dem außerordentlich schweren und nicht nachlassenden Wettbewerb sind im Sommer und Herbst 1955 massive und gefüllte Tafeln zu Preisen auf den Markt gekommen, bei denen die Hersteller ihre Rechnung nicht mehr finden können«, registriert der Branchenbericht. Überlegungen einzelner Anbieter, wegen der angespannten Kakaopreise eine ›Algenschokolade‹ auf den Markt zu bringen, lehnt der Süßwarenverband kategorisch als »indiskutabel« ab.

Eine Beschäftigungsstatistik des Süßwarenverbandes für 1958 nennt Imhoff an 15. Stelle der Branche mit 400 Mitarbeitern. Marktführer Trumpf mit Lindt und Mackintosh bringt es dagegen auf 8 000, Stollwerck auf 3 000 und Sprengel auf 1 600 Arbeitskräfte. Ebenso schwelgt die ›Trierische Landeszeitung‹ am 19. November 1957 in ihrem Bericht »Schokolade aus Bullay auch auf Haiti gefragt« in Größenordnungen: von der werkseigenen Transformatorenstation Imhoffs mit 600 Kilowatt Leistung über 100 000 Kilogramm Verpackungspapier im Jahr bis zur Produktion von 20 Millionen Tafeln Schokolade übers Jahr. Offenbar mögen es die Leser anschaulich wie etwa beim täglichen Wasserverbrauch der Fabrik von einer halben Million Liter: »Die Jahresmenge, in Fuder gefüllt, würde eine Faßstrecke von Bullay bis Kassel ergeben.« Wasser im Faß – das kann sich jeder Winzer ausmalen ...

Solche Mengenrekorde verraten allerdings noch nichts über die Rentabilität. Die Umsätze der deutschen Süßwarenindustrie wachsen zwischen

1950 und 1961 von rund einer Milliarde Mark auf 2,6 Milliarden Mark. Im gleichen Zeitraum verdoppelt sich die Menge der Schokoladenerzeugnisse auf 214 623 Tonnen. Die Zahl der Beschäftigten erhöht sich zwischenzeitlich von 40 000 auf 69 000.

Allerdings stellt sich der Schokoladenverkauf in den fünfziger Jahren als gespaltener Markt dar: Auf der einen Seite machen es sich die traditionellen Markenfirmen unter dem Schutzschild der Preisbindung bequem. Sie geben ihre 100-Gramm-Tafeln für 73 Pfennig an den Großhandel ab und schreiben gleichzeitig dem Einzelhändler vor, der die Tafel für 91 Pfennig bekommt, sie im Regal mit 1,30 Mark auszuzeichnen. Dagegen stehen die Anbieter namenloser Konsumware ungeschützt der Einkaufsmacht von Kaufhäusern und Einzelhandelsketten gegenüber.

Nüchterne Zahlen belegen die gespaltenen Preistrends: Der Index der Erzeugerpreise für Markenware ist 1950 gleich 100 und beträgt auch 1957 noch 100. Dagegen sinken die Indexziffern bei Konsumschokolade im gleichen Zeitraum von 100 auf 79,4 ab. Obwohl die Lebenshaltungskosten seit 1950 kontinuierlich steigen, deutet die Preistendenz bei Schokolade nach unten. Denn die Konzentration im Handel verstärkt sich. Über 135 000 Einzelhändler der insgesamt 180 000 Geschäfte gehören 1961 zu Einkaufsringen und Genossenschaften. Daneben bilden 500 Versand- und Warenhäuser ebenfalls eine beachtliche Nachfragemacht. Großeinkäufer üben wachsenden Druck auf die Preisbindung von Schokolade und die Produzenten aus.

Dr. Jörn M. Kreke, Vorsitzender des Vorstandes der Hussel Holding AG, erinnert sich an die rauhen Sitten in dieser gespannten Marktsituation: »Gerade als Vorstandsassistent in den Süßwarenfilialbetrieb Hussel eingetreten, erzählte mir unser damaliger Chefeinkäufer, daß der seinerzeitige Firmeninhaber Rudolf Hussel mit Lieferanten manchmal unfair umgesprungen sei. Auch bei Hans Imhoff wollte er einmal nach Empfang der Ware noch weitere Preiskonzessionen herausholen, er hat deshalb die Ware reklamiert.«

Doch der Bullayer Unternehmer weiß sich zu wehren, wie Kreke veranschaulicht: »Hans Imhoff hat kurzerhand angerufen, doch statt eines Preiszugeständnisses hat er Rudolf Hussel mitgeteilt, er würde die Ware selbstverständlich sehr gern umtauschen. Er hat sie dann abholen lassen, beim nächsten Spediteur auf einen anderen Lastwagen umgeladen und dieselbe Ware zur Firma Hussel zurücktransportieren lassen. Die neue Lieferung wurde ohne Beanstandung akzeptiert.«

Während sich also das Klima zwischen Süßwarenherstellern und Großabnehmern abkühlt, zeigen die Verbraucher immer weniger Verständnis für das 1,30-Mark-Diktat bei Markenschokoladen. Als das Meinungsforschungsinstitut Emnid im Jahr 1958 die Bundesbürger nach den wichtigsten Merkmalen eines Markenartikels befragt, nennen 34,1 Prozent der Verbraucher die Qualität, aber nur ganze 5,8 Prozent den festen Preis.

Nach Inkrafttreten des neuen Kartellgesetzes 1958 melden zwar 45 Unternehmen für insgesamt 2 481 Schokoladenerzeugnisse Preisbindungen an, aber dieser Schutzschild erweist sich zunehmend als nicht ausreichend. Mühsam versuchen die Markenproduzenten wenigstens den Endverbraucherpreis für Schokoladentafeln weiter vorzuschreiben, während die Preisvorgabe auf der Großhandelsstufe schon unaufhaltsam abbröckelt.

Ende 1959 verständigen sich die sogenannten fünf S-Firmen, also Stollwerck, Sarotti, Suchard, Sprengel und Storck, intern über Rabatte. Aber Sarotti distanziert sich wenig später wieder davon. Was für die Markenfirmen auf dem Spiel steht, veranschaulicht ein Beispiel: Stollwerck nimmt mit jedem Prozent mehr Rabattgewährung eine Million Mark weniger ein.

Im Frühjahr 1961 senkt Sprengel den Verkaufspreis seiner Tafeln von 1,30 Mark auf 1,10 Mark. Dieses Rückzugsgefecht nehmen die Berliner Kartellwächter zum Anlaß, gebundene Verbraucherpreise von 1,30 Mark als nicht mehr marktgerecht einzustufen. In einem Erfahrungsbericht charakterisiert das Kartellamt im August 1962 die Preisbindung als ein Instrument, das die Versorgung der Verbraucher verteuere, doch an ein Verbot sei vorerst nicht gedacht.

Das Problem scheint sich ohnehin am Markt zu lösen. Zum einen setzt der 1959 begonnene Abbau der Einfuhrzölle für Schokoladenerzeugnisse die Branche unter verstärkten Importdruck. Zum andern entwickelt der »graue Markt« zunehmende Sprengkraft. »Der graue Markt wird dadurch möglich«, erläutert Stollwerck dieses Phänomen im Geschäftsbericht 1961, »daß Grossisten durch Direktlieferungen an Verbraucher die Einzelhandelsstufe überspringen und auch den Werks- und Behördenhandel beliefern.« Die Folge laut Stollwerck: »Preisgebundene Schokoladenmarkenartikel werden auf dem grauen Süßwarenmarkt vielfach als ›Lockvogel‹ angeboten.«

Seriöse Einzelhandelsketten oder Kaufhäuser bedürfen noch der namenlosen Konsumschokolade aus Bullay für einen Fabrikabgabepreis von 35 bis 40 Pfennig, um mit attraktiven Sonderangeboten Kunden anlocken zu können. Für die Handelsmarkenhersteller wie Imhoff eröffnet sich sogar zunächst eine weitere Absatzquelle: die Discounter wie

Aldi, die ihre Läden im rasanten Tempo eröffnen. Trotzdem macht sich Hans Imhoff keine Illusionen über die nahe Zukunft: »Wir wußten, daß nach Aufhebung der Preisbindung die überhöhten Spannen für Markenschokolade drastisch schrumpfen würden.« Die Folgen für Billiganbieter wie die Fabrik aus Bullay liegen auf der Hand: Die namenlose Konsumware verliert ihren Reiz als kostengünstige Alternative.

Als Imhoff 1963 einen seiner besten Kunden besucht, den Inhaber der Süßwarenfilialkette Hussel, Rudolf Hussel, eröffnet ihm dieser spitz: »Sie müssen wohl bald mit Ihrem unternehmerischen Ableben rechnen, denn das Auslaufen der Preisbindung wird Ihnen keine Chance lassen.« Imhoff klingt diese Schadenfreude lange im Ohr nach, zugleich imponiert ihm die erfolgreiche Geschäftsidee seines Großabnehmers.

Mit einer solchen Antwort auf seine spöttische Bemerkung dürfte Hussel nicht gerechnet haben: Hans Imhoff wirbt ihm seinen Zentraleinkäufer Siegfried Weisbach ab und beteiligt ihn an einer Kopie der Hussel-Idee, der Süßwarenkette ›Punkt und Pünktchen‹. Der Name charakterisiert nicht allein die Besitzverhältnisse zwischen Imhoff (Punkt) und Weisbach, er umschreibt zugleich das Design der Läden: Punkte und Pünktchen auf Chamois. 1964 eröffnet in Köln der erste Laden dieser Art an der Ecke Luxemburger Straße/Sülzburgstraße.

Sobald Hussel erfährt, wer mit seinen Punkten neue Akzente im Filialgeschäft setzen will, bricht er seine Geschäftsbeziehungen zu Imhoff ab. Hussels Weigerung, selbst fest kontrahierte Ware noch abzunehmen, soll den neuen Konkurrenten obendrein hart strafen. Dies vereiteln zwar die Gerichte, aber in den folgenden Jahren gibt es keine geschäftlichen Kontakte zwischen Hussel und Imhoff.

Später erwirbt Hans Imhoff vom führenden Lebensmittelfilialisten Latscha im Frankfurter Raum 20 Susi-Süßwarenfachgeschäfte und verschmilzt sie mit seinen Filialen zur ›Susi‹-Kette mit heute fast 100 Läden im Bundesgebiet. Im nachhinein bewertet Imhoff dieses Engagement: »Es war natürlich ein großes Risiko, als Hersteller plötzlich in die Domäne meiner Kunden einzubrechen.« Aber Imhoff bleibt von Sanktionen fast verschont, denn die Preise in den ›Susi‹-Filialen sind hoch angesiedelt und machen damit den klassischen Imhoff-Produkten in Kaufhäusern oder Lebensmittelgeschäften keine Konkurrenz. Der Fabrik in Bullay bringt dieses Engagement im Endverkauf auch firmenstrategische Vorteile. »Wir gewannen Erfahrungen auf der anderen Seite der Front«, erläutert Hans Imhoff, »und lernten die Konditionen unserer Mitbewerber präziser kennen, da die ›Susi‹-Läden zu 90 Prozent Ware bei unseren Konkurrenten einkauften.«

Für den Süßwarenfilialisten Hussel jedoch bedeuten die ›Susi‹-Läden eine direkte Konkurrenz. Da Hussel gleichzeitig Großabnehmer in Bullay gewesen ist, tritt Imhoff die Flucht nach vorn an. Hussel-Chef Jörn M. Kreke erinnert sich: »Er bot an, mir einige ›Susi-Filialen‹ im Rahmen einer Rundfahrt zu zeigen. Hans Imhoff und ich stiegen in sein schickes Mercedes-Cabriolet und fuhren mit offenem Verdeck durch die Gegend. Mit besonderem Stolz wollte mir Hans Imhoff seinen Laden in Krefeld zeigen, er fand ihn nicht auf Anhieb.«

Kurzerhand steuert Imhoff die nächste Bankfiliale an und verlangt von dem irritierten Angestellten, mit Bullay telefonieren zu dürfen. »Während des Gesprächs aber stellte Hans Imhoff zu seiner größten Überraschung fest, daß er in Krefeld überhaupt keinen Laden hat und auch nie einen hatte«, kommentiert Kreke die Szene, »lachend entschuldigte er sich mit dem Hinweis, seine Gruppe hätte inzwischen solche ungeheuren Ausmaße angenommen, daß man es ihm wohl sicher nicht verübeln würde, wenn er da nicht mehr ganz genau Bescheid wisse.«

Dafür rettete Imhoff die Situation auf ebenso eigenwillige Weise. »Er lud mich zu einem feudalen Mittagessen ein«, hat Kreke nicht vergessen, »ging dazu in eine Bäckerei, kaufte ein paar Brötchen, ging in eine Metzgerei, kaufte etwas Fleischwurst, fragte mich, ob ich das alles genausogern möge wie er, und Zeit hätten wir ja ohnehin nicht zu verlieren.«

Als die Rundfahrt Richtung Köln führt, spricht der Bullayer Unternehmer Gedanken aus, deren Tragweite Kreke erst Jahre später voll ermessen kann: »Auf einmal wurde Hans Imhoff ganz unruhig und fing an, davon zu reden, was man mit einer Firma wie Stollwerck alles machen könne; wie die Herren dort aus seiner Sicht ruhig auf ihren Sesseln säßen und die Zeit verschliefen; und daß es doch eigentlich schade wäre, daß er wie ein Verrückter strampeln müsse, um seine Schokolade zu verkaufen, während andere – weil reichlich alte Substanz vorhanden – Chancen hätten und die nicht wahrnehmen würden.«

Um die drohenden Absatzprobleme in Bullay zu bewältigen, entschließt sich Hans Imhoff in der Folgezeit, soweit wie möglich Ballast abzuwerfen, um den Existenzkampf nach dem Fall der Preisbindung durchstehen zu können. »Rabiate Sortimentskürzung«, lautete seine Krisenstrategie, übrig bleibt in Bullay nur eine Produktlinie: »100-Gramm-Tafeln Schokolade, massiv oder gefüllt – ein Format in verschiedenen Geschmacksrichtungen«. Zwar verheißen reiche Sortimente insbesondere bei Saisonartikeln bessere Verdienstspannen, aber die zumeist kleinen Losgrößen innerhalb einer breiten Produktpalette strapazieren die Produktionskosten.

Imhoff konzentriert im folgenden mit einem in der Branche einzigartigen

Schritt alle Investitionen auf eine hochmoderne Fertigung der klassischen Schokoladentafel in hoher Stückzahl, guter Qualität und günstigem Abgabepreis. Diese riskante Spezialisierung läßt ihn als Marktführer bei Konsumschokolade das Ende der Preisbindung erwarten.

Auf Vermittlung der Commerzbank lernt Imhoff in der Zwischenzeit Hermann Neuhaus kennen, zuvor Gesellschafter der Herforder Schokoladenfabrik Karina. Nach einem beeindruckenden Gespräch stellt er ihn spontan als Generalbevollmächtigten an. Die Frage nach den Vertragskonditionen beantwortet Neuhaus verblüffend: »Zahlen brauchen Sie mir so lange nichts, bis Sie wissen, wie gut ich bin.«

Daß Neuhaus eine Topgage wert ist, beweist der hochqualifizierte Manager und erstklassige Branchenfachmann unmittelbar nach seinem Dienstantritt, als beim Verkauf einer gebrauchten Bindler-Hohlkörperanlage aus Bullay für 250 000 Mark an den australischen Schokoladenproduzenten Red Tulip in Melbourne Schwierigkeiten auftreten. Nach einer Anzahlung von 10 000 Mark läßt Imhoff die Maschine auf acht Eisenbahnwaggons verladen: »Allein die Verpackung kostete ein Vermögen.« Aber während der Frachter Kurs auf Australien nimmt, verändern sich offenbar die Perspektiven des Abnehmers. Red Tulip stellt sich plötzlich taub.

Imhoff beginnt zu ahnen, daß er offenbar einen entscheidenden Fehler gemacht hat, als er das Aggregat »zahlbar gegen Dokument« verkauft hat: »Mit einem Jura- oder Betriebswirtschaftsstudium wäre mir das sicher nicht passiert.« Im Geschäftsalltag bedeutet dieses Verfahren: Der Verkäufer sendet die Dokumente entweder mit dem Schiff oder per Luftpost an den Käufer, und der Käufer verpflichtet sich, diese Dokumente einzulösen, was gleichzeitig die Zahlung des Kaufpreises bedeutet.

Doch was geschieht, wenn der Kunde die Dokumente nicht einlöst? Natürlich besitzt der Verkäufer einen Rechtsanspruch auf Zahlung. Aber wie verklagt ein Mittelständler in Bullay einen Konzern in Australien? Das kann Jahre dauern, bis dahin gerät der Empfänger der Ware in Zahlungsschwierigkeiten – und der Verkäufer leckt seine Wunden.

Genau dieser Fall tritt bei Red Tulip ein. Die Australier wissen inzwischen, daß sie die Anlage gar nicht mehr gebrauchen, und da ihnen obendrein das Geld dazu fehlt, lösen sie die Dokumente einfach nicht ein.

In Sorge um einen empfindlichen finanziellen Verlust fordert Imhoff seinen neuen Generalbevollmächtigten auf, der perfekt Englisch spricht: »Fliegen Sie nach Australien, und kommen Sie nicht ohne das Geld wieder. Haben Sie es definitiv in der Hand, dann machen Sie meinetwegen acht Tage auf meine Kosten Ferien in Hongkong oder Thailand.«

Zwei Wochen ist Neuhaus verschollen, dann erscheint er in weißem Seidenanzug in der Fabrik – das Geld in der Tasche. Er hat das Kunststück fertiggebracht, die Australier zur Kasse zu bitten. Die Hohlkörperanlage rostet drei Jahre im Hafen von Melbourne, bevor sie verschrottet wird. Red Tulip hat sie einfach am Kai stehenlassen.

Unterdessen ordnet Imhoff sein Engagement in den USA neu. Er schließt die Bonn Chocolate Corp. und überträgt weitere Lieferungen amerikanischen Importspezialisten. Denn Niklas Cohn möchte aus Altersgründen aufhören, während sich Harald Cummings umorientiert. Das Fazit Hans Imhoffs: »Ich habe in dieser Zeit unerhört viel erfahren, vor allem die Geschäftsmentalität der Amerikaner schätzen und fürchten gelernt.«

Ein solches Wechselbad von »gnadenloser Kälte und Rücksichtslosigkeit im Arbeitsalltag und andererseits vorbehaltloser Herzlichkeit im Privaten« bestimmt auch eine der letzten Begegnungen zwischen Cummings und Imhoff. Nach einer äußerst lauten Auseinandersetzung über ganze zwölf Dollar rauscht Imhoff grußlos aus dem Broadway-Büro. Im Treppenhaus holt ihn Cummings ein und steckt dem Musikliebhaber eine Karte zu: ein Billet für eine vielbeachtete ›Carmen‹-Premiere in der Metropolitan Opera – erste Reihe zu einem Preis, der weit über dem Streitbetrag von kurz vorher liegt.

Gegenüber einem solchen gesellschaftlichen Ereignis höchsten Ranges nimmt sich das Alltagsgeschehen an der Mittelmosel wie finstere Hinterwelt aus. Bullays einzige bestaunenswerte Attraktion besteht aus einer kombinierten Eisenbahn- und Autobrücke über die Mosel, auf der ganz gegen geltende statische Regeln – aber geologisch zwingend – die schwere Eisenbahn im ersten Stock statt wie üblich Parterre rollt. Ansonsten jedoch sind eher die ›Schwarze Katz‹ aus Zell oder der ›Doktor‹ aus Bernkastel bei Weinkennern in aller Munde statt des ›Bullayer Brautrocks‹.

Diesem verschlafenen Winzerort haucht Imhoff gesellschaftliches Leben ein – mit der Inszenierung des ›Bullayer Herbstfestes‹. Bereits die Terminierung auf das zweite Wochenende im September verrät Professionalität. Weder ein historisches Datum noch ein kirchlicher Feiertag markieren den Touristentrubel im 1000-Personen-Zelt, sondern die für einen gelungenen Festverlauf entscheidende Erfahrung, daß zu diesem Zeitpunkt garantiert die Sonne scheint.

Der Anlaß für das erst Bullayer Herbstfest am 12. und 13. September 1964 soll auch ein geschäftlicher sein. Während sieben gewichtige Ochsen an einem 1,5 Tonnen schweren, automatischen Bratgerät – von Imhoff gestiftet – ihre letzten Runden drehen und sich »Import«-Iwan Rebroff sowie der blaue Bock Heinz Schenk auf ihren abendlichen Auftritt im Festzelt vorbereiten, sollen die Besucher Bullays an einem Tag der offenen Tür die Schokoladenfabrik in Augenschein nehmen. Dabei wird sie eine Weltpremiere erwarten: die international größte Produktionsstraße für Schokoladentafeln. Nichts macht die konsequente Straffung des Süßwarensortiments auf das Soloprodukt Schokotafel anschaulicher als die Bestellung dieses Prototyps beim französischen Maschinenbauer Savyjeanjean in Paris. Die Anlage wird 400 Tafeln pro Minute schaffen – rund zwölfmal mehr als die Vorgängerstraße. Und diese Investition wagt Hans Imhoff in einer Phase, in der die offenbar bevorstehende Aufhebung der Preisbindung gerade bei Tafelschokoladen – seinem Spezialprodukt – die Existenz der Bullayer Fabrik bedroht.

Das Jahr 1964 markiert einen entscheidenden Wendepunkt in der deutschen Schokoladenbranche, auch wenn die Zeithistoriker andere Ereignisse für überlieferungswerter erachten: In der Sowjetunion stürzt Nikita Chruschtschow, Leonid Breschnew übernimmt die KP-Führung. Frankreich erkennt die Volksrepublik China diplomatisch an, in Indien stirbt Ministerpräsident Nehru. Die DDR gestattet ihren Rentnern eine jährliche Reise in den Westen. Auf den Konten der Bundesbürger erreichen die Spareinlagen die Rekordhöhe von 97 Milliarden Mark. Der amerikanische Führer der Schwarzen Martin Luther King erhält den Friedensnobelpreis. Cassius Clay wird Box-Weltmeister aller Klassen. Die Großschiffahrtsstraße Mosel mit 13 Staustufen auf 271 Kilometer Länge wird eröffnet. Eine Nacktszene in Ingmar Bergmanns Film »Das Schweigen« erhitzt die Gemüter. Dabei sind die Außentemperaturen bereits schweißtreibend genug, Deutschland erlebt 1964 einen Jahrhundertsommer. Bei Mittagstemperaturen über 30 Grad Celsius denken die schattensuchenden und durstigen Bundesbürger an eines zuallerletzt: an Schokolade.

Hans Imhoff nutzt die Eßpause beim süßen Konsum zu einem Urlaub auf Sylt. Das Bilderbuchwetter begünstigt eine ausgelassene Stimmung unter den Inselbesuchern, aber Imhoff läßt sich von diesem Hochgefühl nicht gefangennehmen. Das Hotel ›Miramar‹ in Westerland unmittelbar an der Strandpromenade beherbergt einen unruhigen Gast. Stundenlang in der Sonne zu liegen und in den Himmel zu starren, ist ohnehin nicht sein Urlaubsvergnügen. Zehn bis zwanzig Telefonate eröffnen auch den Tag auf Sylt, um geschäftlich voll informiert zu bleiben.

Diesmal jedoch überlagern quälende Fragen selbst die Erholungsphasen: Wird die Preisbindung fallen? Was bleibt dann noch von seinem heutigen Preisvorteil? Erweist sich die kostspielige Spezialisierung auf Schokoladetafeln als Sackgasse, wenn das Publikum zwischen praktisch gleich viel kostenden Nobelmarken und Handelsware wählen kann? Weder Zeitungslektüre noch stundenlange Spaziergänge am Strand vermögen ihn abzulenken.

In diesen schwülen Urlaubstagen geschieht etwas, was die Branche grundlegend verändern wird. Über Nacht kostet die Tafel Markenschokolade in Kaufhäusern und Lebensmittelläden nicht mehr 1,30 Mark, sondern vielfach nur noch die Hälfte. Zu diesem Tiefpreis konnten bislang allenfalls die Discounter Markenware anbieten. Zwar umfaßt der sogenannte »graue Markt« erst zehn Prozent des Gesamtabsatzes, letztlich sprengt aber diese Außenseiterkonkurrenz die überholten Preisfesseln.

Wer läßt sich jetzt noch eine Tafel von Mr. Nobody anbieten, wenn ihn Stollwerck zum gleichen Preis verwöhnt? Bei mittleren Tagestemperaturen von 35 Grad erleidet Imhoffs Schokoladenabsatz einen Kollaps. Dem Vorreiter der Preisattacke, der Chocolat Tobler GmbH in Stuttgart, beschert das Marktgeschehen ebenfalls Probleme, wenn auch entgegengesetzte. Da die Kaufhäuser Tobler für das Vorpreschen bereitwillig die Aktionsregale und Wühltische anbieten, »hatte Tobler plötzlich«, so beobachtete Imhoff, »den Segen am verkehrten Ende, das heißt, Tobler vergrätzte die Kunden, weil er nicht genug liefern konnte«. Als in Bullay dagegen der Umsatz unter die Personalkosten absackt, will der Sylturlauber vom Geschäftsführer seiner ›Susi‹-Filialkette wissen: »Warum kauft ihr nichts mehr bei uns?« Siegfried Weisbach läßt sich durch die drohende Stimme seines Chefs am Telefon nicht verunsichern: »Imhoff-Schokolade geht einfach nicht mehr, wer kauft noch einen Käfer, wenn er inzwischen praktisch zum gleichen Preis einen Mercedes bekommt?« Und Weisbach läßt Imhoff keine Illusionen: »Wenn Sie mir befehlen, Ihnen 20 Tonnen Schokolade abzukaufen, muß ich dem folgen, aber die Ware kann ich nur einlagern.«

Entnervt bricht Hans Imhoff seinen Urlaub ab. Bei einem Zwischenstopp auf der Rückfahrt muß er vom Chefeinkäufer der Karstadt AG, Albert von Reth, hören: »Sie wissen, daß wir aus logischen und egoistischen Interessen an der Erhaltung leistungsfähiger Mittelbetriebe wie Ihrem interessiert sind, aber selbst wenn Sie mein Bruder oder Sohn wären, könnte ich Ihnen heute keinen Auftrag geben – ebensowenig in den nächsten Wochen; denn ich kann nur noch Markenschokolade verkaufen, weil diese heute fast die Hälfte kostet.« Die Gesprächsatmosphäre empfindet Imhoff »wie die Stimmung vor einer Beerdigung«. An der Autotür nimmt er noch wahr: »Mensch, Imhoff, Sie tun mir wahnsinnig leid, ich kann Ihnen nicht helfen, ich glaube, Ihre Tage sind gezählt, hoffentlich haben Sie sich etwas auf die hohe Kante gelegt.«

Am nächsten Mittag döst Bullay im Mittelgebirgsföhn: Die Westwinde streichen über das Hohe Venn und die Eifel und erwärmen sich beim Abströmen über dem Moseltal – fast 40 Grad zeigt die Quecksilbersäule. Hans Imhoff sitzt auf der Veranda seines Hauses an der Bergstraße. Vis-à-vis die Burg Arras, unter sich, in der Gluthitze flimmernd, die Mosel, schaut er den Schiffen und Zügen nach. Seine Fabrik liegt nur 200 Meter unterhalb der Veranda in einer Mulde, nicht einsehbar von diesem Standort, aber sie beschäftigt ihn völlig. Wohin treibt sein unternehmerisches Schicksal: Modernste Produktionsanlagen, hohe Schulden, aber kein Markt – ist dies das Ende?

Verrückte Schokoladenwelt: Imhoff kann nichts verkaufen; Tobler, Sprengel, Sarotti und andere Preisbrecher können nicht ausreichend liefern. In dieser jeweils unterschiedlichen Zwangslage der Marktteilnehmer sieht Hans Imhoff schließlich die rettende Chance: »Wir müssen uns mit einem Feind verbünden, um zu überleben.« Vom Maschinenzulieferer Hörnlein in Schwäbisch Gmünd läßt sich Imhoff einen Gesprächstermin bei Tobler für den folgenden Tag vermitteln. Warum greift er nicht gleich selbst zum Telefon? »Ich wäre kaum mit dem Geschäftsführer von Tobler verbunden worden«, erklärt er den Umweg, »das war eine andere Welt.«

Die Audienz bei den Geschäftsführern Karl Lehmann und Heinz Gisiger ermöglicht dem Fabrikanten aus der Provinz einen ersten Eindruck von diesem Schokoladenriesen. »Ich wurde in einen sehr großen Besprechungsraum geführt, in dem 60 Personen Platz gehabt hätten«, beschreibt Imhoff den Ortstermin, »erstaunt beobachtete ich durchs Fenster, wie mein vor dem Verwaltungsgebäude geparkter Wagen sofort von einem älteren Herrn mit Eimer und Fensterleder bearbeitet wurde, die Empfangsdamen in blütenweißen Blusen und schwarzen Röcken – drei an der Zahl – imponierten mir gewaltig.«

Doch die Fassade vermag ihn nicht zu blenden. Hans Imhoff weiß um Toblers Lieferprobleme aufgrund der sprunghaft gewachsenen Nachfrage. »Ich habe eine Fabrik in Bullay, die garantiert moderner ist als Ihre«, trumpft er bei Tobler auf, »ich würde Ihnen gern morgen vor Ort den Beweis antreten.« So ließe sich am einfachsten feststellen, ob Bullay Tobler-Schokolade in der gewohnten Qualität herstellen könne – und zwar in spätestens vier bis fünf Wochen.

Hochgezogene Augenbrauen, dann ein eher mitleidiges Lächeln, die

Hausherren erlauben sich den Hinweis, so etwas pflege etliche Monate zu dauern. Bevor das Gespräch jäh zu enden droht, bietet Imhoff an: »Ich verwette meine Fabrik gegen einen alten Marmeladeneimer, a) daß sie moderner ist als die Tobler-Fabrik, ohne diese zu kennen, b) daß ich in der Lage bin, in etwa vier Wochen Tobler-Schokolade der garantiert gleichen Qualität zu liefern, und zwar jährlich etwa 3 000 Tonnen.«

Der Herr Billigmacher, praktisch am Ende, bietet dem alten Schokoladenadel Tobler an, ihm aus der Patsche zu helfen. Die Prestigespanne zwischen beiden könnte nicht größer sein, aber mit ihren Problemen, wenn auch an unterschiedlichen Enden der gleichen Kette, sind sich beide Seiten doch sehr nah. Gegenseitige Besuche der Produktionsstätten stehen zwar zuweilen auf dem Terminkalender der Generaldirektoren – aber bitte im erlauchten Kreis der Markenartikler.

Doch die Not hilft Standesschranken überwinden. Verärgerte, Rache schwörende Stammkunden wiegen allemal schwerer als die Suche nach zusätzlichen Produktionswegen abseits der Hauptstraßen. Am folgenden Nachmittag bereits unterziehen sich die Tobler-Manager Lehmann und Gisiger einer intensiven Betriebsinspektion in Bullay. Neidlos erkennen die Tobler-Touristen nachher an, daß Imhoff seine Wette gewonnen hätte. Kleine Einschränkung, damit jeder auch künftig weiß, wohin er gehört: »Ihre Fabrik ist moderner, unsere besser.«

Drei Tage später ist die Tinte unter dem Vertrag trocken: Hans Imhoff produziert zunächst ein Jahr lang 3 000 Tonnen Original-Tobler-Schokolade. Die dazu nötigen Formen für die Produktionsstraße liefert Hörnlein umgehend. Ein Meister von Tobler überwacht als ständiger Gast in Bullay die gleichbleibend hohe Qualität der Imhoff-Produktion. Gerade dieser letzte Punkt ist ganz nach dem Geschmack Hans Imhoffs, denn auf diese Weise würde Tobler bei jeder nachträglichen Beanstandung gleich mit im Boot sitzen – aber es gibt keine.

Diese Auftragsfertigung von hochwertiger Markenschokolade verschafft Imhoff eine Verschnaufpause. Gelassen kann er sich nun den letzten Vorbereitungen für das erste Bullayer Herbstfest widmen. Durch geschicktes Taktieren gelingt es ihm, drei Fernsehteams an die Mittelmosel zu locken. Sie sollen vor allem die offizielle Einweihung der bereits laufenden weltgrößten Produktionsstraße für Schokoladentafeln filmen. Zugleich sollen die wohl ersten Kakao- und Zuckersilos der Branche auf dem Fabrikhof die neue Dimension der Bullayer Firmenentwicklung dokumentieren.

Nach dem Vorbild der Einweihung von Autobahnabschnitten trennt Hans Imhoff mit einer silberglänzenden Schere das obligatorische Seidenband durch. Erwartungsvoll schreitet die Gruppe prominenter Gäste auf den technischen Koloß zu. Doch bevor die Kameras die neue Epoche der Tafelherstellung einfangen können, knallt es gewaltig, und die riesige Maschine steht still.

Aufgeregt hasten die sechs Monteure von Savyjeanjean in ihren weißen Overalls zu den Schaltpulten und Sicherungskästen, aber diese hektische Betriebsamkeit dient eher der Beruhigung des Publikums als der gezielten Reparatur.

»Dieses in der Welt einmalige Wunderwerk der Technik«, beschreibt Hans Imhoff die beklemmende Szene, »stand wie ein abgeschossener Panzer da – und bewegte sich keinen Millimeter.« Kaltblütig läßt Imhoff die Besucher an der daneben laufenden älteren Produktionsstraße vorbeiführen. »Natürlich haben die Fernsehleute und die vorn stehenden Gäste den Bluff durchschaut«, kennzeichnet Imhoff die Reaktion, »aber sie haben mitgespielt.« Als der Prototyp spätnachmittags nach hektischem Reparatureinsatz doch noch laufen lernt, läßt Imhoff die Kamerateams aus dem Festzelt holen und präsentiert ihnen – wenn auch verspätet – die versprochenen Sensationsbilder.

Nicht weniger beeindruckt steht auch der Reporter vom ›Handelsblatt‹, Dr. Klaus Hattemer, vor dieser Mammutanlage von fast 100 Meter Länge, die pro Minute 400 Tafeln Schokolade à 100 Gramm ausstößt. »Für seine automatisierte und spezialisierte Tafel-Monokultur«, erfahren die Zeitungsleser weiter, »verbraucht Imhoff jährlich Kakao von Anbauflächen, die etwa der anderthalbfachen Größe des Großherzogtums Luxemburg entsprechen, sowie die Milch von 2 500 Kühen.« Für den rastlosen Chef der Fabrik, in Bullay das ›Hohe C‹ genannt, wählt der Porträtautor in der Überschrift ein anderes Bild: »Ein Hecht im Schokoladenteich«.

Das technische Meisterstück aus Paris lockt auch Angehörige des Schokoladenadels ins Moseltal, zumal sie in ähnlichen Lieferschwierigkeiten stecken wie zuvor Tobler. Als dessen Geschäftsführer Lehmann und Gisiger im Herbst einen Routinebesuch in Bullay machen, treffen sie zu ihrer größten Überraschung in der Fabrik auf einen Sprengel-Manager. Helle Aufregung, was hat der Mann hier zu suchen, wo doch Konkurrenzausschluß vereinbart ist? »Aber unser Vertrag gilt doch nur für ein Jahr«, entgegnet Imhoff kühl. Dieser Überraschungsgast verhilft der Bullayer Fabrik zu einem zukunftssicheren Fünfjahreskontrakt. Dieses Zusammentreffen zog eine Vereinbarung nach sich, die Tobler bereits wenige Monate später um keinen Preis mehr eingegangen wäre.

Der Vertrag eröffnet eine neue Epoche für das Werk an der Mittelmosel. Die Rendite des Unternehmens verbessert sich nachhaltig. »Ähnlich wie der Golfstrom den Anrainerländern«, vergleicht Imhoff scherzhaft, »garantierte mir der Lizenzvertrag absolute Kontinuität, Sicherheit, Profitabilität und genüßliches Zurücklehnen in den berühmten tiefen Sessel.« Doch die Marktströmung läßt alles anders verlaufen, zumindest für den Stuttgarter Kontraktpartner.

Unter dem Eindruck des sprunghaft wachsenden Absatzes nach dem Fall der Preisbindung hat sich Tobler für Imhoffs Mithilfe entschieden, in der Hoffnung auf einen langfristig wachsenden Appetit auf Markenschokolade. Doch bereits im Frühjahr 1965 zeichnet sich ab, daß diese Hoffnung trügt. Die Rückkehr zur Normalität im Absatz bringt Tobler nun umgekehrt in Schwierigkeiten. Der Verkauf stagniert – das Lager in Stuttgart muß aufgestockt werden. Der Mangel schlägt in Überfluß um. Während Imhoff vertragsgemäß Tobler-Schokolade herstellt, beschäftigt Tobler seine Stammbelegschaft zeitweise mit Fremdaufträgen, etwa Packarbeiten für den Autozulieferer Bosch.

Trotzdem wächst der Mengendruck bis zum Sommer 1965 derart, daß der siebenköpfige Verwaltungsrat der Muttergesellschaft aus Bern in Bullay anreist, im Schloß Zell residiert und versucht, die deutsche Tobler-Tochter aus Imhoffs Kontraktfesseln zu befreien. Nach dramatischer Nachtsitzung stimmt dieser einer Reduzierung der Jahresmenge von 3 000 Tonnen auf 1 800 Tonnen zu. Die Streckung des ursprünglichen Vertrages beschert Bullay eine insgesamt zehnjährige Auftragsproduktion für Tobler – eine sichere Perspektive, wenn auch auf niedrigerem Mengenniveau.

Diese langfristige Auslastung der Bullayer Fabrik erlaubt Imhoff, die erst kurz zuvor durchgesetzte Spezialisierung auf Schokoladentafeln zu lockern und in zwei Richtungen lukrative Sortimentserweiterungen anzustreben: für Schokodragees und Hohlkörper. Als die Süßwarenfirma Peitsch in Mülheim an der Ruhr mit zehn Millionen Mark Umsatz nach Managementfehlern des Juniorchefs in Schwierigkeiten gerät, übernimmt Imhoff deren Marke Reella und verschafft sich damit den Einstieg in das Marktsegment für dragierte Haselnüsse, Mandeln und Rosinen.

Den Zugang zu Hohlkörpern wie Osterhasen oder Weihnachtsmännern findet er auf dem Umweg über München. Dort produziert die Firma Kohlbacher im Kellergeschoß eines Hochhauses solche Saisonartikel. Zahlungsprobleme veranlassen den Besitzer, Hans Imhoff zu einer Betriebsbesichtigung zu bewegen. »Eindringlich versicherte er mir, keinerlei Aufwendungen für Heißwasser und Strom zu haben«, erinnert sich Imhoff, »und lieferte gleich den schlagenden Beweis, er hatte einfach die

Versorgungsleitungen des Mietkomplexes angezapft.« Trotz dieser dreisten Alimentation ist das Unternehmen ohne neue Kapitalzufuhr nicht lebensfähig. Hans Imhoff veranlaßt deshalb den Umzug nach Wittlich in der Eifel, wo dieser Betrieb im folgenden Jahrzehnt mit 80 bis 100 Beschäftigten Hohlkörper aus Schokolade produziert, bis Imhoff solche Saisonartikel bei Stollwerck herstellt.

Im März 1967 stellt Imhoff erstmals der Presse das Jahresergebnis seiner Firma vor. »Der Umsatz«, berichtet der ›Industriekurier‹, »überstieg 1966 die 30-Millionen-Schwelle und weist gegenüber dem Vorjahr eine Steigerung von 21 Prozent auf. Damit liegt das Unternehmen um ein Mehrfaches über dem Durchschnitt der Branche.« 7 000 Tonnen Tafelschokolade seien 1966 von weniger als 100 Mitarbeitern hergestellt worden.

Erstmals kann Hans Imhoff seine unternehmerischen Aktivitäten gelassener angehen – die Übereinkunft mit Tobler beruhigt. Doch auf halbe Kraft mag er nicht zurückschalten, zumal ihm politische Vorgänge unter die Haut gehen. Die kommunale Neugliederung, also das Zusammenlegen kleiner Orte zu größeren Verwaltungseinheiten, erhitzt die Gemüter. Als Zell und Kaimt fusionierten, wie schon zuvor Traben und Trarbach oder in der Folge auch Treis und Karden, stellt sich auch für Bullay und Alf die Frage: Schulterschluß über die Moselufer hinweg?

Hans Imhoff mag sich dem modernistischen Bürokratentrend zur größeren Dimension nicht unbedacht beugen. Für ihn wird diese lokale Streitfrage zum auslösenden Moment, um sich acht Jahre lang kommunalpolitisch zu engagieren. Als Wortführer der Skeptiker einer Fusion eröffnet er die Debatte mit der schlichten Frage: »Wem bringt der Zusammenschluß etwas?« 1964 wird der noch parteilose Fabrikant aus Bullay zum Leiter des Gemeindeverbandes Zell gewählt, tritt anschließend der CDU bei und nimmt in den folgenden acht Jahren neben dieser Spitzenfunktion im Parlament der Verbandsgemeinde Zell, aus 18 Ortschaften bestehend, außerdem die Sprecheraufgabe im Hauptausschuß und den Fraktionsvorsitz für die regierende CDU im Bullayer Gemeinderat wahr. Fortan bestimmt der größte Arbeitgeber über die Frage mit: »Was geschieht mit den Gewerbesteuerzahlungen meiner Firma?«

Verständlicherweise wacht Imhoff darüber, daß die Volksvertreter ebenso sorgsam mit diesem Geld umgehen wie er. Beim Beschaffen von Möbeln für die Volksschule in Bullay gibt er sich beispielsweise mit der Auswahl des günstigsten Anbieters nicht zufrieden, sondern handelt diesem unter dem ungläubigen Staunen seiner Ratskollegen »in einem vernünftigen kaufmännischen Gespräch« zwölf Prozent Nachlaß ab – ein Extrageschenk für die Gemeindekasse.

Als die Kreissparkasse Zell ungünstige Kreditkonditionen für Straßenbaumaßnahmen der Gemeinde offeriert, springt Imhoff mit einem Firmendarlehen ein, das den Gemeindesäckel in der Folge um mehrere tausend Mark jährlich schont. Dabei hatte ein verdienter Parlamentarier bei Imhoffs politischem Start noch die Nase gerümpft: »Ein Millionär als Spitzenkandidat?« Imhoff entgegnete seinerzeit: »Ich denke weder daran, aus politischen Ambitionen mein Geld zu verschenken, noch verzichte ich deswegen auf politische Aktivitäten.«

Seit diesem kommunalpolitischen Engagement kennen sich Imhoff und Helmut Kohl persönlich, damals noch CDU-Fraktionschef im Mainzer Landtag. Doch als seine politischen Freunde Imhoff raten, ihre Region im Landesparlament zu vertreten, winkt der Unternehmer ab: »Ein solches Mandat hätte meine geschäftlichen Aktivitäten tangiert.«

Trotzdem besucht Helmut Kohl Hans Imhoff in Bullay. Gemeinsam mit dem Landtagspräsidenten August Wolters und dem späteren Justizminister Otto Theisen nimmt der CDU-Fraktionsvorsitzende im Mainzer Landtag die einzige Schokoladenfabrik in Rheinland-Pfalz unter die Lupe.

Dabei berichtet Kohl über seine Probleme, so über den Geldmangel der Union und über den Verwaltungsaufwand der Partei. Bei Mitteilungen an die Mitglieder müsse jedes einzelne Kuvert noch mit der Hand oder per Schreibmaschine adressiert werden. Imhoff verfügt über eine moderne Adrema-Anlage, die er für ein spezielles Versandgeschäft angeschafft hat, um den Verbraucher schneller zu erreichen. Spontan weiß er Hilfsbereitschaft mit wirtschaftspolitischem Kalkül zu koppeln: »Ich stelle Ihnen diese Anlage im Wert von 30 000 Mark für die Zentrale in Mainz kostenlos zur Verfügung.«

Selbst wenn Tobler quasi die Grundauslastung der Bullayer Fabrik gewährleistet, seine Position als Nummer eins bei Konsumschokolade und Handelsmarken muß Imhoff wachsam verteidigen. Mitte der sechziger Jahre erwächst ihm in Kirk Lawton sein gefährlichster Konkurrent. 1906 in Posen als Kurt Lewandowski geboren, hatte dieser später die 1910 dort gegründete Schokoladenfabrik Venetia übernommen. Seit dem 10. Januar 1950 war dieses Unternehmen in Hamburg registriert. Doch Lawton bemühte sich zunächst mit ganzer Energie um deutsche Kunden für seine Kuvertürenfirma Caxton, die er nach Kriegsende während seines Aufenthaltes in London gegründet hatte.

Als sich die Marktsituation Monate nach dem Fall der Preisbindung wieder normalisiert, verlegt Lawton sein Engagement auf Venetia in Hamburg und greift Imhoff bald frontal an: bei preiswerter gefüllter

Schokolade mit Himbeer- oder Zitronengeschmack, sogenannten Erfrischungstafeln. Dabei achtet Lawton nicht weniger auf rationelles Produzieren als Imhoff.

Solchermaßen gewappnet startet Lawton einen gnadenlosen Preiskampf bei Konsumschokolade. Imhoff muß auf breiter Front seine Preise zurücknehmen. So geht eine 100-Gramm-Tafel gefüllte Schokolade zeitweise für 27 Pfennig an den Handel, Kaufhäuser bieten drei solcher Erfrischungstafeln für eine Mark an.

Lawton vergißt alle betriebswirtschaftlichen Regeln, denn er weiß: Hat er Imhoff erst einmal vom Markt verdrängt, kann er die Preise wieder anheben, denn dann besitzt Venetia praktisch ein Monopol für billige gefüllte Schokolade. Seinen Frontalangriff gegen Imhoff steuert er von der Präsidentensuite des Hamburger Hotels ›Atlantic‹. 300 Mark pro Nacht ist ihm die Attacke wert.

Schon betrachten es Branchenkenner allenfalls noch als eine Frage der Zeit, wann Lawton Imhoff schlucken wird. Die amerikanische Beatrice Food Corp. macht dem Bullayer Fabrikanten gerade zur rechten Zeit eine verlockende Übernahmeofferte. Während Imhoff im Juni 1967 in New York die Ernsthaftigkeit dieser Angebote überprüft und dabei erfährt, daß sein Unternehmen dem amerikanischen Nahrungsmittelproduzenten vier Millionen Dollar wert ist, platzt die Nachricht in die Gespräche: »Lawton in Zahlungsschwierigkeiten.«

Sofort bricht Imhoff die Gespräche ab und fliegt von New York direkt nach Hamburg. Dort eröffnet ihm der Venetia-Generalbevollmächtigte Bahlmann, das Unternehmen stehe unmittelbar vor dem Kollaps, Lawton habe sich bereits nach London abgesetzt. Imhoff reagiert blitzschnell: »Soviel Geld hatte ich immer.« Aus der Konkursmasse übernimmt er die inzwischen bekannte Marke ›Venetia‹ und läßt eine Zeitlang in Hamburg weiterproduzieren. Einige Jahre später verzichtet Imhoff auf die Marke, um alle Aktivitäten stärker auf das Bullayer Unternehmen zu konzentrieren. Der Machtkampf Lawton–Imhoff ist wider Erwarten der Branche zugunsten Hans Imhoffs entschieden. Dieser hat nicht allein seinen gefährlichsten Konkurrenten ausgeschaltet, sondern auch erhebliche Marktanteile hinzugewonnen. Nicht zuletzt stärkt dieser Coup wesentlich Imhoffs Reputation in der Süßwarensparte.

Hat dieser kompromißlose Konkurrenzkampf Züge eines Krimis gehabt, belebt Imhoff anschließend den Absatz seiner süßen Tafeln mit einer raffinierten Marketingidee: dem ›Schoko-Krimi‹. Auf Anregung des befreundeten Düsseldorfer Suppenfabrikanten Bernhard Zamek verpackt Imhoff in einer Klarsichthülle einen Roman des Serienhelden Jerry

Cotton zusammen mit einer Tafel Schokolade. Da der Bastei-Verlag diese Kombination befürwortet, liegen die ›Schoko-Krimis‹ bald für 1,30 Mark am Kiosk – soviel, wie eine edle Markenschokolade im Fachgeschäft kostet. Ein unerwartet lebhafter Anfangserfolg verdeckt jedoch nur notdürftig einen Geburtsfehler dieser im Grunde pfiffigen Zusammenstellung. Im Ladenverkauf taucht immer wieder das Problem auf, daß die Kunden die Romanfolge bereits kennen, weil sie das Heft schon vorher – wenn auch ohne Bullayer Schokolade – am Kiosk gekauft haben. Deshalb setzt Hans Imhoff nach einem Jahr einen Schlußpunkt unter diesen Marketing-Krimi.

Ungeachtet solcher Verkaufsanstrengungen hat die Auseinandersetzung mit Lawton Hans Imhoff eines klar vor Augen geführt: Mit dem Auslaufen des Tobler-Vertrages Anfang der siebziger Jahre bleiben ihm zwei Wege. Er kann den bequemen wählen und etwa durch den Verkauf seines Unternehmens an US-Interessenten frühzeitig Kasse machen. Oder er geht den steilen Weg, wagt den Einstieg in das Markengeschäft, weil sich das Produzieren von Konsumschokolade auf Dauer nicht zukunftssicher gestalten läßt. »Für mich gab es nur den aggressiven Weg«, bewertet Imhoff die Alternativen, »nämlich in die Marke einzusteigen.«

Während eines Telefonats mit dem Geschäftsführer der Kakao-Einkaufs-Gesellschaft, Dr. Will Baumgarten, erfährt Imhoff 1968 von den Schwierigkeiten der Traditionsfirma Hildebrand. Diese 1812 in Berlin als Pfefferküchlerei gegründete Schokoladenfabrik besitzt mit ›Scho-Ka-Kola‹ ein interessantes Markenprodukt.

Im Jahr 1934 hat Hildebrand diese erfrischende und energiespendende Schokolade im Staatsauftrag entwickelt. Als »Fliegerschokolade« zählt sie wenige Jahre später zur eisernen Ration der Landser, in der unverwechselbaren Dose noch heute eine gefragte Spezialität bei Autofahrern und Sportlern. ›Scho-Ka-Kola‹ ist Imhoff aus einer Hauptrolle im Film ein Begriff. In »Rosen für den Staatsanwalt« klaut Walter Giller als Soldat Rudi Kleinschmidt in den letzten Kriegstagen 1945 zwei Dosen ›Scho-Ka-Kola‹. Wegen Wehrkraftzersetzung bringt ihm dieser Mundraub die Todesstrafe ein, der er nur durch einen Tieffliegerangriff entgeht . . .

Hildebrand zu kaufen, diese Chance macht sich Imhoff klar, kann für ihn den ersten Schritt zum Markenunternehmen bedeuten. Sofort nimmt er Kontakt auf mit dem Inhaber der Berliner Schokoladenfabrik, Professor Hans Rinne, und verschafft sich Unterlagen über die Firmenhistorie.

Buchstäblich ganz unten – im Keller des Berliner Hauses Heilige-Geist-Straße, hatte der Greifswalder Chirurgensohn Theodor Hildebrand seine Firma eröffnet. 1830 schaffte er sich eine vier Pferdestärken leistende Dampfmaschine an und stellte sie stolz ins Schaufenster, ein Publikumsmagnet für die Berliner Spaziergänger.

Was Imhoffs Bewunderung für Hildebrand wachsen läßt: Der Übernahmekandidat ist zu literarischem Ruhm gelangt. Theodor Fontane charakterisierte Ende letzten Jahrhunderts in seinem Roman ›Der Stechlin‹ die Berliner Gesellschaft, die Welt der preußischen Beamten, des Bürgertums, der Offiziere und des märkischen Landadels.

In einem scherzhaften Porträt der originalen Berliner Schnauze heißt es: »Berliner, immer an der Tete. So wenigstens glaubt er. Berliner immer Held. Berliner weiß alles, findet alles, entdeckt alles. Erst Borsig, dann Stephenson, erst Rudolf Hertzog, dann Herzog Rudolf, erst Pfefferküchler Hildebrand, dann Papst Hildebrand.«

Der Einzug des Firmennamens in die deutsche Literatur sagt weit mehr über Hildebrands unternehmerischen Erfolg im 19. Jahrhundert als Umsatzzahlen, Produktprofile, Imagewerte oder Vertriebsstrategien.

Wie sehr der Name Hildebrand in nur fünfzig Jahren zum Synonym für Süßes geworden war, beschrieb wiederum Fontane besonders treffend. In seinem Roman ›Die Poggenpuhls‹ über den verarmten Adel in Berlin, der um jeden Preis den Schein wahrte, heißt es in einem Gespräch über Ruhm und Titel:

»Nehmen wir da beispielsweise den großen Namen Hildebrand. Es gibt, glaub' ich, drei berühmte Maler dieses Namens, der dritte kann übrigens auch ein Bildhauer gewesen sein, es tut nichts. Aber wenn irgendwo von Hildebrand gesprochen wird, wohl gar in der Weihnachtszeit, so denkt doch kein Mensch an Bilder und Büsten, sondern bloß an kleine dunkelblaue Pakete mit einem Pfefferkuchen obenauf und einer Strippe drum herum.«

Gegen dieses Traditionsunternehmen vermag Imhoffs Firma an der Mosel gerade eine Generation Marktpräsenz, aber weder einen Auftritt in der Literatur noch im Film entgegenzusetzen. Doch Imhoff besitzt statt dessen, was Hildebrand mit den Jahren abhanden gekommen ist: unternehmerische Kreativität und Interesse am Produkt Schokolade.

Zum 150jährigen Jubiläum 1962 kreierte Hildebrand die Doppelpraline ›Berliner Früchtchen‹, aber die Früchte der sechsten Gründergeneration reiften auf technischem Neuland: in der elektronischen Datenverarbeitung.

Theodor VI. Hildebrand fertigte in achtmonatigem Bastelfieber einen schubladengroßen Computer. Als Sieger der ›Stern‹-Aktion »Jugend forscht« durfte er sogar in die USA reisen, um sich dort mit den weltbesten Jungforschern zu messen. »Ich bin erstaunt«, wunderte sich der junge Konstrukteur, »daß mein Rechengerät selbst bei den automationsverwöhnten Amerikanern so gut ankam.«

In der Fachgruppe »Mathematik und Computer« erhielt Theodor VI. Hildebrand den dritten Preis. Da die beiden Auszeichnungen vor ihm theoretisch-mathematischen Arbeiten galten, bedeutete das: Beim Festival der Jungforscher im texanischen Dallas präsentierte der Berliner Hildebrand die weltbeste Computerleistung – Theodor Fontanes feiner Spott über die Berliner als die Allergrößten, hier stimmten Schnauze und Hirn überein.

Und die Schokolade? »Nun ja«, meinte Theodor VI. im ›Stern‹, »man müßte sie auch von der Pike auf studieren, wenn es soweit ist – aber vorerst wird mal Mathematik studiert.« Die negative Unternehmensentwicklung nahm ihm das Zweitstudium ab.

Hat Hildebrand noch eine Zukunft? An einem Sonntag läßt sich Imhoff durch die alten Produktionsanlagen an der Berliner Pankstraße führen. Anschließend rät er Professor Rinne zu einem Vergleich, den er mit 40 Prozent garantieren will. Für eine effektive Fertigung in den historischen Gemäuern sieht Imhoff keine Chance. Als Gegenleistung für seine Vergleichsgarantie beansprucht er die Geschäftsanteile für eine symbolische Mark, doch ohne die Grundstücke in der Pankstraße.

Für ein Engagement bei Hildebrand spricht zunächst das Markenprodukt ›Scho-Ka-Kola‹, ebenso der Standort Berlin wegen seiner steuerlichen Vorteile für wirtschaftliche Engagements. Unter Einschaltung des Berliner Senats kann Imhoff in Marienfelde ein 25 000 Quadratmeter großes Gelände erwerben und innerhalb von nur elf Monaten dort eine neue Fabrik errichten. Inzwischen arbeiten dort 600 Menschen auf vier Stockwerken in der modernsten Schokoladenfabrik des Kontinents, das Grundstück ist völlig bebaut. Allein in den letzten sieben Jahren hat Hans Imhoff mehr als 100 Millionen Mark in die Firma Hildebrand investiert.

Als Imhoff im September 1969 der Presse seine Bilanz vorstellt, kann er 56 Millionen Mark Umsatz vorweisen, und damit zählt er zu den zehn größten Produzenten der Branche. Bei Hildebrand bringt er ›Scho-Ka-Kola‹ mit einer aggressiven Werbung wieder verstärkt ins Verkaufsgespräch, nach dem Slogan: »Die gesunde Art zu dopen.« Doch selbst geschicktes Marketing vermag diesem Hildebrandschen Traditionsartikel nur ein begrenztes, wenn auch lukratives Segment zu sichern.

Deshalb wagt Hans Imhoff 1969 den Versuch, den Namen ›Imhoff‹ mit fünf Millionen Mark Werbeaufwand als Marke zu etablieren. Dies geschieht mit einer Innovation im Schokoladenmarkt – einem Produkt, das sich in Idee, Design und Namensgebung abhebt: ›Imhoff – knick und iss‹. Im Neubau der Firma Hildebrand an der Motzener Straße in Berlin läßt Imhoff eine moderne Fertigungsstraße für Schokoladenstäbchen installieren. Jeweils vier dieser Stäbchen liegen in einer Hartpackung gegeneinander und können nach dem Aufbrechen des Kartons an einer Perforation in der Kastenhälfte von der Mitte her entnommen werden.

»Diese Schokolade schmeckt dem Kleinen-Dicken«, kommentieren große Lettern von den Plakatwänden das Konterfei eines genüßlich Schokolade verspeisenden Brillenträgers. Wer solchen Appetit nicht auf Anhieb versteht, dem hilft das Kleingedruckte nach: »Kunststück, er stellt sie selbst her.« Die Werbefläche zeigt niemand anderen als Hans Imhoff, der sich zum Vorkoster einer neuen Schokoladenmarke macht. Auffallend wie das Werbesujet soll auch die neue Schokolade sein, »wie ein Herr im roten Anzug unter lauter Frackträgern«.

Diese Kampagne bereitet die bundesweite Verkündung des Imhoffschen kategorischen Imperativs vor: ›knick und iss‹! Vom Münchener Absatzberater Schmidt-Preissler hat er sich zuvor bestätigen lassen: »Die Stückschokolade ist einfach das modernere Produkt; sie ist leichter und appetitlicher anzubieten, bequemer zu essen; sie bröckelt nicht, und man hat für die Kinder vorportionierte und einzeln verpackte Stücke.«

Mit seinem neuartigen Produkt läuft Imhoff von vornherein volles Risiko. Kaum ein Jahr zuvor hat er einem ›Spiegel‹-Reporter seine illusionslose Beschreibung der Branchenlage gegeben: »Das Geschäft ist verdammt hart geworden, nur etwa die Hälfte von uns wird überleben.«

Die Werbekampagne für ›knick und iss‹ spiegelt diese Härte wider. Die Marketingstrategen lassen sich vom auffordernden Markennamen zu turbulenten, wenn auch augenzwinkernd präsentierten Gangster- und Horrorszenen inspirieren. Den Schauplatz für die ›erregende Art, Schokolade zu essen‹ bildet etwa ein Bahngleis, auf dem ein bedauernswerter Zeitgenosse angekettet liegt, von drei Revolverbräuten bestürmt: »Noch hast Du 30 Sekunden Zeit, uns zu verraten, wo Du Deine ›knick und iss‹ versteckt hast.«

Über diese Werbemethode ›Schokolade oder Leben!‹ staunt selbst das hartgesottene Fachblatt ›w&v werben & verkaufen‹ auf einer Sonderseite: »Die Scho(c)kolade des Herrn Imhoff – Mord und Totschlag für süße Sachen«. Und Werbekonzeptionär Schmidt-Preissler zeigt sich zum Start der Aktion von den eigenen Sprüchen bange gemacht: »Ein wenig geht uns ein gewisser Körperteil auf Grundeis.«

Zu Recht, wie sich bald erweisen wird. Denn beim ersten Schritt ins

Markengeschäft unterlaufen den Newcomern strategische Fehler. Zwar erweisen sich die Qualität der Schokolade und das Design der Packung als hervorragend. Aber die Wirkung einer Werbekampagne beruht nicht allein auf dem Paukenschlag, mit dem sie einsetzt, sondern mehr noch auf der Stetigkeit, die das neue Produkt zur gefragten Selbstverständlichkeit macht. Eine solche Marketingstrategie hätte mindestens drei bis vier Jahre durchgehalten werden müssen, um einen Erfolg zu garantieren. Doch nach einem Jahr stellt sich Imhoff die Frage, ob ein solch hoher finanzieller Einsatz vertretbar ist. Denn inzwischen hat sich ein Nachteil des Produkts herauskristallisiert. Die Knickpackung läßt sich nicht wieder verschließen. Während herkömmliche Tafeln problemlos kleiner gefaltet und in die Handtasche gesteckt werden können, fallen dabei die restlichen Schokoladenstäbchen aus der einmal geöffneten Imhoff-Pakkung. Diese Perspektive vor Augen, ein in der Konsumentennutzung ambivalentes Produkt mit hohem Werbeaufwand flankieren zu müssen, bekommt Hans Imhoff »kalte Füße«. Für dieses schwer kalkulierbare Risiko eine Neuverschuldung, eine erneute Bankabhängigkeit eingehen? Denn noch entspricht der Mengenumsatz von ›Imhoff – knick und iss‹ bei weitem nicht den Budgetansätzen. Deshalb stellt Hans Imhoff nach etwa eineinhalb Jahren die Produktion von ›knick und iss‹ ein. »Mein erster großer unternehmerischer Flop, den der Markt teilweise hämisch, teilweise bedauernd zur Kenntnis nahm.«

Imhoffs innovatorischer Mut, selbst eine Marke zu etablieren, ist damit nach hohem Einsatz gescheitert. Bleibt ihm noch die Möglichkeit, eine Marke zu kaufen.

Als er im Jahr 1969 eines Abends nach einem anstrengenden Bürotag mit Führungskräften von Hildebrand über den Berliner Ku'damm spaziert, gerät ihm die riesige Stollwerck-Reklame auf einem mehrstöckigen Gebäude am Straßenrand in den Blick. Spontan eröffnet er seinen verdutzten Begleitern: »Ich weiß, daß ihr jetzt denkt, ich spinn' mal wieder, aber eines Tages gehört der Laden mir.«

3.
Sanierer bei Stollwerck

»Die Gefahr eines Konkurses
habe ich total verdrängt«

Ich habe im Jahr 1972 mit vielen Firmen verhandelt, weil ich ganz genau wußte, daß Stollwerck überhaupt nur wieder gesunden könnte, wenn es eine konstruktive Kooperation erreichen würde.« Mit fester, klarer Stimme wendet sich Dr. Alfred Herrhausen, Vorstandsmitglied der Deutsche Bank AG, an das Publikum im Auensaal der Kölner Messehallen. Über vier Stunden läuft bereits die Hauptversammlung der Stollwerck AG. Doch jetzt, gegen 15 Uhr, spüren die Aktionäre, daß die turbulente Großveranstaltung in eine entscheidende Phase mündet.

Im Saal herrscht atemlose Stille, als Aufsichtsratsvorsitzender Herrhausen seine Erläuterungen über die verzweifelte Suche nach einem Kooperationspartner für die schwer angeschlagene Schokoladenfabrik Stollwerck fortsetzt: »Niemand, mit Ausnahme von Herrn Imhoff, ist auf meine Vorstellungen, auf meine Konzeptionen, auf meine unternehmenspolitischen Modellentwicklungen eingegangen, nur Herr Imhoff.« Herrhausens Blick fixiert das Plenum, die Zuhörer beginnen sein Schweigen fast als schmerzhaft zu empfinden, dann: »Herr Imhoff ist Unternehmer. Ich kann nur sagen: Gott sei Dank. Denn das ist genau das, was Stollwerck seit Jahren gefehlt hat: Unternehmer, die mit den unternehmerischen Aufgaben fertig zu werden vermögen.«

An diesem Abend, drei Tage vor dem Weihnachtsfest 1972, wird Alfred Herrhausen um 17.30 Uhr die dramatischste Hauptversammlung in der über 130jährigen Geschichte der Kölner Nobelfirma Stollwerck beenden. Wie ein Fels in der Brandung hat er die gesamten sechseinhalb Stunden auf dem Podium gestanden. Jetzt tritt er auch als Vorsitzender des Stollwerck-Aufsichtsrates ab. An seiner Stelle wählt die Hauptversammlung einen Mann, der sich mit ganzen 0,11 Prozent Aktienbesitz – mageren 18 800 Mark – in die Anwesenheitsliste eingetragen hat: Hans Imhoff. Konsequenterweise bedankt er sich für seine Wahl: »Ich spreche in meiner Eigenschaft als Kleinaktionär ...«

Imhoff darf sich an diesem Abend am Ziel fühlen, am Ziel seiner Träume. Aber gleichzeitig steht er auch vor seiner größten unternehmerischen Herausforderung. Nie vorher hat er mehr gewagt. Fünf Jahre lang wird die Gefahr eines spektakulären Scheiterns sein ständiger Begleiter im knochenharten Arbeitsalltag bleiben.

Durch diesen für Imhoff schicksalhaften 21. Dezember 1972 sieht der Kommentator der ›Börsen-Zeitung‹ die »Geschichte deutscher Hauptversammlungen um einen besonderen Farbtupfer bereichert«. Gemeint ist die spektakuläre Opposition des Münchener Staranwalts Dr. Lois Erdl, der für die Inhaber von mehr als einem Drittel des Aktienkapitals von Stollwerck spricht. Erdls Antrag auf eine imageschädigende Sonderprüfung gipfelt in einem Frontalangriff auf die seit kurzem bestehende Zusammenarbeit zwischen Stollwerck und der Imhoff-Gruppe: »Woran wir größere Zweifel haben, ist, ob die Gewinne hier richtig zur Feststellung kommen oder ob sie durch die Reihe von Verträgen, durch die Reihe von tatsächlichen Maßnahmen, die hier zwischen Imhoff und Stollwerck hin und her gehen, unzulässigerweise auf die Firmengruppe unseres Aktionärs Imhoff verlagert werden.«

Dieser tiefzielende Querschuß signalisiert Hans Imhoff: Er muß nicht allein ein heruntergewirtschaftetes Unternehmen in hartem Marktkampf vor dem Ruin retten, er muß sich außerdem gegen eine mächtige Phalanx von Widersachern durchsetzen. Allerdings weiß er zwei Verbündete im Rücken: sein durch Fleiß, Zähigkeit und Erfahrungen gewachsenes Selbstvertrauen und mit Alfred Herrhausen die Deutsche Bank als langjährigen Hauptaktionär bei Stollwerck. Doch ihr Engagement hatte den Niedergang des einst renommierten Kölner Schokoladenproduzenten nicht verhindern können.

Jahrelang hatte Stollwerck unter Börsianern als Leckerbissen gegolten. In den sechziger Jahren zahlte die Gesellschaft konstant 16 Prozent Dividende. Doch diese stolze Ausschüttung verdeckte die Zäsur im Jahr 1964, als der Fall der Preisbindung für Tafelschokolade einen erbitterten Verdrängungswettbewerb auslöste. Von den 445 deutschen Süßwarenbetrieben im Jahr 1960 schieden bis Ende des Jahrzehnts 93 aus, denn in diesem Zeitraum stagnierte der Pro-Kopf-Konsum von Schokolade. Überkapazitäten und wachsende Importe vereitelten schließlich den Versuch der Markenartikler im Jahr 1969, den Preis für Tafelschokoladen in den Lebensmittelgeschäften von 88 Pfennig auf 98 Pfennig anzuheben. Während dieser Vorstoß scheiterte, erreichte der Rohkakaopreis den höchsten Stand seit 1958.

Gleichzeitig veränderte sich der Zeitgeschmack für Naschereien: Ausgefallene Spezialitäten statt Dutzendware bekamen Konjunktur, das wachsende Schlankheitsbewußtsein erforderte Alibi-Angebote wie etwa Joghurt-Konfekt. Drei Anbieter stehen beispielhaft für die gelungene Absetzbewegung aus dem überbesetzten Schokoladenmarkt: die westfälische Firma August Storck, das amerikanische Unternehmen Mars und der italienische Mitbewerber Ferrero.

Otto Pahnke, Storck-Generalbevollmächtigter in Halle, gab die Marschrichtung vor: »Wer heute einfach 100 Gramm Schokolade in ein Etikett tut und sich dem Wettbewerb stellt, kann keinen Blumentopf mehr gewinnen.« Deshalb bot Storck fortan – Imhoffs ›knick und iss‹ vergleichbar – einzeln verpackte Stäbchen an. Eine intensive Werbung profilierte diese ›Merci‹-Schokolade als jugendliches Dankeschön an Mutti, Omi oder die Freundin. Das Ergebnis: Der Storck-Umsatz wuchs 1969 um 21 Prozent auf 165 Millionen Mark, 30 Millionen Mark davon entfielen auf ›Merci‹.

Die Jugend ins Visier nahm auch der seit 1961 in der Bundesrepublik operierende US-Anbieter Mars. Die Amerikaner setzten allein auf Riegel als moderne Schoko-Spezies. Bereits Ende der sechziger Jahre schafften sie mit solchen Riegeln wie ›Mars‹, ›Milky Way‹ oder ›Bounty‹ über 100 Millionen Mark Umsatz.

Als Meister des strategischen Marketings jedoch erwies sich in diesem harten Wettbewerb die deutsche Tochter des Turiner Süßwarenkonzerns Ferrero S.p.A. »Die Deutschen wollen in Wirklichkeit Süßwaren essen«, wandte sich Ferrero-Marketingleiter Dr. Lothar Schulz gegen das Klagegeschrei der Konkurrenz vom Konsumüberdruß, »man muß ihnen nur das Richtige anbieten.« Ins Schwarze trafen die Italiener bei den Deutschen mit ihrer Kirschpraline ›Mon Chéri‹ und ihrer ›Kinderschokolade‹, einzelnen intensiv beworbenen Spezialitäten. In nur zwölf Jahren erreichte Ferrero mit dieser Konzentration auf einzelne Renner bis 1969 fast 190 Millionen Mark Umsatz.

Diese drei beispielhaften Firmenstrategien dokumentierten intelligente Antworten auf die Aufhebung der Preisbindung für Markenschokolade 1964, auf veränderte Konsumgewohnheiten, beim Anwerben junger Käuferschichten: Und wie reagierte Stollwerck? Dort übersah ein mäßig qualifiziertes Management in einer Mischung aus Sturheit und Überheblichkeit die Zeichen der Zeit, nämlich überfällige Innovationen in Sortimentsstraffung und konsequentes Marketing. Was Stollwerck auslieferte, stuften die Einkäufer der großen Einzelhandelsketten und Kaufhäuser mehr und mehr als austauschbare *›Me-too-Artikel‹* ein, profillose Massenware. Dieses Abgleiten machte Stollwerck anfällig für Rabattwünsche.

Unter dem wachsenden Preisdruck der Konsumwarenanbieter mußten die Kölner ihre 1,30 Mark teure ›Rheingold‹-Tafelserie aus dem Markt nehmen. Statt dessen brachte Stollwerck eine neue ›Medaillon‹-Tafel für eine Mark und nahm mit ›Goldina‹-Schokoladen für 75 Pfennig unter der Flagge der Tochterfirma Reichardt den Absatzkampf mit den Handelsmarken auf. Begleitet von hohem Werbeaufwand, schmälerte diese Strategie die Gewinnspanne, ohne den Absatz auszuweiten.

Wie es Mitte der sechziger Jahre wirklich um Stollwerck stand, offenbarte eine Emnid-Untersuchung bei 1 778 Bundesbürgern. Nach dem Image einzelner Schokoladenmarken befragt, befanden repräsentativ ausgewählte Antwortgeber nur Waldbaur noch »altmodischer« als Stollwerck.

Besonders aufschlußreich erwies sich die sogenannte soziologische Markeneinstufung, bei der die Befragten in die Verkäuferrolle schlüpften und eine Schokolade empfahlen.

»Welche Marke würden Sie einer verwöhnten Schauspielerin anbieten?« fragte Emnid. Fast jeder dritte wählte Tobler (28 Prozent), 18 Prozent nannten zuerst Sarotti, 17 Prozent Suchard und 15 Prozent Lindt. Dann folgten weitere acht Nennungen, bevor die Bundesbürger einem anspruchsvollen Filmstar »Stollwerck« kredenzten.

Halbherzig und viel zu spät präsentierten die Kölner im Herbst 1970 zwei neue Artikel auf dem Markt, die verlorenes Terrain zurückerobern sollten: die Vollmilchschokolade ›Flavour‹ und die Naschpraline ›Der süße Hauch‹. Im Fachchinesisch der Marketingstrategen las sich diese Initiative wie ein Rezept vom Seelendoktor: »Verlassen herkömmlicher Angebotsebenen durch Ansprache feinsegmentierter psychologischer Einstellungen der Verbraucher zu Produktpersönlichkeiten des jeweiligen Marktangebotes.« Die Praline ›Der süße Hauch‹ wandte sich ebenso an »junge, schlanke Menschen« wie ›Flavour‹, die Schokolade, »die ab 18 schmeckt«.

In Wirklichkeit: Altbackenes in neuem Glanzpapier, Omas Praliné und Opas Tafel in buntem Gewand. Statt eines Aufbruchs aus dem selbstgeschaffenen Getto dokumentierten diese runderneuerten Produkte nur die ganze Hilflosigkeit eines unflexiblen Managements. Warum denn Stollwerck den Amerikanern auf dem stark wachsenden Riegelmarkt kein Paroli geboten habe, wollten die irritierten Aktionäre wissen. Der Vorstand gab nur haarsträubende Engstirnigkeit zu Protokoll: »Dann müßten wir eine Produktlinie schaffen, die letzten Endes eine amerikanische Anmutung hat.« Schlimmer ließ sich Tradition gar nicht mißverstehen, denn zur Jahrhundertwende hatte Stollwerck unweit von New York in Stamford die zweitgrößte Schokoladenfabrik Amerikas unterhalten.

Während sich der Stollwerck-Vorstand also offenbar ratlos in seinen Fabrikkomplex unweit des Rheins wie in einen Bunker zurückzog, drängte es anderswo – in Bullay an der Mosel – einen dynamischen Unternehmer zu neuen Taten. Eine Momentaufnahme zeigt die Schokoladenfabrik Hans Imhoffs Ende der sechziger Jahre in Bestform: technisch auf dem neuesten Stand, mit minimalen Produktionskosten, durch den Tobler-Vertrag kontinuierlich beschäftigt, schuldenfrei und mit einer guten Gewinnspanne arbeitend.

Aber Hans Imhoff wußte, daß diese Herrlichkeit endlich war. Und anders als die Stollwerck-Konkurrenten wollte und wird er das absehbare Unheil nicht wie gelähmt über sich hereinbrechen lassen. Mit dem Ablaufen der Tobler-Kontrakte drohten ihn die dunklen Schatten der zeitweise überwunden geglaubten Vergangenheit wieder einzuholen. Die Blütenträume eines erheblich ausgeweiteten Absatzes an Tafelschokolade waren nicht gereift – eher zeigte der Trend in die Gegenrichtung. Tobler würde keinesfalls länger als vertraglich festgelegt in Bullay produzieren lassen.

Für Imhoff gab es nur einen unternehmerischen Weg zum Überleben: im Klub elitärer Mitbewerber zur Marke zu werden. Die Übernahme von Hildebrand bedeutete einen ersten Schritt; diese Adresse hatte Klang, aber mit ›Scho-Ka-Kola‹ wies Hildebrand nur einen speziellen Markenartikel auf. Bullay dagegen konnte nicht einmal eine interessante Adresse vorzeigen. Welche hochqualifizierte Fachkraft aus der Schokoladenbranche ließ sich schon in das abgelegene, kulturell wie gesellschaftlich eher unattraktive Moseltal locken? Vor allem, welche Ehefrau einer exzellenten Fachkraft war für einen solchen Umzug zu begeistern?

Auch von der Verkehrsanbindung her blieb Bullay ein regional ungünstiger Standort, noch verband keine Autobahn diese Gegend mit Köln. Allein die Kakaoanlieferung aus Hamburg glich einer mittleren Expedition. Zwar bot die Mosel ein Reservoir an Arbeitskräften, doch ohne jede Industrieerfahrung. Neben regelmäßigen Personalproblemen bei Hochwasser erwies sich als entscheidendes Handikap eine ausreichende Beschaffung von Arbeitskräften während der wichtigsten Produktionszeit im Oktober und November. Dann nämlich gingen bei den Beschäftigten daheim die Weinlese und Kartoffelernte vor, selbst wenn Imhoff mit erheblichen Zulagen lockte.

Da Bullay schließlich auch fern der Haupteinkaufszentralen des Handels lag, machte Hans Imhoff Ende der sechziger Jahre einen ersten Schritt von der Mosel weg. Er verlegte den Verwaltungssitz seiner Bullayer Schokoladenfabrik nach Köln. Die Entwicklung zur Marke als zweiter entscheidender Schritt dagegen bedeutete weit mehr als einen Umzug von Aktenschränken und Schreibtischen in die angemieteten Räume des Kölner Herkules-Hochhauses.

Der Versuch einer Markenetablierung mit den portionierten Schokostäbchen ›Imhoff – knick und iss‹, hergestellt auf einer speziellen Straße in der neugebauten Berliner Hildebrandfabrik, hatte Imhoff praktisch das Bankguthaben gekostet. Außerdem schreckte das Beispiel Cadbury. In den sechziger Jahren war der Versuch des britischen Markenartiklers fehlgeschlagen, im deutschen Markt Fuß zu fassen. Eine rund 40 Millionen Mark teure Fabrikruine zeugte vom bitteren Ende der süßen Invasion.

Etablierte Marken in den deutschen Schokoladenregalen waren zumindest seit 100 Jahren ein Qualitätsbegriff beim Konsumenten, ob Stollwerck, Sprengel, Waldbaur oder Eszet, oder sie boten wie ›Ritter-Sport‹ in der Quadratpackung eine raffinierte Variation des Standardprodukts 100-Gramm-Rechtecktafel. Trotzdem hatten sich amerikanische und italienische Newcomer durch striktes Marketing und hohen Werbeaufwand einen Namen im Publikum geschaffen.

Auf diese hellwache Konkurrenz reagierte der alteingesessene deutsche Schokoladenadel unbeholfen und träge – allen voran Stollwerck. Seit seinem Umzug zurück in die Heimatstadt Köln beobachtete Hans Imhoff, wie Stollwerck – über Jahre für ihn der Inbegriff für Schokolade schlechthin – zum Ladenhüter zu verkommen drohte. Hans Imhoff war voll unternehmerischen Elans, aber nicht in der Lage, eine Marke am Markt zu etablieren, Stollwerck verfügte nicht über ein innovatives Management, doch über einen noch immer renommierten Namen. Bedeutete dies nicht eine ideale Ausgangslage zur Kooperation? Imhoff war davon überzeugt. Über ein Jahr lang versuchte er einen Gesprächstermin beim Stollwerck-Aufsichtsratschef Dr. Hans Janberg, dem Vorstandsmitglied der Deutsche Bank AG, zu bekommen – ohne Erfolg.

Noch konnte sich das Stollwerck-Management bei seinen Aktionären mit widrigen äußeren Umständen entschuldigen. Der Geschäftsbericht für 1969/70 listet »die bis weit in den Herbst reichende Hitzeperiode«, den »langen, für den Verbraucher teuren Winter« und »das frühe Osterfest« als Gründe für die schrumpfende Nachfrage nach Stollwerck-Artikeln auf. Doch bei der Hauptversammlung am 27. Januar 1971 im Börsensaal der Industrie- und Handelskammer mochten sich die Aktionäre nicht länger mit Wetter- und Kalenderausflüchten zufriedengeben. Erstmals seit 19 Jahren fiel bei Stollwerck die Dividende aus. Der Korrespondent der Hamburger Wochenzeitung ›Die Zeit‹ prägte die anschauliche Formel: »Das süße Leben ist vorbei.«

Auch Dr. Alfred Herrhausen, stellvertretendes Vorstandsmitglied der Deutschen Bank, der erst wenige Wochen vorher den Vorsitz im Stollwerck-Aufsichtsrat anstelle des plötzlich verstorbenen Hans Janberg übernommen hatte, schenkte den Anteilseignern reinen Wein ein: »Auf den Namen Stollwerck ist ohne jeden Zweifel ein Schatten gefallen, der bei Verbrauchern und der Öffentlichkeit zu einem spürbaren Imageverlust geführt hat.« Nicht genug: »Es wurden Marktanteile verloren, Kräfte für Strategien eingesetzt, die sich als zu wenig erfolgreich herausstellten, und Einbußen erlitten, die empfindlich weh tun.« Das Ergebnis: »Der Abschluß ist zwar ausgeglichen, das wirtschaftliche Resultat liegt aber in der Verlustzone.«

Wer die vorsichtigen Interpretationen von Bankiers zu deuten wußte, mußte sich nach Herrhausens Folgerungen auf eine rabenschwarze Zukunft einrichten: »Ich bin mir der schwerwiegenden Tatsache des Dividendenausfalls sehr wohl bewußt und wäre froh, könnte ich sie mit voller Überzeugung jetzt schon als einen einmaligen Unglücksfall bezeichnen.« Drei wertvolle Trümmergrundstücke hatte der Stollwerck-Vorstand verkauft, um den Scherbenhaufen seines Mißmanagements zu überdecken.

Hartnäckig erfragten die Aktionärsvertreter offensichtliche Versäumnisse im Einkauf, Marketing und Vertrieb. »Andere haben mit Spezialitäten den Rahm abgeschöpft«, hielt Aktionärssprecher Kurt Fiebich dem Management Innovationen der ausländischen Anbieter vor, »in Köln aber hat man sich zu lange auf den guten Namen Stollwerck verlassen.« Nach Fiebichs folgender Frage herrschte einen Moment lang beklemmende Stille im Börsensaal: »Hat sich die Verwaltung schon einmal die Liquidation von Stollwerck überlegt?«

Alfred Herrhausen antwortete betont gelassen: »Wir stellen Sandkastenspiele an und prüfen gegenwärtig einen ganzen Katalog von denkbaren unternehmenspolitischen Konzeptionen, die mehr oder weniger Aussicht auf Erfolg versprechen.« Seine Ergänzungen ließen zugleich auf erste Enttäuschungen schließen: »Zu diesen Sandkastenspielen gehört selbstverständlich auch in der Theorie, ohne daß ich damit bereits praktische Schritte andeuten will, das Problem einer Liquidation oder Teilliquidation – neutraler: das Problem der Realisierung von Reserven.«

Tatsächlich hatte der neue Aufsichtsratsvorsitzende bereits Fühler zu einzelnen Schokoladendynastien ausgestreckt. Doch jedesmal gewann Herrhausen den beklemmenden Eindruck, deren tatsächliches Interesse läge in einer raschen Liquidation von Stollwerck, um den überbesetzten Markt zu bereinigen. Eines der renommiertesten deutschen Unternehmen zum Ausschlachten verhökern? Ein solch radikaler Schritt verbat sich jedoch für einen derart imagesensiblen Großaktionär wie Deutschlands einflußreichsten Wirtschaftsfinanzier.

Als Hans Imhoff deshalb bald nach dem Tod Hans Janbergs um einen Termin beim neuen Aufsichtsratschef von Stollwerck nachsuchte, stieß er diesmal spontan auf Interesse. In der Düsseldorfer Dependance der Deutschen Bank auf der Königsallee machte Herrhausen Imhoff am Ende des Auftaktgesprächs den Vorschlag, ihm doch ein detailliertes Konzept zur Sanierung von Stollwerck zu entwerfen. Diese Offerte nutzte Imhoff, um quasi als vorausgehende Recherche eine Besichtigung des Fabrikkomplexes im Kölner Severinsviertel zu fordern, Herrhausen willigte ein.

Im Frühjahr 1971 führte Stollwerck-Vorstand Ernst Georg Baumbach den Bullayer Konkurrenten mehrere Stunden lang durch das 55 000 Quadratmeter riesige Produktionsareal. »Ich war aufgeregt wie ein Kind vor dem Weihnachtsbaum«, beschreibt Imhoff seine Empfindungen beim Gang durch die zahllosen Gebäude und Stockwerke, »der Traum meines Lebens könnte in Erfüllung gehen.«

Nahezu erschlagen von den Dimensionen dieses Traditionsbetriebs, nahm sich Imhoff anschließend einen Tag lang Zeit zum Ordnen seiner Gedanken, bevor er ein Konzept für Herrhausen skizzierte: »Zu viele Produkte in teilweise extrem kleinen Losgrößen; zu viele Mitarbeiter fühlen sich viel zu sicher unter der Obhut des Großaktionärs Deutsche Bank; eine extrem veraltete technische Betriebsausstattung; Kölner Fremdfirmen leben gut vom Wartungsaufwand für antiquierte Aggregate; viel zu lange und produktionsungünstige Wege innerhalb des Fabrikkomplexes« – insgesamt ein fürchterlicher Schlendrian. »Dieses Unternehmen wieder in Ordnung zu bringen ist eine Lebensaufgabe«, resümierte Imhoff wenige Tage später in Düsseldorf, »und Sie, Herr Herrhausen, können diese Firma selbst niemals erfolgreich sanieren, weil Sie weder ständig vor Ort sind noch aus der Schokoladenbranche kommen.«

Offenbar beeindruckt von Imhoffs schonungsloser Analyse, schenkte Herrhausen seinem Gesprächspartner reinen Wein ein: Bei etwa 95 Millionen Mark Umsatz werde Stollwerck mit fast sieben Millionen Mark Verlust abschließen. Diese gegenseitige Offenheit begründete die Zusammenarbeit von Herrhausen und Imhoff, ermöglichte die Suche nach einem Überlebenskonzept für Stollwerck.

Im August 1971 griff der Aufsichtsratsvorsitzende hart durch. Dr. Alfred Geimer, seit 1966 Vorstandschef der Stollwerck, mußte sein Büro räumen. »Wir haben uns von ihm auf honorige Art getrennt, weil wir für Stollwerck eine etwas andere unternehmerische Potenz brauchen«, begründete Herrhausen diese Entscheidung im Nachrichtenmagazin ›Der Spiegel‹. Das Blatt zitierte zugleich den Geimer-Vorgänger Eberhard Weissenfeld mit dem vernichtenden Urteil: »Das Management hat restlos versagt.« Über seinen ehemaligen Assistenten Geimer rätselte Weissenfeld: »Ich habe den Eindruck, daß der Mann, als ich ausgeschieden bin, einen Größenwahn bekommen hat. Bis dahin war das Unternehmen first class.«

Nun, im Sommer 1971, diagnostizierte ›Der Spiegel‹ eine »unzulängliche Personalpolitik, verfehlte Investitionen, Qualitätsverfall, ruinöse Rabatte und fehlende Marktkenntnis«. Zu diesem Zeitpunkt konkurrierten 119 Schokoladenproduzenten auf dem deutschen Markt. Allein zehn Unternehmen hielten 70 Prozent Marktanteil, noch nahm Stollwerck Rang sieben ein.

Abseits öffentlicher Schuldzuweisungen verhandelten Herrhausen und Imhoff über die Chancen einer Kooperation. Zuerst sollte Hans Imhoff 400 Mark für eine 100-Mark-Aktie von Stollwerck bezahlen, was rund 72 Millionen Mark Kaufpreis bedeutet hätte – ein unerschwingliches Angebot. Doch als sich die Situation im Kölner Severinsviertel dramatisch verschärfte, wuchs die Bescheidenheit der Bankiers der Deutschen Bank. Bald lag ein Kurs von 200 für das 18 Millionen Mark umfassende Aktienkapital auf dem Tisch. Die Deutsche Bank besaß zu diesem Zeitpunkt 46,5 Prozent der Stollwerck-Aktien.

Bereits seit Beginn der Gespräche war sich Imhoff darüber im klaren, daß er diese kräftezehrende Lebensaufgabe nur anpacken würde, wenn er die Mehrheit des Aktienkapitals erhielt. Daraufhin schlug Herrhausen vor, Imhoff solle die Aktien der Deutschen Bank in zwei Schritten erwerben.

Noch fühlte sich Imhoff nicht ausreichend über die tatsächliche Lage von Stollwerck informiert und verlangte Einsicht in die Berichte der Wirtschaftsprüfer. Da das Aktienrecht dies verbietet, baute ihm Herrhausen eine Brücke. Er erlaubte einem Wirtschaftsprüfer, Imhoff auszugsweise daraus vorzulesen. Blieben diese Zusatzkenntnisse auch bescheiden, war Imhoff inzwischen bei eigenen Nachforschungen auf interessante Befunde gestoßen: »Ich hatte mir den Grundbesitz der Stollwerck AG näher angesehen, und es war unschwer zu erkennen, daß zum Beispiel das Haus Hohe Straße in Köln extrem unterbewertet war und daß dort wesentliche Reserven steckten, die die Risiken des Erwerbs abfedern konnten.«

Zur entscheidenden Sitzung in der Bank-Dependance an der Düsseldorfer Kö erschien auch Rudolf Weber, der Leiter des Filialbüros. Imhoff verlangte die Hälfte der Stollwerck-Aktien aus dem Besitz der Deutschen Bank zum Kurs von 200 und eine verbindliche Option auf die zweite Hälfte zum gleichen Preis. Außerdem erwartete Imhoff einen Betriebsmittelkredit über 40 Millionen Mark zu günstigen Konditionen auf sechs Jahre, abgesichert durch den Grundstücksbesitz von Stollwerck.

Doch überraschenderweise wurden die Allgemeinen Geschäftsbedingungen der Deutschen Bank zum Dollpunkt der Schlußgespräche. Danach besteht ein Kündigungsrisiko für den Kredit, sobald es dem Kreditnehmer schlechtgeht. Imhoff verlangte, diesen Passus außer Kraft zu setzen. Dagegen sträubte sich Weber – es kam zum Eklat. Völlig frustriert fuhr Imhoff an diesem Freitag zurück nach Köln in der festen Überzeugung, nun seien monatelange Bemühungen umsonst gewesen.

Tags darauf meldete sich Rudolf Weber zum privaten Sonntagskaffee an. Ohne Umschweife kam er beim Kuchen zur Sache. Er habe alles noch einmal durchdacht, erneut mit Herrhausen gesprochen und sei zu dem Entschluß gelangt, entgegen den üblichen Gepflogenheiten auf die umstrittene Kündigungsklausel der Allgemeinen Geschäftsbedingungen zu verzichten. Man habe Verständnis für Imhoffs Position, der eigentlich auf dieser Forderung beharren müsse, es sei denn, er handele leichtsinnig.

Nun stand einem Vertrag nichts mehr im Weg. In einer Verhandlungspause der Schlußrunde ging Imhoff mit seinem Generalbevollmächtigten Hermann Neuhaus nach draußen auf die Düsseldorfer Königsallee und fragte ihn eindringlich: »Lieber Herr Neuhaus, eine völlig neue Agenda in unserer Zusammenarbeit beginnt, also: Stehen Sie dahinter? Machen Sie mit?«

Neuhaus willigte ein.

Der ›Kölner Stadt-Anzeiger‹ meldete seinem Publikum am 17. Dezember 1971: »Neuer Boß soll Stollwerck flottmachen«. Gemeint war Imhoffs Generalbevollmächtigter Neuhaus, den der Stollwerck-Aufsichtsrat soeben zum neuen Vorstandschef bestellt hatte. Mit 39 Jahren übernahm der gebürtige Herforder damit die Verantwortung für das laufende Stollwerck-Geschäft. Nach seinem Betriebswirtschaftsstudium zusammen mit Herrhausen in Köln war Neuhaus zunächst in die von seinem Großvater gegründete Schokoladenfabrik Karina eingetreten, bevor er 1964 zu Imhoff nach Bullay überwechselte.

Auf Anfrage des ›Kölner Stadt-Anzeiger‹ erklärte Neuhaus, es gebe eine gewisse Zusammenarbeit zwischen Stollwerck und Imhoff. So versorge sich Bullay bei einer Stollwerck-Tochter mit Verpackungsmaterial, während Stollwerck an der Mosel Saisonartikel wie Weihnachtsmänner und Osterhasen zukaufe. »Diese Kooperation soll nach Angaben von Neuhaus intensiviert werden«, schrieb der ›Stadt-Anzeiger‹ weiter, »dabei könne sich durchaus eine Arbeitsteilung herausbilden.«

Im gleichen Artikel berichtet der ›Kölner Stadt-Anzeiger‹ vom Verkauf eines Teils der Stollwerck-Aktien durch die Deutsche Bank an die Schweizerische Kreditanstalt: »Die Schweizer Bank kauft diese Aktien für einen Dritten, dessen Name nicht genannt wird.« Während Branchenkenner vom Schweizer Nahrungsmittelmulti Nestlé oder dem amerikanischen Kekskonzern Nabisco als Adressaten des Deutsche-Bank-Pakets wissen wollten, lenkte der ›Stadt-Anzeiger‹ seine Leser auf die richtige Spur: »Ob es sich dabei um die Imhoff-Gruppe handelt, bleibt abzuwarten.«

Zunächst gingen die Aktionäre mit dem Vorgänger von Neuhaus, Alfred Geimer, hart ins Gericht. Die Hauptversammlung am 28. Februar 1972 verweigerte dem gefeuerten Vorstandschef die Entlastung – eine ohnmächtige Quittung dafür, daß Stollwerck im abgelaufenen Geschäftsjahr mit rund sieben Millionen Mark Verlust abgeschlossen hatte. Die beiden halbherzig ins Sortiment aufgenommenen Neuheiten ›Flavour‹ und ›Der süße Hauch‹ waren auf hartnäckige Abneigung bei den Konsumenten gestoßen – vier Millionen Mark hatte dieses Abenteuer gekostet.

Nicht länger war bei einer solch niederschmetternden Bilanz mehr von einem einmaligen Betriebsunfall die Rede. »Die Ergebnisse zeigen ganz deutlich, daß das Haus Stollwerck nach einer längeren Inkubationszeit ernsthaft krank geworden ist, und zwar an Haupt und Gliedern«, diagnostizierte Herrhausen die bittere Wahrheit, »unser Patient gehört auf die Intensivstation.« Wer dabei die Chefarztrolle übernehmen sollte, deutete Herrhausen vorsichtig an. Ein Teil des Stollwerck-Besitzes der Deutschen Bank sei an die Schweizerische Kreditanstalt verkauft worden, und zwar als »Voraussetzung für eine enge Kooperation mit der Imhoff-Gruppe«.

Hermann Neuhaus, erst wenige Wochen Chef im Kölner Severinsviertel, bereitete die Aktionäre auf einen weiteren Verlust im laufenden Geschäftsjahr von vermutlich vier Millionen Mark vor. Sein Hinweis auf eine erforderliche Neuorganisation der Arbeitsabläufe, des Rechnungswesens und des Vertriebs verriet den Aktionären zugleich, wo die schwersten Versäumnisse des alten Managements gelegen hatten. Hans Imhoff dagegen blieb bei dieser Hauptversammlung Ende Februar 1972 – so die ›Rheinische Post‹ in einer Bildunterschrift treffend – »ganz im Hintergrund«.

Doch für ihn hatte die größte unternehmerische Herausforderung seines Lebens begonnen. »In Bullay war ich im Gesamtraum Mosel–Eifel–Hunsrück unternehmerisch von besonderer Bedeutung«, arbeitet er Unterschiede zu Stollwerck heraus, »weil ich die meisten Leute beschäftigte, es praktisch keinen vergleichbaren Industriebetrieb zwischen Koblenz und Trier gab, noch weniger in Eifel und Hunsrück.« Auch gesellschaftlich war Imhoff im alten Umfeld eine herausgehobene Adresse gewesen: »Außer dem stationären Adel, wie Weingutsbesitzern,

Ärzten und Richtern, beherrschte viel Mittelmaß die Mittelmosel. Als größter Arbeitgeber, noch dazu zeitweise politisch sehr aktiver Unternehmer, war ich wie ein einzelner Baum auf einer Insel.«

Allerdings traf Hans Imhoff im industriellen Umfeld keineswegs auf eine vergleichbare Wertschätzung: »Innerhalb der Schokoladenbranche bewegte ich mich im Konsumklima, das heißt, wo immer ich mich als Schokoladenfabrikant vorstellte, kam 100prozentig die Frage: Welche Schokolade stellen Sie denn her? Ab 1964 antwortete ich deshalb: Ich produziere auch Tobler-Schokolade. Soll heißen: Meine Bedeutung war absolut regional begrenzt.«

In Bullay konnte Imhoff seinen Betrieb kontinuierlich und systematisch ausbauen. Nun standen Neuhaus und er vor der gewaltigen Aufgabe, innerhalb kürzester Zeit drastische Einschnitte vorzunehmen, um den drohenden Konkurs von Stollwerck abzuwenden.

Wie planlos das vorige Management gewirtschaftet hatte, veranschaulicht ein Beispiel. Obwohl der Marktanteil von Stollwerck bei Tafelschokoladen 1971 dramatisch auf 1,9 Prozent abgesackt war, hatte der frühere Vorstand ein riesiges, über 40 Meter hohes Kakaosilo mit einer Kapazität von 4 000 Tonnen bauen lassen. Diese Menge entsprach einem Verbrauch von drei Jahren – ein groteskes Mißverhältnis zwischen Rohstoffvorrat und Absatzmenge.

Eine klare Markenpolitik mit überschaubarem Sortiment bestimmte die fortan einsetzende Rettungsaktion bei Stollwerck. Von den zuvor über 1 000 Artikeln beließen Neuhaus und Imhoff nach erster emotionsloser Selektion ganze 190. Auch die komplette Bonbonproduktion fiel dieser Radikalkur zum Opfer – ein doppelt schmerzhafter Schritt. Zum einen nämlich leiten sich die Ursprünge des Unternehmens 1839 vom Hersteller berühmter ›Brustbonbons‹ her, was Franz Stollwerck in seiner Heimatstadt den Ehrentitel »Kamelle-Napoleon« eintrug. Zum anderen alimentierte Stollwerck traditionell den Kölner Karneval mit mehreren hundert Tonnen Bonbons zu einem Preis, der nicht einmal die Rohstoffkosten deckte.

Ein Aufschrei der Empörung begleitete diese betriebswirtschaftlich zwingende Entscheidung. »Wir haben von Stollwerck immer einen besonderen Vorzugspreis bekommen«, berichtete der Präsident der Prinzen-Garde, Hans Becker, wahrheitsgemäß in der ›Kölnischen Rundschau‹. Vergeblich beschwor Theo Bischof, der Präsident der Kölnischen Karnevalsgesellschaft von 1945, die Tradition: »Stollwerck und der Rhein, 4711 und der Dom, das waren immer feste Bestandteile des Kölner Karnevals.« Daß Stollwerck nun gerade zum 150. Jubiläum vom

Festkomitee des Kölner Karnevals nicht mehr mitspielen wollte, kommentierte Bischof bemerkenswert humorlos: »Die neuen Herren bei Stollwerck sind wohl etwas artfremd, um nicht zu sagen unkölsch.«

Statt Dutzendware wahllos unters Volk zu werfen, kehrten Neuhaus und Imhoff bei Tafelschokoladen zu den erstklassigen Rezepturen zurück und propagierten die neue Qualitätsstrategie offensiv gegenüber dem Handel. Eine intensive Werbekampagne vor allem für ›Alpia‹-Schokolade begleitete diese Vertriebsanstrengungen. »Oft fehlt nur ein Stückchen Stollwerck zum Glück«, versprachen neue, sympathische Anzeigensujets.

Das Glück half den Tüchtigen. Nach Jahren der Konsumstagnation begann der Verbrauch von Schokolade wieder zu wachsen, begünstigt von einem kühlen Sommer. Über die gewachsenen Verbindungen Imhoffs gelang es Stollwerck, den Export um 25 Prozent zu steigern. Bald erwiesen sich die Vertriebsimpulse so erfolgreich, daß die Kapazitäten nicht mehr ausreichten. Entsprechend dem Kooperationsvertrag produzierte Bullay fortan Schokolade für Köln mit.

Diese Zusammenarbeit belegte zugleich, wie sinnvoll die geplante Aufgabenverteilung zwischen Imhoff und Neuhaus bei Stollwerck sein würde. Um Interessenkollisionen zu vermeiden, sollte künftig Hans Imhoff den Vorsitz des Aufsichtsrates übernehmen, während Neuhaus als Vorstandschef das Tagesgeschäft verantwortete. Angesichts der Zulieferungen aus Bullay zeigte sich nun bereits das Problem der Preisgestaltung. »Neuhaus vertrat sehr hart die Interessen der Stollwerck AG«, beschreibt Hans Imhoff diese neuartige Situation des eingespielten Teams, »und ich ebenso hart die Interessen der Firma Imhoff – und damit lagen die Probleme schon auf dem Tisch.«

Schon jetzt gewährleistete ein detaillierter Kooperationsvertrag zwischen Stollwerck und der Imhoff-Gruppe eine ordnungsgemäße Zusammenarbeit unter Wahrung der gegenseitigen Interessen. So verlangte Paragraph 6: »Das Verhältnis von Leistung und Gegenleistung eines jeden Vertrages muß angemessen und branchenüblich sein.« In Zweifelsfällen sollten Angebote der Mitbewerber zum Vergleich eingeholt werden. Außerdem: »Wenn der Gegenstandswert eines Einzelvertrages fünf Millionen Mark übersteigt oder der Vertrag eine längere Laufzeit als drei Jahre hat, ist die vorherige Zustimmung der Aufsichtsorgane – Aufsichtsrat, Gesellschafterversammlung – der jeweiligen Vertragspartei einzuholen.«

Ergänzend zu dieser Kooperation zwischen Bullay und Köln mußten Imhoff und Neuhaus im Severinsviertel den überfälligen Arbeitskräfteabbau forcieren. Mit über 30 Prozent Personalkostenanteil war Stollwerck weit hinter den Rationalisierungen der Branche zurückgeblieben. Im Geschäftsjahr 1971/72 gelang der neuen Führungsmannschaft die Reduktion der Belegschaft von 2 011 auf 1 714 Beschäftigte. Zehn Jahre vorher standen bei Stollwerck noch 3 000 Mitarbeiter auf den Lohnlisten.

Mit diesen intensiven Anstrengungen schaffte Stollwerck eine Umsatzsteigerung bis zur Jahresmitte 1972 um 7,1 Prozent auf 100,9 Millionen Mark – eine Schwelle, die Imhoffs Unternehmensgruppe bereits vor der Annäherung an Stollwerck überschritten hatte. Gleichzeitig gelang es, den Jahresfehlbetrag von zunächst befürchteten vier Millionen Mark auf 2,8 Millionen Mark zu reduzieren. Abermals auf neue Rechnung vorgetragen, summierte sich der Bilanzverlust damit auf 9,6 Millionen Mark.

Da der Rhythmus der Geschäftsjahre fortan dem Kalenderjahr angeglichen werden sollte, wurde die zweite Jahreshälfte 1972 zum Rumpfgeschäftsjahr. In diesem kurzen Zeitraum setzte sich die positive Entwicklung fort. Stollwerck machte wieder Gewinne, ein fühlbarer Abbau des aufgelaufenen Verlustes zeichnete sich ab.

Im Spätherbst 1972 sorgte Stollwerck auch an der Börse für Gesprächsstoff. Innerhalb eines Jahres war die 100-Mark-Aktie von 235 auf 415 hochgeklettert. Doch hinter diesem Kursanstieg verbargen sich noch nicht die Reaktionen der Aktionäre auf die bisherigen Sanierungsleistungen. Über den möglichen Käufer referierte die ›Frankfurter Allgemeine Zeitung‹ am 17. November 1972 zwei Börsenversionen: »Einmal ist von reiner Spekulation die Rede; dafür spricht nicht zuletzt, daß sich in einem Jahr rund 40 Prozent oder auch mehr der Stollwerck-Aktien ›gedreht‹ haben sollen. Ein andere Version geht dahin, daß jemand interessiert sei, ein Schachtelpaket zusammenzukaufen. Da dies ziemlich teuer sei, könne es sich eigentlich nur um einen ›Amerikaner‹ oder vielleicht auch um einen großen englischen Konkurrenten handeln.«

Am 8. Dezember 1972, gut zwei Wochen vor der Stollwerck-Hauptversammlung, erhielt Alfred Herrhausen einen bemerkenswerten Brief. Absender war der Münchener Rechtsanwalt und Wirtschaftsprüfer Dr. Lois Erdl. Er hatte zuvor bei Audi NSU für Schlagzeilen gesorgt, als er für die Israel-British-Bank mit allen erdenklichen Rechtsmitteln opponierte und ein verbessertes Abfindungsangebot der Volkswagen AG erreichte.

»Die von mir vertretene Gruppe«, wandte sich Erdl in seinem Brief an das Vorstandsmitglied der Deutschen Bank, »ist zwar der Meinung, daß die Dinge bei Stollwerck nicht so positiv zu beurteilen sind, wie dies den Verlautbarungen der Gesellschaft und den wohlwollenden Berichten der

Presse entspricht.« Doch, kam Erdl rasch zur Sache, seien seine Mandanten »daran interessiert, trotz der herben Kritik, die sie am derzeitigen Management üben müssen, ihren Aktienbesitz zu vergrößern«. Sollte heißen: »Da die Deutsche Bank nach den Informationen, die ich in der Zwischenzeit sammeln konnte und die insoweit mit dem Handelsregister übereinstimmen, nach wie vor im Besitz ihrer Schachtelbeteiligung ist, was den Schluß nahelegt, daß Herr Imhoff die ihm eingeräumte Option nicht ausübte, dürfte es das Nächstliegende sein, als erstes einmal das von Ihnen vertretene Bankinstitut mit den Interessen meiner Klientel an einem zusätzlichen Aktienerwerb vertraut zu machen.« Er sei legitimiert, solche Verhandlungen zu führen, gab Erdl weiter an, da »die von mir vertretene Aktionärsgruppe zunächst jedenfalls nicht unmittelbar in Erscheinung treten möchte«.

Gleichzeitig richtete Erdl einen Brief an den Stollwerck-Vorstand, in dem er ankündigte: »Ich erlaube mir anzuzeigen, daß ich von einer Schweizer Großbank beauftragt worden bin, die Stimmrechte einer opponierenden Aktionärsgruppe, die zum Kundenkreis dieser Bank gehört und über einen Aktienbesitz an Ihrer Gesellschaft von mehr als zehn Prozent verfügt, in der Hauptversammlung vom 21. Dezember 1972 zu vertreten.«

Schon jetzt drohte der Münchener Anwalt an, daß er »die Einsetzung eines Sonderprüfers gemäß Paragraph 142 Absatz 1 Aktiengesetz beantragen werde«. So solle festgestellt werden, ob Stollwerck möglicherweise Schaden durch die Kooperation mit Imhoff entstanden sei. In seinem Schreiben an die Deutsche Bank hat Erdl Herrhausen außerdem blauäugig vorgeschlagen, »daß Sie mich als erste Wortmeldung aufrufen. Weiß ich doch aus meiner Praxis, daß es im Sinne einer rationellen Abwicklung der Hauptversammlung nicht ungünstig sein dürfte, wenn der Hauptopponent als erster zu Wort kommt, da dann zumeist viele Fragen und Hinweise anderer Aktionäre vorweggenommen werden«.

Noch am gleichen Tag diktierte Alfred Herrhausen sein Antwortschreiben an den Advokaten der Opposition. Das Interesse am Aktienerwerb bewertete der Stollwerck-Aufsichtsratschef kühl »als Zeichen der Wertschätzung, die das Unternehmen trotz der kritischen Situation in den vergangenen Jahren nach wie vor genießt«. Konkret informierte er Erdls Auftraggeber, »daß sich die Deutsche Bank AG hinsichtlich der bei ihr verbliebenen Stollwerck-Beteiligung bereits anderweitig gebunden hat und somit auf Ihr Verhandlungsangebot, das leider zu spät kommt, nicht näher eingehen kann«.

Damit bezog sich Herrhausen auf die schriftliche Option Imhoffs, den gesamten Stollwerck-Besitz von der Deutschen Bank übernehmen zu können, also sämtliche 46,5 Prozent zum Kaufkurs der ersten Rate von 200 Mark pro 100-Mark-Aktie. Wenige Tage vor der Hauptversammlung bot Erdl der Deutschen Bank mehr als doppelt soviel für ihre restlichen Stollwerck-Papiere an. Doch der Optionsvertrag mit Imhoff war hieb- und stichfest. Nur zwei Menschen konnten sich in dieser heiklen Lage wirklich glücklich schätzen, so die Einschätzung Hans Imhoffs: »Ich hatte die Option, und Dr. Herrhausen hatte den Optionsvertrag, denn auf ein mündliches Wort hin wäre es für ihn außergewöhnlich schwer geworden, mir die Aktien für 200 Mark zu überlassen.«

Damit ergibt sich für die Hauptversammlung drei Tage vor Weihnachten 1972 eine dramatische Ausgangslage: Lois Erdl ist mit seinen Kaufwünschen bei der Deutschen Bank abgeblitzt und muß deshalb alle Energie darauf verwenden, die Aktionäre auf seine Seite zu ziehen. Alfred Herrhausen setzt alles daran, einen Eklat zu vermeiden, denn mit dieser Sitzung will sich die Deutsche Bank aus dem Aufsichtsrat des gefährdeten Unternehmens zurückziehen. Hermann Neuhaus liegt daran, eine imageschädigende Sonderprüfung zu vermeiden, die Anfangserfolge verbesserter Stollwerck-Produkte im Handel und Publikum schon wieder zunichte machen könnte. Hans Imhoff schließlich muß ganz gegen seine Gewohnheit und sein Temperament die Versammlung als Zuschauer absolvieren, um gegen Ende seine Wahl zum Aufsichtsratsvorsitzenden anstelle von Herrhausen keinesfalls zu gefährden.

Im Auensaal der Kölner Messehallen, beschreibt Imhoff die Atmosphäre der für Stollwercks Zukunft entscheidenden Hauptversammlung, »knisterte es von vorn bis hinten«. Bei 100 Millionen Mark Umsatz zehn Millionen Mark aufgelaufene Verluste: diese alarmierende Relation bestimmt das Konferenzklima. Hans Imhoff hat sich unten in den Saal gesetzt, totzdem nehmen ihn die Pressefotografen bereits ins Visier.

Alfred Herrhausen, der als Versammlungsleiter – wie eingangs beschrieben – seine Schlußvorstellung bei Stollwerck sechseinhalb Stunden stehend absolvieren wird, »wie eine deutsche Eiche«, so Hans Imhoff, diagnostiziert die veränderte Lage in der Kölner Schokoladenfirma: »Im letzten Jahr habe ich gefordert, der Patient Stollwerck gehöre schnellstens auf die Intensivstation. Heute kann ich guten Gewissens feststellen, daß die Behandlung dort angeschlagen und gewirkt hat.«

Und der Aufsichtsratsvorsitzende folgert: »Der Patient kann die Station verlassen; er befindet sich sichtbar auf dem Weg der Besserung. Gleichwohl bedarf er natürlich zur nachhaltigen Auskurierung noch der fachärztlichen Kontrolle.« Diese jedoch möchte das amtierende Kontrollgremium einem personell veränderten Aufsichtsrat überlassen. »Wir sehen unsere, Ihnen, den Aktionären von Stollwerck, gegenüber übernommene Pflicht als erfüllt an«, resümiert Herrhausen.

Was der scheidende Aufsichtsrat an Heilbehandlung mit in Gang gesetzt hat, faßt der Bankier in Thesenform zusammen:

»In der Produktpolitik hat die in Angriff genommene entscheidende Verbesserung der Qualität von Tafelschokolade bei Handel und Verbrauchern schnell ein positives Echo gefunden.«

»In der Sortimentspolitik verdeutlicht die drastische Reduzierung auf 190 Artikel die intensiven Rationalisierungsbemühungen.«

»Zur Vertriebs- und Betriebsrationalisierung möchte ich nur auf die für sich sprechende Verminderung des Belegschaftsstandes auf rund 1 700 Beschäftigte verweisen.«

»Das innerbetriebliche Rechnungswesen, das in den vergangenen Jahren als Steuerungsinstrument unzureichend war, ist wieder aussagekräftiger geworden.«

»Die Zusammenarbeit mit der Imhoff-Gruppe, die sich auf alle Bereiche erstrecken soll, auf denen sie mit Erfolg praktiziert werden kann, hat sich erfreulicherweise bewährt.«

Auch Hermann Neuhaus betont in seinem Situationsbericht, daß ohne die Zusammenarbeit mit der Imhoff-Gruppe »die erfreuliche Wende zum Besseren nicht denkbar gewesen wäre«. Als erste Kooperationsbeispiele nennt er Imhoffs Anmieten von Büro- und Lagerflächen im Stollwerckkomplex und die Zulieferung von Tafelschokoladen aus Bullay. Für 1973 prognostiziert Neuhaus bei weiterem Umsatzwachstum ein »deutliches Plusergebnis«.

Die Diskussion eröffnet Georg Frenz von der Schutzvereinigung für Wertpapierbesitz mit einer Frage, die sich keineswegs an die Verwaltung, sondern an ein Mitglied im Saal richtet: »Wieviel Prozent des Aktienkapitals liegen denn nun bei Ihnen, Herr Imhoff, oder wieviel Prozent sind Ihrer Gruppe zuzurechnen?« Diese unbeantwortete Frage steht noch im Raum, als Lois Erdl das Wort erhält.

Für die hinter ihm stehende Oppositionsgruppe mit »über zehn Prozent« Aktienbesiz nennt Erdl drei Kritikpunkte: Einmal sei diese Gruppe »trotz des Anerkennens, daß sich die Situation gebessert hat«, der Meinung, »daß gleichwohl bei Stollwerck noch schlecht gewirtschaftet wird«. Zum andern übe »Herr Imhoff hier entweder selbst oder als Treuhänder« Stimmrechte aus, »die er nicht ausüben darf«. Schließlich lege die Gesellschaft keinen Abhängigkeitsbericht vor.

Erdls Vorwürfe gipfeln in dem Zweifel, »ob die Gewinne hier richtig zur Feststellung kommen oder ob sie durch die Reihe von Verträgen, durch die Reihe von tatsächlichen Maßnahmen, die hier zwischen Imhoff und Stollwerck hin und her gehen, unzulässigerweise auf die Firmengruppe unseres Aktionärs Imhoff verlagert werden«. Dieser jedoch dürfe sein Stimmrecht in der Hauptversammlung nicht ausüben, da er offenbar 25 Prozent der Stollwerck-Aktien besitze, ohne dies gemeldet zu haben. Außerdem stünden für den neuen Aufsichtsrat allein Imhoffs Vertrauensleute, Mittelsmänner und Treuhänder zur Wahl. Sollten deshalb seine 56 Fragen nicht befriedigend beantwortet werden, werde er für seine Opponentengruppe den Antrag auf Sonderprüfung stellen.

»Wem nutzt das, daß diese Opposition hier heute gemacht wird?« fragt anschließend Kleinaktionär Erwin Rümenap das Publikum und empfiehlt zugleich: »Lassen wir uns durch dieses Störmanöver nicht aus der Fassung bringen.«

Auch Aktionär Kurt Fiebich fürchtet als wahre Absicht der Opponenten, »das neugewonnene Image von Stollwerck und der Imhoff-Gruppe anzuknabbern«. Doch ein solcher Frontalangriff komme zwei, drei Jahre zu spät. »Wir müssen Herrn Imhoff und seinen Mitarbeitern dankbar sein«, urteilt Fiebich, »daß sie den Mut hatten, hier einzusteigen, um gemeinsam mit der Deutschen Bank sehr erfolgreich die Dinge wieder ins Lot zu bringen.« Erdls Argumentation erscheint Fiebich schlicht unlogisch: »Wenn Imhoff quasi eine Schachtel hat und ab 1. Januar nächsten Jahres praktisch die Mehrheit haben würde oder aber diejenigen, die hinter ihm stehen, dann würde er durch Manipulation zuungunsten von Stollwerck sich als Mehrheitsaktionär selbst schädigen.«

Nicht weniger entschieden wehrt sich Walter Martius von der Schutzgemeinschaft der Kleinaktionäre gegen eine Sonderprüfung: »Ich glaube, wir sollten hier ganz klar aussprechen, daß wir jedenfalls im derzeitigen Zeitpunkt der Gruppe Imhoff dankbar sein müssen, daß sie die Möglichkeiten geschaffen hat, daß wir so schnell wieder aus den roten Zahlen in die schwarzen kamen.« Die Feststellung der Präsenz nutzt Herrhausen zu einer bedeutsamen Klarstellung: »Noch ist die Deutsche Bank Schachtelaktionär. Die Schweizerische Kreditanstalt hält 21,5 Prozent.« Erdls Ansinnen eines Abhängigkeitsvertrages weist der Aufsichtsratsvorsitzende entschieden zurück: »Ein Abhängigkeitsbericht des Vorstandes kann doch nur bei rechtlicher oder bei faktischer Abhängigkeit erfolgen. Beides liegt nicht vor.« Dann setzt sich Herrhausen mit den Vorwürfen des Münchener Anwalts vor dem Hintergrund positiver Besserungstendenzen bei Stollwerck auseinander: »Ich weiß nicht, Herr Erdl, wer hinter Ihnen steht. Aber meine Vermutung geht dahin, daß es sich um Konkurrenten von Stollwerck handelt.«

Leidenschaftlich schildert der Bankier im folgenden – wie eingangs wiedergegeben – seine intensive Suche nach einem Kooperationspartner innerhalb des Nobelklubs der Branche. Aber nur einer sei schließlich auf seine unternehmenspolitische Modellentwicklungen eingegangen, doch nicht einer vom alten Adel, sondern der Außenseiter, inzwischen Marktführer bei Handelsware: Hans Imhoff. Für Herrhausen ist die vorausgehende persönliche Leistung Imhoffs nicht Makel, sondern Auszeichnung: »Herr Imhoff ist Unternehmer. Ich kann nur sagen: Gott sei Dank. Denn das ist genau das, was Stollwerck seit Jahren gefehlt hat.« Erdls Auftritt sei nur verständlich vor dem Hintergrund der ersten Sanierungserfolge: »Niemand hat geglaubt, daß dieses Unternehmen überhaupt wieder revitalisiert werden könnte. Kein Mensch hat diese Unterstellung gewagt, noch vor zwölf Monaten nicht.« Noch einmal greift Herrhausen ein medizinisches Bild zum Verdeutlichen auf: »Was sich jetzt zeigt, ist die Enttäuschung all derer, die am Bett des Patienten gesessen haben, um auf seinen Tod zu warten, damit sie sich die Erbschaft teilen konnten.«

Dann verliest Herrhausen das Schreiben Erdls an die Deutsche Bank, das die wahren Interessen der Opponenten verrät: ihr unverhohlenes Interesse an weiterem Aktienerwerb. Anschließend erfährt das Publikum im Auensaal auch den Wortlaut des Kooperationsvertrages zwischen Stollwerck und Imhoff.

Am Ende der Beantwortung seiner 56 Fragen stellt Erdl den Antrag auf Sonderprüfung. Noch einmal versucht Herrhausen, den Münchener Anwalt zum Verzicht auf seinen Antrag zu bewegen. Gleich nach Erhalt des Erdl-Schreibens hat der Bankier ein Ad-hoc-Gutachten über die Kooperation zwischen Stollwerck und Imhoff veranlaßt. Das Ergebnis der Vereinigten Deutschen Treuhandgesellschaft: »Abschließend möchten wir feststellen, daß nach unserer Auffassung die Kooperation mit der Imhoff-Gruppe eine für uns ausnahmslos und in allen Einzelfragen wirtschaftlich und marktpolitisch positive Zusammenarbeit darstellt.«

Doch Erdl beharrt auf seinem Antrag – und beschert mit der Abstimmung der Hauptversammlung drei Tage vor Weihnachten die eigentliche Überraschung: 36,26 Prozent Opponentenstimmen. »Sofort setzte natürlich das Rätselraten ein, wer hinter diesen 36 Prozent stecken könnte«, berichtet die ›FAZ‹ über die Reaktion des Publikums in der Messehalle. Zwei Versionen bietet die ›Frankfurter Allgemeine‹ ihren

Lesern an: »Manches könnte, wie die Verwaltung vermutet, darauf hindeuten, daß ein Konkurrent dahintersteckt. Gewichtiges deutet aber auch in die Richtung, daß es sich um eine Spekulation handeln könnte. Jemand, so lautet diese Version, könnte diese 36 Prozent Aktien an der Börse zusammengekauft haben, um sie mit einem Paketzuschlag wieder verkaufen zu können.« Erdl behält sich nach seiner Abstimmungsniederlage gerichtliche Schritte vor.

Dann nimmt vor den Wahlen zum Aufsichtsrat, erstmals nach gut fünf Stunden, Hans Imhoff das Wort, stellt sich ebenso einfach wie bildhaft vor und begründet sein persönliches Interesse an Stollwerck: »Erstens, weil es zu den ältesten Schokoladenfabriken der Welt überhaupt gehört. Zweitens, weil es die größte Schokoladenfabrik in Europa war.«

Die Angriffe auf seine Person mag Imhoff nicht kommentieren, er will Taten sprechen lassen: »Das ist nicht meine Stunde. Meine Stunde kommt dann wahrscheinlich im nächsten Jahr, falls Sie mich wählen sollten, wenn ich Rechenschaft für das abzulegen habe, was hier getan worden ist.« Aber Imhoff läßt keinen Zweifel an seiner Integrität aufkommen: »Mein Vater war Schlossermeister in Köln, mein Großvater war es auch – eine alteingesessene Kölner Familie. Ich denke gar nicht daran, mir irgendwie Staub auf meinen Namen kommen zu lassen, indem ich Kleinaktionäre, andere Aktionäre oder Leute, die mit mir in einem Boot sitzen, benachteilige oder vergesse.«

Auf Erdls Frage teilt Herrhausen mit, Imhoff habe sich mit 0,11 Prozent Aktienbesitz in die Anwesenheitsliste eingetragen. Konsequenterweise bedankt sich dieser für seine Wahl auch in seiner »Eigenschaft als Kleinaktionär«. Mit in den Aufsichtsrat wird der 32jährige Kölner Rechtsanwalt Dr. Hans Rolf gewählt, in der Folgezeit einer der wichtigsten Mitstreiter Hans Imhoffs.

Damit endet diese schicksalhafte Hauptversammlung mit zwei handfesten Überraschungen – ausgedrückt in den beiden Prozentzahlen 0,11 und 36,26. Eine mächtige Opposition steht gegen den neuen Aufsichtsratsvorsitzenden Imhoff mit nur einem minimalen Aktienbesitz.

Bisher hat Hans Imhoff einen gutfunktionierenden Mittelbetrieb geleitet, nun ist er plötzlich Markenartikler mit werblich gesteuertem Sortiment, das sehr sensibel auf Imageveränderungen reagiert. Bislang hat er weder mit einem Betriebsrat noch Aufsichtsgremien zu tun gehabt. In Bullay sagte Hans Imhoff, wo es langging – und das galt. »Der Betriebsrat«, erinnert er sich an die veränderte Lage in Köln, »sah mich keineswegs als Retter von Stollwerck an, sondern als Störenfried, der die Mitarbeiter aus ihrer Behäbigkeit und ihren angenehmen Gewohnheiten herausriß und plötzlich Forderungen stellte, von denen man früher nicht einmal geträumt hatte.«

Dabei weiß Imhoff genau, daß sich Stollwerck nicht durch Sparmaßnahmen allein retten läßt, sondern nur durch eine flankierende Innovation der Produkte, eine verbesserte Reputation im Markt und in deren Folge durch entsprechende Umsatzsteigerungen. Die Branche empfindet es als Sensation, daß ein »Konsumfritze« die altehrwürdige Firma Stollwerck übernimmt. Aber dieses Erstaunen setzt sich nicht in Wohlwollen, sondern in Widerstand um.

Hans Imhoff hat sein größtes Problem klar fixiert: den Durchbruch beim Handel, beim Kunden. Dort lassen Konkurrenten verbreiten: »Jetzt wird Stollwerck zum Konsumladen, die Qualitäten werden runtergefahren, die Kontinuität geht verloren, der Imhoff wird Stollwerck schon kaputtmachen.« Täglich sind zahllose Süßwarenvertreter der Konkurrenz in der Kundschaft unterwegs. Da läßt sich viel erzählen, und Imhoff hat zu dieser Zeit kaum Freunde in der Branche.

»Der Klub elitärer Schokoladenfabrikanten war aufgescheucht«, beschreibt er die Atmosphäre, »einigen hatte die Deutsche Bank ja Stollwerck angeboten. Jetzt war man überrascht, daß es einer wagte, und noch dazu jemand, dem man es insgeheim zutraute.« Dabei wünschen manche das Gegenteil, denn wenn Stollwerck verschwindet, entlastet dies den überbesetzten Schokoladenmarkt.

Schließlich weiß Imhoff im Aktionärskreis eine mächtige, aber noch anonyme Gruppe gegen sich. »Ein Phantom führt Regie«, betitelt die Wochenzeitung ›Die Zeit‹ Ende Januar 1973 ihre Analyse des Machtkampfs um Stollwerck. »Ich bin kein Mann, der sich so leicht in die Hose macht«, zitiert das Blatt den zum Widerstand entschlossenen neuen Aufsichtsratsvorsitzenden bei Stollwerck, »im Ernstfall stelle ich mir eben ein Feldbett in meinem Büro auf und spiele bei ein paar Flaschen Moselwein das Spielchen mit.«

Solch wehrhafte Wort mag Lois Erdl nur drohend kommentieren: »Herrn Imhoff wird die rheinische Fröhlichkeit schon noch vergehen.« Quasi als Schlußpunkt ihrer Analyse glaubt ›Die Zeit‹ ihrem Publikum die Identität des Phantoms, des großen Opponenten im Hintergrund, enthüllen zu können: »Jimmy Goldsmith, Herr des Londoner Cavanham-Imperiums, das sich in den letzten Jahren von einer unbekannten Biscuit-Firma zu einem Lebensmittel-Giganten mit weitgestreuten Interessen entwickelte.«

Hans Imhoff zumindest weiß es bald besser. Bei ihm meldete sich Dr. Detlev Renatus Rüger, Kölner Makler und Baulöwe. Rüger signalisiert Imhoff Interesse an einer Betriebsaufteilung bei Stollwerck. Danach soll dieser die Schokoladenfabrik führen, während Rüger mit entsprechender Wertabgrenzung die Grundstücksverwaltung übernehmen möchte. Mit diesem Ansinnen enthüllt der Makler sein eigentliches Interesse an Stollwerck: Es geht ihm ausschließlich um die als wertvoll erkannten Grundstücke, unter anderem das Haus Hohe Straße in Kölns bester City-Lage, ein Areal in Bremen und vor allem das Fabrikgelände im Severinsviertel – ein beispielloser Komplex in einer deutschen Großstadt.

Was Lois Erdl in der Hauptversammlung Imhoff vorwarf, fällt damit auf seinen Auftraggeber Rüger selbst zurück: »Unser Verdacht geht auch dahin, daß unser Aktionär Imhoff Ziele verfolgt, die nicht unbedingt mit denjenigen übereinstimmen, die die anderen Aktionäre hier verfolgt sehen wollen, um die Gesellschaft nachhaltig nicht nur in die Gewinne zu bringen, sondern sie auch zu erhalten.« Wie Imhoff über Rügers Vorschlag denkt, kann dieser bald in einem Interview der Wirtschaftszeitung ›Handelsblatt‹ nachlesen, ohne sich ausdrücklich erwähnt zu finden: »Ich bin ganz sicher, daß es keiner oppositionellen Gruppe gelingen wird, die Mehrheit von Stollwerck zu erhalten.«

Sosehr solche Spekulationen die Öffentlichkeit beschäftigen, das neue Stollwerck-Management muß sich mit viel schwierigeren Problemen auseinandersetzen. »Plötzlich war da nicht mehr die Deutsche Bank als Großaktionär von Stollwerck, sondern der Außenseiter aus Bullay«, beschreibt Hans Imhoff bedrohliche Reaktionen im Tagesgeschäft, »auf einmal schränkten die Lieferanten ihre Kredite ein.« So läßt der Kölner Direktor der Rewe-Zentrale mehrere Lastzüge mit Zucker stoppen, verbietet das Abladen bei Stollwerck und verlangt vorher die Bezahlung in bar. »Eine Stunde später«, skizziert Imhoff seine Antwort, »habe ich das Geld bar von der Deutschen Bank abholen und im Koffer zur Rewe-Zentrale tragen lassen – etwa 140 000 Mark, um meine Liquidität nachzuweisen.« Nicht weniger zurückhaltend zeigen sich ausländische Lieferanten von Rohstoffen. Maschinenbaufirmen verlangen plötzlich Vorkasse – alles in allem für Imhoff »eine ganz große psychische Belastung«.

Von 7 bis 22 Uhr arbeitet er in seinem Stollwerck-Büro, mittags unterbrochen von einer 45minütigen Schlafpause auf einem Feldbett. »Inzwischen war ich 50 Jahre alt geworden«, schildert Imhoff diese ebenso erhebliche physische Anstrengung, »mit 50 ist ein Sportler ein alter Mann.«

Dabei weiß er von Anfang an: Wenn er die Sanierung nicht schafft, wird dieses Scheitern auch seine geschäftliche und persönliche Existenz vernichten. »Weder war ich in einer Krankenkasse, noch besaß ich irgendwelche Versorgungs- oder Rentenansprüche.«

Das einzige Ziel vor Augen, die Rentabilität von Stollwerck wiederherzustellen, kennt Imhoff keine Besitzstände. Die Vorstandsfahrer müssen ihren Hut nehmen, der Chef steuert höchstpersönlich seinen Wagen – das findet Nachahmer. Gleichzeitig stoppt er ein kostspieliges Täuschungsmanöver: »Stollwerck zahlte im Süßwarenverband höhere Beiträge als nötig, damit die Kollegen den Umsatzrückgang nicht bemerken sollten.«

Bei den weiteren Sanierungsanstrengungen stellt sich dem neuen Management eine zusätzliche Störergruppe in den Weg: die kakaoproduzierenden Länder. Doch trotz dramatischer Preissteigerungen für den Hauptrohstoff schafft Stollwerck im Rumpfgeschäftsjahr 1972 einen Überschuß von 1,1 Millionen Mark, der zum Abbau des Verlustvortrags auf 8,5 Millionen verwandt wird.

Der knochenharte Wettbewerb im Schokoladenmarkt verbietet Imhoff jedes Verzetteln. So trennt sich Stollwerck im März 1973 von seiner Tochter Merkuria Wellpappen GmbH. Hohe Überkapazitäten haben einen starken Preisverfall bei Verpackungsmaterial ausgelöst, den Merkuria nur nach erheblichen Investitionen und Rationalisierungen bestehen kann. Für die Merkuria-Beschäftigten handelt Imhoff befriedigende Konditionen aus. Der Käufer, das Bergisch Gladbacher Bandis und Knopp Wellpappenwerk, garantiert dem Stammpersonl mindestens dreijährige Arbeitsverträge. Solche Entschlüsse kosten Hans Imhoff große Kraftanstrengungen: »Keine akademische Ausbildung zu haben, nicht einmal einen Handelsschulabschluß, machte es mir oft schwer, wichtige wirtschaftliche Entscheidungen mit der nötigen Sicherheit zu treffen.« Doch sein Gefühl für Machbares hilft weiter. Zum alles überschattenden Problem wächst sich die Frage aus: Wie kann Stollwerck künftig rationell produzieren? Noch ist das Unternehmen keineswegs über den Berg. Lassen sich da Investitionen von nahezu 100 Millionen Mark für ein modernes Werk auf der grünen Wiese verantworten? Oder bieten sich Möglichkeiten, auf dem 55 000 Quadratmeter großen Areal im Severinsviertel maßvoll zu erneuern? Hermann Neuhaus plädiert für den vorsichtigen Renovierungsweg. Imhoff dagegen glaubt aufgrund seiner 25jährigen Produktionserfahrung in Bullay an eine gesicherte Stollwerck-Zukunft nur in einem komplett neu konzipierten Werk.

Im Mai 1973 steht eine solche hochmoderne Schokoladenfabrik plötzlich zum Verkauf – und Hans Imhoff greift zu. Die turbulente Transaktion beginnt im Frühjahr 1973. Bei Imhoff meldet sich das Vorstandsmitglied der Hamburger co op-Zentrale AG, Dr. Peter Mohr, mit der provozierenden Frage: »Sind Sie daran interessiert, künftig für 50 Millionen Mark im Jahr Schokoladenprodukte an co op zu liefern?«

Wenige Tage später läßt sich Imhoff in der Hamburger co op-Zentrale das Konzept erläutern: Danach soll die Imhoff Schokoladen- und Pralinenfabrik GmbH in Bullay die für 50 Millionen Mark Aufwand erstellte Euro co op Schokoladen- und Zuckerwarenfabrik in Dortmund erwerben. Im Gegenzug sollen Europas co op-Gesellschaften Schokoladenwaren in großem Umfang vom Dortmunder Werk kaufen. Die 1971 fertiggestellte Fabrik produziert die co op-Hausmarke ›Babette‹, hat jedoch die angepeilte Jahresleistung von 20 000 Tonnen Schokolade nur zu allenfalls 50 bis 60 Prozent erreicht. So sammelten sich in nur eineinhalb Jahren über fünf Millionen Mark Verluste an.

Für co op bedeutet dieser Verkauf zugleich einen weiteren Schritt im unternehmerischen Verzicht auf Eigenproduktion zugunsten einer stärkeren Handelsposition. Imhoff bietet sich mit dem Einstieg in Dortmund ein entscheidender Zeitgewinn bei der Frage des Fabrikneubaus in Köln. Mehr noch aber verheißt die Abnahmegarantie der europäischen co op-Gesellschaften praktisch den Zukauf von Marktanteilen. Dieser Erwerb brächte zu den 100 Millionen Mark der Imhoff-Gruppe und weiteren 100 Millionen Mark Umsatz von Stollwerck aus Dortmund 50 Millionen Mark hinzu.

Der Kaufvertrag, so beobachtet die ›Wirtschaftswoche‹, schreckt die Schokoriege auf »wie Thors Hammer die alten Germanen«. Doch der eigentliche Hammer kommt, bevor Imhoff das Dortmunder Werk am Jahresbeginn 1974 übernehmen soll. Hat die co op-Zentrale zuvor für einen Zeitraum von 20 Jahren Abnahmezusagen über rund eine Milliarde Mark gemacht, kann sie sich jetzt mit Imhoff nicht auf die Lieferpreise einigen. Imhoff ficht den Vertrag sofort an. Im nachhinein analysiert Hans Imhoff den Geburtsfehler des Kontraktes: »Die co op-Dachgesellschaft verfügte keineswegs über die Macht, die inländischen und europäischen co op-Gesellschaften zum Erwerb der Dortmunder Erzeugnisse zu veranlassen.« Damit jedoch büßt der risikoreiche Erwerb einer nicht ausgelasteten Fabrik den entscheidenden Anreiz für Imhoff ein, nämlich mit einem Schlag erhebliches Absatzpotential hinzuzugewinnen. Eine zehnjährige Kette von Prozessen schließt sich an, Imhoff gewinnt alle Instanzen. Doch auch Stollwerck verliert: Ein Jahrzehnt lang ist die renommierte Marke aus den co op-Regalen verbannt – ein schwerer Schlag, denn co op besitzt rund zehn Prozent Marktanteil am deutschen Lebensmittelhandel.

Bald jedoch kann Hans Imhoff froh sein, nicht zusätzlich für einen Produktionsstützpunkt im Ruhrrevier verantwortlich zu sein, denn künftig wird ihn Stollwerck noch mehr fordern. Überraschend erhält Hermann Neuhaus im Frühjahr 1974 von seiner Tante das Angebot, die Geschäftsführung der Herforder Eisenwarenfabrik Sulo zu übernehmen. Neuhaus nimmt diese Chance zur unternehmerischen Selbständigkeit wahr. Damit trägt Hans Imhoff von Mai 1974 an allein die Hauptverantwortung für das Gesunden von Stollwerck.

Der Weggang von Neuhaus klärt die Streitfrage über Renovierung oder Neubau der Stollwerck-Fabrik. Konsequent bereitet Imhoff fortan den Boden für ein neues Produktionswerk. Als hervorragender Standort bietet sich ein Gelände in Köln-Porz mit Autobahnanbindung geradezu an. »Das war eine der wenigen guten Taten des früheren Vorstands«, kommentiert Imhoff, »dort etwa 80 000 Quadratmeter zusammengekauft zu haben, praktisch vis-à-vis der alten Fabrik in der Südstadt und nur knapp acht Kilometer von dort entfernt.«

Ein erbittertes Tauziehen mit der Stadt Köln beginnt. »Die Stadt will das Grundstück kaufen, ich will verkaufen«, bringt Imhoff das Gerangel um das Areal im Severinsviertel in der ›Wirtschaftswoche‹ auf den Punkt, »aber der Preis stimmt nicht.« Für die 55 000 Quadratmeter bietet die Stadt 25 Millionen Mark, Imhoff verlangt 35 Millionen Mark.

Ein höheres Gebot will sich die Stadt teuer abkaufen lassen: Statt nach Porz soll Stollwerck in den Norden nach Chorweiler ziehen. Dort, wo der städtebauliche Betonstumpfsinn das Wohnen zum Hausarrest degradiert, sollen die Planungssünden durch unternehmerische Bußgänge gesühnt werden. Empört wendet sich der Stollwerck-Betriebsrat an den Oberbürgermeister: »Unsere Kollegen wollen nicht nach Chorweiler.« Doch der städtische Oberrechtsrat und Leiter der Planungsgruppe im OB-Büro, Klaus Pankoke, glaubt Strenge demonstrieren zu müssen: »Es gibt ja auch gesetzliche Möglichkeiten, sich zu arrangieren.«

Natürlich erwartet Hans Imhoff nicht seelenruhig die angedrohte Enteignung. Er vollzieht im Sommer 1974 einen entscheidenden Schritt, dessen volle Tragweite erst viel später erkannt wird: Die Stollwerck AG verkauft ihr Betriebsgrundstück und das Verwaltungsgebäude an ihre Tochter Kaspar Bader GmbH & Co. KG. Was es mit dieser Transaktion auf sich hat, mag er jedoch bei der Hauptversammlung am 29. August 1974 im Börsensaal der Industrie- und Handelskammer nicht verraten: »Hier stehen gewichtige und legitime Interessen der Stollwerck AG vor dem Informationsbedürfnis.«

Solchen Vertrauensvorschuß räumen die Aktionäre auch deshalb bereitwillig ein, weil das Stollwerck-Geschäft zufriedenstellend verläuft. Nach einem ausgeglichenen Ergebnis im Bilanzjahr 1973 erzielt Stollwerck selbst im äußerst schwierigen Süßwarenjahr 1974 mit einem branchenweiten Mengenrückgang von 2,3 Prozent und extrem hohen Kakaopreisen unter dem Strich einen positiven Abschluß. Durch den Verkauf des Fabrikgeländes und Betriebsgrundstücks an die Kaspar Bader GmbH & Co. KG kann Stollwerck neben dem Betriebsverlust auch den Verlustvortrag von 8,4 Millionen Mark abtragen – eine wesentliche Voraussetzung für Imhoffs Ankündigung: »Wir wollen für das Jahr 1975 wieder Dividende zahlen.«

Nicht weniger konsequent plant Imhoff die neue Stollwerck-Fabrik. Der Neubau mit den insgesamt erforderlichen Kapazitäten würde 100 Millionen Mark Aufwand erfordern, doch diese Investitionssumme übersteigt die Möglichkeiten von Stollwerck. Deshalb entscheidet er sich für zwei Möglichkeiten, um anderweitige Produktionsmöglichkeiten mit dem Ziel einer geschrumpften Neubaukapazität zu nutzen. Einmal schließt Stollwerck mit der Hildebrand Kakao- und Schokoladenfabrik GmbH in Berlin einen langfristigen Vertrag über die Lieferung des gesamten Dragee-Sortiments ab. Zum andern kauft Stollwerck die Imhoff Schokoladen- und Pralinenfabrik GmbH und gewinnt damit weitere Herstellungskapazitäten in Bullay.

Zu diesem Zeitpunkt ist die Fabrik an der Mosel mit über 30 Prozent Marktanteil unangefochten die Nummer eins bei Handelsmarken und Konsumschokoladen. Damit richten sich die Marken Stollwerck und Imhoff an unterschiedliche Verbraucherkreise, so daß der Erwerb der Bullayer Fabrik Stollwerck obendrein neue Marktsegmente erschließt.

Von der Westdeutschen Treuhand-Union GmbH in Essen läßt Imhoff ein Wertgutachten erstellen, das einen fairen Kaufpreis für die gut laufende Bullayer Fabrik und die Geschäftsanteile ermitteln soll. Zugleich verpflichtet sich Hans Imhoff vertraglich, das Unternehmen werde zehn Jahre lang jährlich mindestens zwei Millionen Mark Gewinn abwerfen – eine wichtige Zusage für das Testat der Wirtschaftsprüfer. »Diese Garantie haben wir nicht nur eingehalten, sondern übertroffen«, resümiert Imhoff, »noch heute ist das Unternehmen absoluter Marktführer bei Handelsmarken-Schokolade.« Trotzdem bleibt der Kaufpreis eine Million Mark unter dem Ergebnis der Wirtschaftsprüfer, nämlich 17,8 Millionen Mark.

Mehr noch als diese Akquisition interessieren die Aktionäre bei der Hauptversammlung am 4. September 1975 Einzelheiten vom Verkauf des Grundstücks und Fabrikgeländes an die Kaspar Bader GmbH

& Co. KG. Einer Reihe von Gerüchten setzt Imhoff die Tatsachen entgegen: Stollwerck hat das Grundstück für 34,5 Millionen Mark an Kaspar Bader veräußert – und nicht für 50 Millionen, wie Presseberichte verbreiten. Das Verwaltungsgebäude ist für 13,8 Millionen Mark verkauft worden, was einen Gesamtpreis von 48,3 Millionen Mark ergibt. Seither zahlt Stollwerck für die Fabrik bis zum Einzug in ein neues Werk eine marktübliche Miete.

Entscheidend an dieser Transaktion ist jedoch die Tatsache, daß Stollwerck nicht allein Fabrik und Grundstück, sondern praktisch auch die Tochterfirma mitverkauft hat! »Kaspar Bader GmbH & Co. KG ist heute weder rechtlich noch wirtschaftlich als ein Tochterunternehmen der Stollwerck AG anzusehen«, erläutert Imhoff der Hauptversammlung, »die von der Stollwerck AG noch gehaltene Gesellschaftsbeteiligung beträgt im Verhältnis zu den Mitteln der Gesellschaft zirka zwei Promille.« Die Sensation ist perfekt: Stollwerck hat also für Fabrik und Gelände im Severinsviertel einen Käufer gefunden, der fast doppelt soviel bezahlt hat, wie die Stadt Köln bot. Walter Martius, Sprecher der Schutzgemeinschaft der Kleinaktionäre, bewertet diesen Coup kurz und bündig: »Eine Meisterleistung.«

Das Geheimnis, wer denn nun der neue ›Kaspar Bader‹ ist, hat die ›Kölnische Rundschau‹ einen Tag vor der Hauptversammlung gelüftet. Es ist Imhoffs großer Gegenspieler bei Stollwerck, der Kölner Makler Dr. Detlev Renatus Rüger. Kurz bevor die Stadt das Areal zum Sanierungsgebiet erklärt, vermietet es Rüger an die Auto Union AG Saarbrükken. Doch deren Mietzahlungen von 460 000 Mark im Monat bringen ihm gerade die Zinsen für die Kaufsumme ein.

Damit beginnt erneut der Poker um das Stollwerck-Gelände – diesmal mit Rüger statt Imhoff auf der Anbieterseite. »Nur wenn es die Stadt für notwendig und sinnvoll hält, einen Teil oder das ganze Stollwerck-Gelände für ihre Zwecke zu übernehmen«, steckt Rüger seine Position ab, »bin ich bereit, das Areal an die Stadt zu veräußern – natürlich wenigstens zum Einstandspreis.« Der liegt freilich nicht bei den 25 Millionen Mark, die Köln Imhoff zu zahlen bereit war, sondern bei exakt 48,3 Millionen Mark.

Das Etikett Meisterleistung verdient diese Transaktion rundum, wenn man das letzte Glied dieser Kette einbezieht. Die Aktion beginnt mit Rüger, der Aktien kauft, um Stollwerck mit seinen Grundstücken auszuschlachten. Dagegen stützt die Deutsche Bank Hans Imhoff mit ihrem Besitz an Stollwerck-Aktien, weil dieser das Schokoladenunternehmen retten will. Die Stadt Köln versucht Stollwerck mit einem so niedrigen

Grundstückskaufpreis abzuspeisen, daß der Fabrikneubau daran zu scheitern droht. Derweil muß Rüger ohnmächtig mit ansehen, wie Imhoff Stollwerck saniert und ihm zugleich den Erwerb der Aktienmehrheit versperrt. Also versucht Rüger die zweitbeste Chance zu realisieren, nämlich das besonders interessante Fabrikareal im Severinsviertel zu erwerben. Aber Hans Imhoff läßt seinen Widersacher nicht so einfach zum Zuge kommen. Quasi als Schmerzensgeld verlangt er im Gegenzug die rund 36 Prozent Stollwerck-Aktien von Rüger.

Das Ergebnis: Stollwerck erzielt für sein Werksgelände einen exzellenten Preis, und Hans Imhoff ist im Besitz der Aktienmehrheit der Stollwerck AG. Diese Transaktion trägt unverkennbar die Handschrift des versierten Juristen Dr. Hans Rolf.

Der langjährige Außenseiter, Mr. Billigmacher aus Bullay, als neuer Großaktionär eines renommierten Markenunternehmens mit fast 120 Millionen Mark Umsatz: die Aktionäre begrüßen dies einhellig. Walter Martius liefert die einleuchtende Erklärung: »Sie sind, ebenso wie wir, nicht nur an einer gut florierenden Stollwerck AG, sondern auch an guten Ausschüttungen interessiert, das ist steuerlich das Billigste, und somit sitzen wir in einem Boot.« Hans Imhoff bestätigt diese Einschätzung prompt: »Wer das Kreuz hat, der segnet sich. Wir haben den knallharten Willen, die Stollwerck AG nach vorn zu führen, und wir haben den knallharten Willen, wieder Geld zu machen.«

Ein hochgestecktes Ziel, denn Stollwerck steht vor der größten Investition seiner Firmengeschichte. Doch die Finanzierung des Fabrikneubaus im Kölner Stadtteil Porz organisiert Imhoff nicht weniger unorthodox und raffiniert als den Verkauf des Grundstücks in der Südstadt. »Geld von Leckermäulchen. Die Kölner Schokoladenfabrik will mit Hilfe von Zahnärzten ein neues Werk bauen«, betitelt die ›Zeit‹ ihren Bericht über diese Finanzierung, »die aus dem Lehrbuch stammen könnte«. Die Leser erfahren, daß eine Abschreibungsgesellschaft für das nötige Bargeld zum Fabrikneubau sorgt, die Westdeutsche Immobilienfonds Treuhand AG (Witag) in Köln. Die Anregung stammt vom stellvertretenden Aufsichtsratsvorsitzenden Dr. Hans Rolf. Weil gutverdienende Nichtgewerbetreibende wie Zahnärzte, Künstler oder Architekten kaum Abschreibungsmöglichkeiten besitzen, helfen ihnen solche Fonds beim Steuersparen. Dazu erwerben die Freiberufler Anteile und treten als Mitgesellschafter in das Haftungsrisiko ein. Damit wird ihre Einlage zur steuerlich absetzbaren Betriebsausgabe. Diese Beteiligung als Mitunternehmer beschert den Freiberuflern Verlustzuweisungen, die ihr steuerpflichtiges Einkommen mindern. Nach dem Fonds-Ende gilt für die Einlage beim Verkauf nur die halbe Steuerpflicht.

»Sosehr solche Fonds auch für Betrügereien in großem Ausmaß mißbraucht worden sind«, urteilt Imhoff im Rückblick, »unser Fonds war von Anfang an 100prozentig seriös, wir haben unsere Prospektzusagen nicht nur eingehalten, sondern sogar übertroffen.« Der Witag-Fonds Nr. 27 bringt 45 Millionen Mark Bargeld in die Kasse. Da der Bund 7,5 Prozent Investitionszulage zum Fabrikbau beisteuert, das Land Nordrhein-Westfalen weitere 7,5 Prozent aus dem Strukturprogramm hinzulegt und die Stadt Köln neben 9,6 Millionen Mark Umzugshilfe ein zinsloses Darlehen über 10 Millionen Mark auf fünf Jahre gewährt, bleiben im Fonds sogar Mittel für nötige Investitionen in der Berliner Hildebrand-Fabrik übrig, wie sie durch die zusätzlichen Produktionsleistungen für Stollwerck erforderlich geworden sind.

»Das Fonds-Geld brachte gleich mehrere Vorteile«, listet Hans Imhoff auf, »man brauchte dafür keine Sicherheit zu geben, denn die Fonds-Gesellschafter waren im Risiko; außerdem bedeutete es sehr billiges Geld, es kostete etwa 3,5 Prozent im Vergleich zu zeitweise zehnprozentigen Bankzinsen innerhalb der Fonds-Laufzeit; schließlich waren es langfristige Mittel; in praxi belastete dieses Geld nicht die Bilanz, denn es handelte sich um fremde Kapitalanlagen.«

Dieser unkonventionelle Finanzierungsweg fordert jedoch seinen Preis. »Die Auflage des Fonds bedeutete noch einmal einen Rückschlag für unsere Reputation«, taxiert Imhoff die Konsequenzen, »aber in meiner damaligen Unbekümmertheit war mir der entscheidende Vorteil dieser Finanzierung wichtiger: Plötzlich waren wir völlig unabhängig von den Banken, hatten reichlich Geld in der Kasse. Und kein Anleger hat bei uns einen Pfennig verloren – im Gegenteil.« Die Deutsche Bank verhält sich neutral. Noch kann sie nicht sicher sein, daß sich Stollwerck wieder nachhaltig erholt. Damit mindert der Fonds auch ihr Risiko. Imhoff deutet diese Neutralität der Bankiers damals sehr praktisch: »Der Imhoff wird niemals jemanden betrügen, aber er bekommt mehr Luft.«

Als der Stollwerck-Chef seine Mitarbeiter und mehrere hundert weitere Gäste für Freitag, den 18. April 1975, nach Porz zur Grundsteinlegung einlädt, fürchtet er, von seinen Konkurrenten für »verrückt« gehalten zu werden. Unisono beklagen die Mitbewerber Überkapazitäten, gerade hat die Schokoladenfirma Eickmeyer ihre Pforten geschlossen, Eszet in Stuttgart sucht den Vergleich.

Doch Hans Imhoff zweifelt nicht an dem 50-Millionen-Wagnis: »Der Neubau bot die einzige Möglichkeit, die Stollwerck-Produktion auf den technisch modernsten Stand zu bringen.« Da die Stadt Köln inzwischen das Severinsviertel zum Sanierungsgebiet erklärt und eine Veränderungssperre ausgesprochen hat, scheidet eine maßvolle Renovierung der alten Anlagen praktisch aus.

Fünf Mark Herstellungskosten verschlingt die Produktion eines Kilogramms Pralinen in dem alten Gemäuer mit seinem museumsreifen Maschinenpark, Porz soll diese Marge um rund 25 Prozent unterbieten. 8,5 Pfennig kostet die Fertigung einer Tafelschokolade im Severinsviertel, Bullay oder Hildebrand in Berlin schaffen dies für 4,5 Pfennig.

Also in der veralteten Fabrik so lange wie möglich weitermachen und dann Stollwerck zur reinen Vermögensgesellschaft umwandeln? Imhoff weist solche Alternativen in einem Gespräch mit dem ›Kölner Stadt-Anzeiger‹ am Tag der Grundsteinlegung entschieden zurück: »Wir hatten nicht den Nerv dazu, dieses Unternehmen nach 136jähriger Tradition einfach niederzuwalzen, das Geld zu nehmen, uns an den Luganer See zu setzen und zu angeln.« Bei der Grundsteinlegung für den ersten Bauabschnitt verrät der Stollwerck-Chef außerdem seinen Zuhörern, warum er Köln nicht den Rücken kehren möchte: »Ich muß ein paarmal im Monat den Dom sehen, der ist ja nur fünf Kilometer Luftlinie entfernt.«

Lokalpatriotisch wie dieses persönliche Bekenntnis läuft der gesamte Start für das Porzer Werk ab. Drei Flugzeuge kreisen über der Industriestraße, Transparente im Schlepp: »Mer loße Stollwerck in Kölle« – frei nach dem ›Bläck-Fööss‹-Schlager »Mer loße dr Dom in Kölle«. Oberbürgermeister John van Nes Ziegler beantwortet dieses Versprechen: »Mer loße nit von Stollwerck.« In dieser Branchensituation, so der erste Bürger Kölns, gehöre »viel unternehmerischer Mut dazu, eine solche Fabrik zu bauen«.

Hans Imhoff macht sich deshalb selbst Mut in der Urkunde, die eingemauert wird: »Vom neuen Standort Köln-Porz erwartet das Unternehmen günstige Voraussetzungen für seine erfolgreiche Weiterentwicklung.« Der noch vor Jahresende beginnende zweite Bauabschnitt soll die Fabrik mit einem Verteilerzentrum und integriertem Hochregallager für 10 000 Paletten komplettieren.

Während in Porz der Rohbau wächst, legt Imhoff im Severinsviertel das Fundament für die erste Dividende seit fünf Jahren. »Die Talfahrt von Stollwerck ist gestoppt«, versichert Imhoff der ›FAZ‹ zur Jahresmitte 1975, »die akute Krise beseitigt.« Schon zeigen sich die positiven Folgen des Einbringens der Imhoff-Firma in Stollwerck. Verwaltungsaufgaben wie Einkauf, Buchhaltung oder Abrechnung lassen sich nun zentral abwickeln. Vor allem tritt dem Handel fortan ein umsatzstärkerer

Partner mit größerer Verhandlungsmacht gegenüber. Gleichzeitig beruhigt sich die Preisentwicklung auf den Rohstoffmärkten.

Die Weihnachtsüberraschung von Stollwerck fällt 1975 schon auf den 18. Dezember. Auf den Tag genau acht Monate nach der Grundsteinlegung laufen in den vollklimatisierten, hygienisch perfekten Hallen der neuen Porzer Fabrik bereits die ersten Pralinen vom Band, noch dazu in neu gestalteten Packungen. Mit dem zweiten Bauabschnitt ist bereits begonnen worden. Im Frühjahr 1976 liefert der dänische Maschinenbauer Jensen die größte und modernste Eintafelungsmaschine der Welt mit einer Stundenleistung von fünf Tonnen ›Alpia‹-Schokolade.

Die neue Fabrik arbeitet im Rahmen der Aufgabenteilung innerhalb der Imhoff-Unternehmen nicht mehr ›von der Bohne‹, das heißt, sie verarbeitet den Rohkakao nicht selbst. Um diesen zusätzlichen Investitionsaufwand von 20 Millionen Mark in Köln einzusparen, liefert die Berliner Hildebrand-Fabrik Schokoladenmasse in Tankfahrzeugen nach Porz.

Beeindrucken solche Zahlen und Konzepte zumeist nur die Fachleute, wartet Imhoff im Frühjahr 1976 mit einer handfesten Novität beim Publikum auf. Zur Werbezeit erscheint auf dem Bildschirm ein freundlicher Herr mit Halbglatze und Brille. Eine Tafel ›Alpia‹-Schokolade in der Hand, eröffnet er den Fernsehzuschauern: »Ich bin von Stollwerck . . .« Der öffentliche Anonymus ist der Firmenchef selbst – für die Wochenzeitung ›Welt am Sonntag‹ der »letzte Clou in einer Serie unkonventioneller Maßnahmen«.

Hans Imhoff ist auf Empfehlung der Düsseldorfer R.W. Eggert Werbeagentur Fernsehstar geworden. »Anonyme Gesellschaften sind out«, lautete die Diagnose, »die Verbraucher benötigen eine Person, mit der sie sich identifizieren können.« So tritt Imhoff in die Fußstapfen des Onko-Kaffee-Experten und preist die ›Alpia‹ an.

Seit diesem 30-Sekunden-Spot empfindet er Hochachtung für Schauspieler. Für den Halbminutenfilm benötigt der Laiendarsteller im Solinger Atelier nicht – wie leichtfertig geschätzt – fünf Minuten, sondern geschlagene vier Stunden. Seinen sparsamen Monolog zum Anbeißen spult er nahezu hundertmal ab. »Danach fühlte ich mich völlig fertig, ohne viel gesagt zu haben.«

Der Erfolg seines Ausflugs ins Hollywood-Milieu fällt ebenso beeindruckend wie teuer aus. Die im Werbespot auf Anforderung hin versprochene Probierportion ›Alpia‹ wird über eine Million Male abgefordert. Einschließlich Verpackung und Versand kostet jeder dieser Appetithappen weit über zwei Mark. Doch damit nicht genug für Hans Imhoff:

»Ebenso nachhaltig war, daß ich nun häufiger auf der Straße angesprochen wurde: Sie sind doch der Herr Stollwerck . . .« Gleichzeitig mit dem Einakter des Chefs etabliert Stollwerck den bis heute zugkräftigen Werbeslogan: »Stollwerck verwöhnt.«

Im Werbejahr 1977 zieht sich Hans Imhoff in den Souffleurkasten zurück und engagiert als Hauptdarsteller Hennes Weisweiler, den Erfolgstrainer des 1. FC Köln. Jede ›Alpia‹-Tafel enthält fortan das Konterfei eines Bundesligaspielers. Dazu bietet Stollwerck ein Sammelalbum »Deutschland, Deine Bundesliga« an, für das Weisweiler zusammen mit dem Torjäger von Schalke 04, Klaus Fischer, den Text verfaßt.

Die Aktion bringt einen außergewöhnlichen Erfolg, 50 Millionen Sammelbilder gehen an die Konsumenten. Konkurrent Sprengel in Hannover dagegen, der die bevorstehende Fußball-Weltmeisterschaft werbegerecht ins Bild rückt, verliert das Spiel, denn in Argentinien scheidet der amtierende Weltmeister Deutschland rasch aus. Hans Imhoff: »Diese Gefahr hatten wir gesehen, dagegen fasziniert das Thema Bundesliga immer.« Solche Werbeanstrengungen zeigen nachhaltige Erfolge. Eine repräsentative Verbraucherbefragung liefert das hervorragende Ergebnis: 93 Prozent der Bundesbürger kennen die Marke Stollwerck.

Die Hauptversammlung am 30. August 1976 zieht den Schlußstrich unter eine beispielhafte, rund 25 Millionen Mark teure Sanierung. Als sich Hans Imhoff 1971 mit dem Delegieren seines Generalbevollmächtigten Hermann Neuhaus bei Stollwerck einschaltete, standen 6,9 Millionen Mark Verlust in der Bilanz. Nun, im Geschäftsjahr 1975, zieren 6,4 Millionen Mark Gewinn den Abschluß.

Die Personalkosten insgesamt schrumpften von 33 Prozent Umsatzanteil um mehr als die Hälfte auf 15 Prozent – wobei sich die Kosten pro Beschäftigten um 85 Prozent erhöhten.

Von früher rund 1 000 Artikeln im Sortiment sind ganze 100 übriggeblieben, dafür verbesserte sich die Qualität der Stollwerck-Produkte erheblich.

Die Bankschulden des Unternehmens schrumpfen in diesem Jahrfünft von 20 Millionen Mark auf 3,7 Millionen Mark.

Statt in einem Museum wie 1971 mit 14 Fahrstühlen, die noch von Liftboys bedient wurden, produziert die Kölner Traditionsfirma nun in der zur Zeit modernsten Schokoladenfabrik der Branche – parterre.

Nach fünf dividendenlosen Jahren zahlt Stollwerck wieder zwölf Mark pro 100-Mark-Aktie.

»Als ich in diesem Jahr auch die Grundstücke von der Deutschen Bank wieder freibekam«, schildert Imhoff den Durchbruch 1976 aus seinem

Erleben, »schaffte ich auch bei den Meinungsbildnern den Sprung zum solventen Unternehmer, der sich bewährt hatte.«

Die positiven Folgen für den Stollwerck-Chef: »Das bewirkte eine Neuordnung meines persönlichen Umfeldes. Ich kam aus der Hektik heraus, verließ dieses wahnsinnige Belastungsdilemma, brauchte keinen Erfolg mehr vorzuführen – ich war erfolgreich.« Mehr noch: »Bei den Kunden bekam ich das Prädikat der absoluten Vertragstreue, weil Stollwerck die Qualitäten verbesserte, neue Markenartikel erschienen, aktive Mediawerbung betrieben wurde – die ›Alpia‹ somit wieder eine der führenden Markenschokoladen wurde.«

Hans Imhoff, seinerzeit mit 0,11 Prozent Anteil zum Vorsitzenden des Aufsichtsrates und damit zum Chefsanierer gewählt, besitzt inzwischen die Mehrheit von Stollwerck. Sein Bullayer Unternehmen ist in Stollwerck aufgegangen, nun verschwindet auch der Name Imhoff gänzlich von den Produkten.

Mr. Billigmacher ist Mr. Stollwerck geworden. Folgerichtig stellt Günter Seibert, Sprecher der Deutschen Schutzvereinigung für Wertpapierbesitz, einen bedeutsamen Vergleich an: »Franz Stollwerck wurde seinerzeit ›Kamelle-Napoleon‹ genannt. Wir können Herrn Imhoff also ›Schokoladen-Napoleon‹ nennen in Anerkennung seiner Verdienste um diese Gesellschaft.«

Aktionärsvertreter Kurt Fiebich urteilt nicht weniger überschwenglich: »Versprechen sind nicht nur eingehalten worden, sondern sie sind übererfüllt worden.« Auch Fiebich stellt einen Vergleich an: »Ohne den Herren von Daimler-Benz nahetreten zu wollen, möchte ich sagen, daß die unternehmerische Leistung von Stollwerck zweifellos höher einzuschätzen ist als die von Daimler-Benz.« Fiebichs Beleg: »Der Ausgangspunkt sind tiefrote Zahlen gewesen, die Branche ist außerordentlich schwierig. Dagegen verkauft sich ein Mercedes von selbst.« Schon bei der turbulenten Hauptversammlung im Dezember 1972 sei ihm deshalb klar gewesen: »Wenn es Imhoff nicht schafft, kann man Stollwerck begraben.«

Die ›Stuttgarter Zeitung‹ nimmt diese Zäsur in der Firmengeschichte wahr, um die Leser im deutschen Südwesten in einem Porträt mit einer neuen Identität vertraut zu machen: »Herr Stollwerck heißt Hans Imhoff.« Dieser untersetzte, aber quicklebendige Mann, so der Autor, »vertraut auf die Kraft des freien Unternehmers und produziert Schokolade und Pralinen nicht nur, weil dies sein Beruf ist und Geld bringt, sondern er ist auch nach vielen Jahren in dieser Branche ein Leckermaul geblieben«.

Soviel Lob nach Jahren oft unfairer Anfeindungen mag jedem Menschen guttun, um neue Kraft zu schöpfen. Wie beurteilt Hans Imhoff diese Sanierungsleistung im nachhinein? »Zweifel, daß ich es nicht schaffen würde, gab es nicht«, stellt er sein Selbstvertrauen als wichtigen Motor für diesen Kraftakt heraus, »was nicht bedeutet, daß die Gefahr eines Konkurses nicht bestanden hätte, aber ich habe sie total verdrängt.« Da blieb ihm offenbar keine andere Wahl: »Bei einer solch großen Aufgabe vor sich, im Bewußtsein existentieller Probleme im Fall des Scheiterns, an sich selbst zu zweifeln würde die totale Lähmung bedeuten. Da muß man ohne Rücksicht auf Verluste durch – unbeirrt seinen Weg gehen.«

Ein marodes Unternehmen vor dem nahen Ruin zu retten erzwingt schmerzhafte Entscheidungen, verlangt vom Hauptverantwortlichen großes Durchstehvermögen: »Die Frustration, der Widerstand, der Neid von vielen Seiten einerseits und die um ein Vielfaches größere Aufgabe gegenüber Bullay andererseits machten die Phase der Stollwerck-Sanierung zu den allerschwersten Jahren meines Lebens.«

Noch dazu erblindet in dieser Zeit Imhoffs Mutter. »Zu ihr hatte ich ein besonders enges Verhältnis, zeitlebens war sie mir ein kluger Berater«, beschreibt Hans Imhoff seine Zuneigung. Wochenlang besucht er sie jeden Abend nach einem anstrengenden Arbeitstag im Krankenhaus.

Wer gegen massive Widerstände ankämpfen muß, braucht Rückendekkung. »Was mich sehr gestärkt hat«, betont der Stollwerck-Chef, »war mein Verhältnis zu den Banken, insbesondere zur Deutschen Bank. Das Vertrauen in meine persönliche Integrität und Leistungsfähigkeit war spürbar. Natürlich hoffte man dort sehr, daß ich es schaffen würde. Denn wäre die Sanierung von Stollwerck gescheitert, wäre das gleichwohl auf die Deutsche Bank zurückgefallen.«

Sosehr Imhoff emotional mit Köln verbunden ist, während der Stollwerck-Sanierung gilt er in seiner Vaterstadt eher als Fremder, dem ein Karnevalspräsident wegen des Produktionsstopps für »Kamelle« sogar »unkölsches« Verhalten vorwerfen darf. »Was mir damals in Köln geschadet hat«, erklärt Imhoff solche schroffen Reaktionen, »war, daß ich mich aus allen gesellschaftlichen, auch politischen Engagements zurückgehalten habe, seien es Industrie- und Handelskammer, Süßwarenverband oder Handelsgericht, obwohl ich durchaus – erst zögerlich, dann aber verstärkt – darauf angesprochen wurde. Dadurch habe ich mich selbst in eine gewisse Isolation gebracht.«

Doch die Dimension der Rettungsaktion läßt ihm keine Alternative: »Ich habe mit einer Verbissenheit und gnadenlosen Härte gegen mich selbst gearbeitet – nur noch vergleichbar mit dem Neuanfang 1945, allerdings mit dem Unterschied, daß ich inzwischen ein Vierteljahrhundert älter geworden war.«

Wie verkraftete er nach eigenem Ermessen anschließend das brillante Resultat? »In meinem Persönlichkeitsbild dürfte ich mich wohl kaum verändert haben«, bleibt Imhoff bescheiden, »ich habe nicht vom Boden abgehoben, auch bin ich meiner hemdsärmeligen Art treu geblieben, nur daß sich die unternehmerischen Dimensionen vervielfacht haben.«

Als nun die Bilanzzahlen unbestreitbar den nachhaltigen Erfolg belegen, schlagen Hans Imhoff plötzlich Neid und Mißgunst, ja Haß entgegen. Den Anlaß dazu bietet eine Vertragsbedingung zur Gewährung eines zinslosen Darlehens über zehn Millionen Mark der Stadt Köln im Rahmen des Fabrikneubaus. Diese kommunale Finanzhilfe ist an die Bedingung geknüpft, daß Stollwerck eine Mindestbelegschaft von 700 beibehält. Als Imhoff 1971 bei Stollwerck Einfluß zu nehmen beginnt, beschäftigt das Unternehmen 2 011 Menschen. Gemessen am Rationalisierungsstandard der Branche, erscheint die Fabrik im Severinsviertel hoffnungslos überbesetzt.

Zwangsläufig zählen zu den Sanierungserfordernissen also Massenentlassungen. »Natürlich«, beschreibt Hans Imhoff auch Konsequenzen für die verbleibende Belegschaft, »mußte ich an soziale Besitzstände einzelner Mitarbeiter herangehen und die Belegschaft zu ungewohnter Leistung motivieren.« Wo der Chef selbst mit dem Rücken zur Wand steht, bleibt auch für die Beschäftigten wenig Spielraum.

»Manchmal, wenn es früh dunkel wurde und ich durch die riesige alte Fabrik lief«, gibt Imhoff zu, »habe ich echte Sorge gehabt, daß ich einen über den Schädel bekam, denn von Liebe und Verehrung für den Chef, vor allem von großem Respekt wie in Bullay, war herzlich wenig zu spüren.« Ungeachtet aller Widerstände setzt der Stollwerck-Chef jedoch den notwendigen Personalabbau konsequent durch. So arbeiten im Geschäftsjahr 1975 noch 705 Mitarbeiter bei der Stollwerck AG.

Diese Zahl nehmen linksextreme Gruppen aus dem inzwischen zum Sanierungsgebiet erklärten Severinsviertel zum Anlaß, die Einhaltung der Darlehensbedingungen von seiten Stollwercks öffentlich anzuzweifeln. So wird in Anlehnung an die Terrorgruppe Baader-Meinhof und die ehemalige Stollwerck-Tochter Kaspar Bader der diffamierende Begriff von der »Bader-Imhoff-Bande« formuliert.

Ein Unternehmer im Zwielicht? Da steigt das ›Kritische Tagebuch‹ vom dritten Hörfunkprogramm des Westdeutschen Rundfunks im Sommer 1977 gern ein. Das Fernsehmagazin ›Monitor‹ hängt sich an. Nun fragt auch die linksliberale ›Frankfurter Rundschau‹ nach: »Muß Stollwerck Köln Millionendarlehen zurückzahlen?« Das muß Stollwerck zwar ohnehin, der Streit geht vielmehr um den Zeitpunkt, ob in Jahresraten von zwei Millionen Mark oder nun plötzlich auf einen Schlag. Solche Differenzierungen gehen allerdings unter im öffentlich-rechtlichen »Oberschiedsrichtergehabe«.

Vergebens erläutert Hans Imhoff im Fernsehen, in Porz seien über 800 der insgesamt 1 600 Mitarbeiter der Gruppe beschäftigt – im Jahresdurchschnitt 1976 insgesamt 782 Mitarbeiter. So einfach lassen sich die selbsternannt kritischen Medien ihre Chance nicht entgehen, einem Unternehmer das Erschleichen öffentlicher Mittel nachzuweisen.

Als am 15. Dezember 1976 Bürgerinitiativen zwischen sechs und neun Uhr morgens vor dem Porzer Werkstor eine private Volkszählung veranstalten, berichtet das ›Morgenmagazin‹ des WDR-Hörfunks eine halbe Stunde lang über diese Haupt- und Staatsaktion. »WDR ließ sich ein linkes Schoko-Ei ins Nest legen«, wundert sich tags darauf das Kölner Boulevardblatt ›Express‹ über das journalistische Engagement der Kollegen vom Hörfunk. Auch die Regionalsendung des WDR-Fernsehens tischt ihrem Publikum abends auf: »Was hier geschieht, das riecht nicht nur, das stinkt.«

Eines erfahren die Hörer und Zuschauer erstaunlicherweise nicht – die Position des Stollwerck-Betriebsrates. Die Arbeitnehmervertreter nämlich stellen sich klar hinter die Geschäftsführung – und zwar nach akribischer Prüfung: »Aufgrund der Unterlagen und im übrigen aus eigener unmittelbarer Kenntnis können wir bestätigen, daß mehr als 700 Mitarbeiter bei Stollwerck beschäftigt sind.« Die öffentlichen Zählappelle dagegen sind nach Auffassung des Betriebsrates »geeignet, den Betriebsfrieden zu stören, die Belegschaft zu verunsichern, die vorhandenen Arbeitsplätze und die weitere Entwicklung des Unternehmens zu gefährden«. In der Zeitung ›Welt der Arbeit‹ versichert Vorsitzender Heinz Kaune für den Betriebsrat, von dessen elf Mitgliedern zehn der Gewerkschaft Nahrung–Genuß–Gaststätten angehören: »Hier wird nicht mit gezinkten Karten gespielt.«

Die Volkszählung vor dem Stollwerck-Tor nimmt ohnehin groteske Züge an. So vergessen die öffentlich-rechtlichen Kontrolleure bei ihren morgendlichen Aktionen die Schichtdienst-Mitarbeiter, die jeweils erst mittags erscheinen. Ebenso fehlen in ihrer Rechnung Lkw-Fahrer, die Revisoren oder Vertreter, die häufig von ihrer Wohnung aus direkt zum Kunden fahren.

Als sich schließlich auch der Parteitag des SPD-Unterbezirks Köln dieses offenbar populären Themas annimmt, verständigen sich Oberstadtdirektor Kurt Rossa und Hans Imhoff auf das Gutachten eines unabhängigen Wirtschaftsprüfers. Im April 1978 liegt das Ergebnis der Wibera Wirtschaftsberatung AG vor. Stollwerck hat danach eindeutig die Darlehensbedingungen erfüllt. »Eine von linken Gruppen inszenierte Aktion, der vom Westdeutschen Rundfunk erhebliche Popularität verschafft worden war, erwies sich als Schlag ins Wasser«, bewertet der ›Kölner Stadt-Anzeiger‹ dieses Resultat.

Laut Wibera hat Stollwerck allein im Süßwarenbereich (Produktion und Lager) mehr als die von der Stadt geforderten 700 Arbeitsplätze geschaffen, nämlich 800. Hinzu kommen 280 weitere Arbeitsplätze im Vertrieb, zum Teil bei 100prozentigen Stollwerck-Töchtern. Doch diese Vertriebsgesellschaften sind für die Wibera »unabdingbarer Bestandteil einer Süßwarenfabrik«. Schließlich rechnen die Gutachter weitere 58 Arbeitsplätze der Spedition Steckermeier hinzu, ebenfalls eine Beteiligung der Stollwerck-Gruppe. Ergebnis der Wibera-Zählung: 1 189 Arbeitsplätze im Süßwarenbereich.

Allerdings sind noch nicht alle diese Arbeitsplätze besetzt, weil Stollwerck bis zu diesem Zeitpunkt nicht ausreichend Fach- und Hilfsarbeiter anwerben konnte. Aber auch die Zählung der tatsächlich Beschäftigten läßt keinen Zweifel an Stollwercks Vertragstreue zu: Im Durchschnitt des zweiten Halbjahres 1977 ermittelt Wibera 767 Beschäftigte. Nicht berücksichtigt sind dabei solche Arbeitsplätze, die außerhalb des Süßwarenbereichs von der Stollwerck-Gruppe in Porz geschaffen worden sind. »Wir sind eben doch ein feines Unternehmen«, kommentiert Hans Imhoff diesen Befund nach monatelangen imageschädigenden Querelen.

Aus heutiger Sicht bewertet der Stollwerck-Chef diese Darlehensvereinbarung als problematisch. Sie könne ein Unternehmen in eine bedrohliche Zwangslage manövrieren, nämlich bei veränderter Marktlage oder neuen Produktionsmethoden eine inzwischen zu hohe Zahl von Arbeitskräften weiterbeschäftigen zu müssen oder mittelfristig investierte öffentliche Gelder zu gefährden. Was den Streitpunkt anlangt, gibt sich Imhoff sicher: »Der Nachweis von 700 Arbeitsplätzen war niemals gefährdet, aber selbst eine vorzeitige Rückzahlung des Darlehens hätte Stollwerck nicht mehr gefährden können.« Die vorgesehene Rückzahlung erfolgt jeweils vertragsgemäß auf den Tag genau – die letzte Rate am 30. Juni 1983.

Für Hans Imhoff und seine Unternehmensgruppe ist damit das Kapitel ›Stollwerck-Umzug aus dem Severinsviertel‹ abgeschlossen, für die Stadt Köln noch keineswegs. Obwohl weder Imhoff noch das Unternehmen

Stollwerck dafür Verantwortung tragen, verbindet sich der Name Stollwerck in den folgenden Jahren zwangsläufig mit teilweise skandalösen Vorgängen im ersten deutschen Sanierungsgebiet nach dem neuen Städtebauförderungsgesetz: dem Kölner Severinsviertel.

Der Kölner Journalist Engelbert Greis hat die politischen Querelen um das alte Fabrikgelände 1986 in einer brillanten Analyse, »Die Stollwerck-Story«, aufgearbeitet. Greis beschreibt die Ausgangslage, nachdem Imhoff das Fabrikgelände in die Kaspar Bader GmbH & Co. KG eingebracht und diese ehemalige Stollwerck-Tochter ihren Besitzer gewechselt hat: »Multimillionär Dr. Rüger, Chef eines riesigen Immobilien-Dienstleistungs-Imperiums, aber soll mit seinem Grundstück nicht glücklich werden. Da das Areal nur drei Tage nach dem Kaufvertrag als Sanierungsgebiet rechtskräftig wird, kann er auf dem so kostbaren Gelände nicht das tun, was er damit vorhatte.« Rüger hat sich verkalkuliert. Schließlich muß er an die Stadt verkaufen und verliert dabei 9,3 Millionen Mark. »Das ist mein Anteil als Kölner Bürger an der Sanierung«, beweist Rüger gegenüber der Presse Galgenhumor.

Fortan liegt der Schwarze Peter bei der Stadt Köln. Sie schreibt einen Ideenwettbewerb für die künftige Gestaltung und Nutzung des riesigen Geländes aus. Der Hauptpreis einer Jury aus international renommierten Architekten fällt Mitte Dezember 1978 der Planungsgruppe ›dt8‹ aus Köln zu. Leer bei dieser Prämierung geht die Arbeitsgemeinschaft ›Wohnen im Stollwerck‹ aus, die dafür später um so lauter von sich reden macht.

Ihr gehört auch der Architekt Stephan Görner an, einer der Sprecher der Bürgerinitiative Südliche Altstadt (Bisa). Nach der Juryentscheidung bauen sich zwischen den Wettbewerbssiegern und der Bisa unversöhnliche Fronten auf: Die ›dt8‹ plant einen großzügigen Abriß der Fabrik und weitgehend Wohnungen in Neubauten; die Arbeitsgemeinschaft ›Wohnen im Stollwerk‹ fordert dagegen den völligen Erhalt der Produktionshallen und Büroräume, notwendige Veränderungen sollen die künftigen Mieter in Eigenleistung bewerkstelligen.

Doch das zusätzliche Gutachten eines Berliner Planungsbüros läßt die Stadtverwaltung im November 1979 zu dem Ergebnis kommen, »daß der Totalerhalt der Altbauten nicht vertretbar erscheint«. Deshalb sollen 60 Prozent der Fabrikgebäude abgerissen werden, für die übrigen 40 Prozent ist ein Umbau vorgesehen. Aber die Bürgerinitiative gibt sich noch nicht geschlagen und fordert, eine Musterwohnung einrichten zu dürfen. Eine Besprechung der Fraktionsvorsitzenden im Rathaus setzt den 21. Mai 1980 als Abbruchtermin fest und fordert von der Verwaltung, »alle erdenklichen Vorbereitungen zu treffen, um die Besetzung zu verhindern beziehungsweise bereits besetzte Gebäude zu räumen«.

Die Bürgerinitiative erhält die Erlaubnis zum Bau einer Musterwohnung im ersten Stock einer Halle, die im Abrißplan steht.

Daraufhin lädt die Bisa für Sonntag, den 27. April 1980, zu einem Wohnungsbaufest ins Stollwerck-Areal ein. Engagierte, Rocker, Obdachlose – in der ehemaligen Schokoladenfabrik mauert und feiert eine illustre Gesellschaft. Das Happening hinterläßt schreckliche Folgen: 30 Stunden später wird der 13jährige Türke Olgun Osman tot gefunden. Beim Spielen während des Festes in den ungesicherten Hallen ist er in einen 15 Meter tiefen Aufzugsschacht gestürzt. Sofort läßt Rossa den Wohnungsbau stoppen, die Fraktionschefs im Rathaus sprechen sich klar dafür aus, die Musterwohnung nicht vollenden zu lassen.

Am 20. Mai entscheidet der Stadtentwicklungs-Ausschuß für den Abriß. Aber bevor die Bagger anrücken können, haben sich die Protestler in ihrer Musterwohnung verschanzt. »Macht Stollwerck zum Bollwerk«, lautet der Schlachtruf. »Die spektakulärste Fabrik-Besetzung in der Geschichte der Bundesrepublik hat begonnen«, urteilt Engelbert Greis, »bis Mitternacht sind rund 600 jugendliche Besetzer in der Fabrik. Nach den ersten Erkenntnissen der Polizei beteiligen sich wenig später zahlreiche ›Berufsbesetzer‹ aus allen Teilen der Bundesrepublik an der Aktion. Die Vorbereitungen waren eben ausgezeichnet. So ziehen die Bagger wieder ab. Bisa-Flugblätter werben: »Bringt alles mit, was ihr zum Wohnen – Leben – Lieben braucht!« Einstimmig beschließt der Rat der Stadt Köln zwei Tage später den Abriß – und was geschieht?

Zu Pfingsten treffen sich Hausbesetzer aus dem gesamten Bundesgebiet bei Stollwerck, evangelische Pastoren halten auf dem Fabrikhof einen Gottesdienst ab. Die Rolle des Prügelknaben fällt Oberstadtdirektor Rossa zu. »Dafür werde ich sogar bezahlt«, fügt er sich in einem Interview des ›Kölner Stadt-Anzeiger‹ in sein Schicksal. Soll er das Stollwerck-Gelände polizeilich räumen lassen – um welchen Preis?

Im ›Spiegel‹ äußert der SPD-Bundesvorsitzende Willy Brandt zu der Stollwerck-Besetzung, ein solcher Konflikt sei hoffentlich »auf andere Weise als durch die Polizei zu lösen«.

Unterdessen ändert sich die Zusammensetzung der Fabrikbesetzer. Vergewaltigungen geschehen, Selbstjustiz herrscht. Doch die Kölner SPD ist durch ihren internen Zwist gespalten. Die Fraktion beharrt auf Abriß, die Partei ist gegen den Baggereinsatz. SPD-Parteichef Günter Herterich handelt schließlich einen Kompromiß mit den Besetzern aus.

Weiterbau der Musterwohnung, Zurücknahme der Strafanzeigen, Unterbringung der Obdachlosen und Gründung eines kulturellen Zentrums in der Fabrik. Trotz dieser Zugeständnisse randalieren die Besetzer nach ihrem Auszug in der Kölner City.

Der Bau der neuen Stollwerck-Fabrik in Köln-Porz darf als beeindrukkendes Beispiel dafür gelten, was unternehmerischer Mut zu unpopulären, aber zwingenden Entscheidungen bewirken kann. Die Räumungsquerelen um den Altbau im Severinsviertel stellen ein Exempel dafür dar, was durch Unentschlossenheit gegenüber radikalen Minderheiten provoziert werden kann.

Unter dem Flugblatt-Titel »Vorwärts und nicht vergessen« fühlen sich die Besetzer durch solche schwachen Leistungen im politischen Management zu neuen Aktionen ermuntert: »In der Tat hat sich hier ein bißchen die Macht verschoben.«

4.
Aktivitäten außerhalb der Schokolade

»Wenn es morgen keinen Kakao gibt, wissen wir eine Antwort darauf«

Was haben das Kartell der ölexportierenden Länder (OPEC) und der Kakaomarkt gemeinsam? Hans Imhoff zieht diesen Vergleich im August 1974 auf der Hauptversammlung der Stollwerck AG. »Die Versorgung der Bundesrepublik mit Treibstoff und Heizöl auf der Spitze der sogenannten Energiekrise zu Ende des vergangenen Jahres«, rückt er das existentielle Problem der Schokoladenbranche ins Blickfeld, »war ein Kinderspiel gegen das, was sich heute auf dem Gebiet des Rohkakaos abspielt.« Öl und Kakao, beides Produkte, durch die hochempfindliche Industrienationen wie die Bundesrepublik erpreßbar werden?

Imhoffs Zuhörer können diese Gegenüberstellung nur mit ungläubigem Staunen zur Kenntnis nehmen. Noch stehen die Bundesbürger unter dem Schock der ersten Ölpreiskrise. Als Folge des vierten arabisch-israelischen Krieges im Oktober 1973 hat das Kartell der Rohölproduzenten erstmals den Schmierstoff der Weltkonjunktur als Embargowaffe gegen die USA und die Niederlande eingesetzt. Der Ölmarkt ist zugunsten der Verkäufer umgeschlagen: Einseitig setzt die OPEC bis 1974 den Rohölpreis von 2,10 Dollar pro Faß auf 10,46 Dollar herauf.

In der Bundesrepublik ist das Öl mit 55,2 Prozent Anteil am Primärenergieverbrauch längst zum wichtigsten Brennstoff für die Konjunkturlokomotive geworden. Schlagartig erkennen die Politiker die gefährliche Abhängigkeit, in die der so saubere und bequeme Energieträger die deutsche Wirtschaft gelockt hat. Die autofreien Sonntage signalisieren beides: Hilflosigkeit und Kurskorrektur.

Während sich die Bundesrepublik in den Folgejahren mühevoll ihre energiepolitische Handlungsfreiheit zurückerobert, sieht Hans Imhoff die Schokoladenbranche ähnlichen Erpressungsversuchen der Kakaoanbieter hilflos ausgeliefert. Wohl keine andere Industriesparte hängt derart extrem von einem Rohstoff ab wie die Schokoladenhersteller. Die Kakaoverordnung schreibt dieses Genußmittel als zwingenden Bestandteil für Schokoladenartikel vor. Selbst das Fett der Schokoladenmasse darf allein aus diesem Rohstoff stammen, die sogenannte Kakaobutter. Diesen kategorischen Verwendungsvorschriften steht eine nicht weniger exklusive Anbausituation gegenüber. Der Kakaobaum gedeiht einzig in den heißen Zonen der Erde, auf einem rund 1 500 Kilometer breiten Gürtel nördlich und südlich des Äquators. Westafrika, vor allem die Elfenbeinküste, Ghana, Kamerun, Nigeria und Togo, liefern ertragreiche Konsumsorten – fast 70 Prozent des bundesdeutschen Bedarfs. Aus der mittel- und südamerikanischen Heimatregion des Kakaos, aus Ecuador, Kolumbien, Venezuela und Mexiko, stammen Edelkakaosorten, die auch Indonesien anbietet. Rund 220 000 Tonnen Rohkakao verarbeiten die deutschen Süßwarenhersteller im Jahr – existentiell wichtige Importe aus einem Dutzend Länder, Tausende von Kilometern entfernt.

Anfang der sechziger Jahre konnten die Abnehmer beobachten, wie die bedeutenden Erzeugerländer ein Produzentenkartell zu schmieden versuchten, die *»Cocoaproducer Alliance«*. War diesem Versuch, Angebot und Preise zu steuern, wenig Erfolg beschieden, versuchten die Erzeugerstaaten seither mit Kakaoabkommen und Lagerbeständen für den Fall von Mißernten ihre Einnahmen zu sichern. Nicht die Witterung allein bestimmt die Erlössituation der Plantagenbesitzer vor allem in Afrika; auch der Staat spielt eine Schlüsselrolle. In Ghana besitzt er das Ankaufsmonopol, und an der Elfenbeinküste legt die Regierung die Ankaufspreise fest.

Den Verkaufspreis bestimmt neben Produzenten, Herkunftsländern und Verarbeitern noch ein Vierter mit: die Börse. Wie sich neben der OPEC der Rotterdamer Spotmarkt entwickelte, beeinflussen die Warenterminbörsen in New York, London und Paris den Kakaomarkt. Lange bevor die Ernten zwischen Oktober und März eingebracht werden, beginnt der Handel mit Rohkakao – auf Termin. Spekulanten nutzen das Interesse der Erzeuger an hohen Erlösen und den nicht geringeren Wunsch der Abnehmer nach günstigen Einkaufskonditionen zum Einsatz ihres Risikokapitals. Sie kaufen bestimmte Mengen Rohkakaos vorgegebener Qualität zu einem künftigen Termin zum Festpreis. Gegensätzliche Hoffnungen bestimmen die Höhe: Der Anbieter wünscht sich den Zukunftspreis über dem dann vorhandenen Marktniveau, der Abnehmer erwartet das Gegenteil. Und der Spekulant setzt darauf, daß die Preise zum Fälligkeitstermin etwa wegen des knappen Angebots nach einer Mißernte weiter steigen. Dann lohnt sich abzuwarten, bevor er den günstig erstandenen Kakao weit teurer an die Verarbeiter verkauft. Diesen komplizierten Marktmechanismus macht Hans Imhoff auf der Stollwerck-Hauptversammlung Ende August 1974 den Aktionären ebenso plastisch wie drastisch deutlich: »Rohkakao ist so teuer wie noch nie zuvor. Dabei ist keineswegs zuwenig Rohkakao vorhanden. Vielmehr machen einige internationale Spekulantengruppen, aber auch unsere Freunde in Westafrika und anderswo aus der Not eine Tugend und bestimmen: Jetzt kostet der Kakao das Zweifache, das Dreifache. Wenn man das mit ansieht, kann man nur Schüttelfrost bekommen.«

Die Schokoladenhersteller im Würgegriff von Anbietern und Anlegern: für einen agilen Unternehmer wie Hans Imhoff bedeutet dies eine unerträgliche Situation. »Ich habe gestern Dutzende Telefonate geführt, nur um den noch fälligen Kakaobedarf zu decken«, läßt er die Kleinaktionäre an den verheerenden Folgen für die Kakaoverarbeiter teilhaben.

Hans Imhoff, der sein Schicksal selbst in die Hand zu nehmen gewöhnt ist, fühlt sich ausgeliefert, um attraktive Chancen geprellt: »Man kriegt die Wut, wenn man weiß, daß in London, New York oder sonstwo ein paar Leute zusammensitzen und den Preis für Rohkakao manipulieren. Dabei verdienen sie oft an einem einzigen Tag mehr als eine gutfunktionierende Schokoladenfabrik in zehn Jahren.«

Ein Ausweg, den die Industrienationen nach der ersten Ölpreiskrise suchen, ihre Bezugsquellen breiter zu streuen und etwa in der Nordsee zu explorieren, bleibt den Schokoladenproduzenten versperrt. Hohe Boden- und Luftfeuchtigkeit, eine gleichmäßige Wärme um 25 Grad Celsius: diese klimatischen Bedingungen begrenzen den Kakaoanbau auf den Äquatorgürtel. In Afrika wächst die Hälfte der Welternte von rund zwei Millionen Tonnen Rohkakao, in Mittel- und Südamerika ein Drittel, den Rest steuern Südostasien und Ozeanien bei. Dagegen scheiterten Versuche in der Ukraine, mit Hilfe von klimaverbessernden Schutzanlagen Kakaobäume zu ziehen.

Für die Bundesrepublik stellt sich das Problem des Rohstoffnachschubs besonders dringlich. Zwar liegt Deutschland mit etwa zehn Prozent des Weltverbrauchs deutlich hinter dem größten Abnehmer, den USA, mit einem Viertel der Ernte. Aber die Kakaoverordnung und das Lebensmittelrecht machen die Abhängigkeit der deutschen Schokoladenbranche vom »braunen Gold« total. Denn anders als Mitbewerber in den USA, Japan, England, Irland und Dänemark dürfen deutsche Firmen Schokolade nicht mit pflanzlichen Fetten herstellen, sondern allein mit dem Fett der Kakaobohne.

Der Einsatz von Fetten der Kokosnuß oder des Palmkerns bedeutet nicht allein einen Preisvorteil bis zu zehn Pfennig pro Tafel Schokolade, er mindert gleichzeitig die Abhängigkeit vom Rohstoff Kakao nachhaltig. Schließlich grenzen die Gaumenwünsche der deutschen Genießer den Kreis der Anbieter ein. Die deutsche Schokoladenindustrie verarbeitet praktisch keinen Rohkakao aus Brasilien, weil dieser zu sauer schmeckt.

Welche Konsequenz zieht Hans Imhoff aus dieser dreifachen Einkesselung durch Klimazonen, Lebensmittelrecht und Geschmacksrichtung? Zunächst sieht es so aus, als würde er in den Chor der Branche einstimmen, Ohnmacht durch lauthalses Klagen zu übertönen. Auf der Hauptversammlung im August 1976 nimmt er kein Blatt vor den Mund: »Am Kakaomarkt sind die Preise in einem Ausmaß gestiegen, das ich nur als idiotisch bezeichnen kann.« 7,10 Mark kostet inzwischen das Kilogramm

Rohkakao aus Ghana, das ein Jahr früher für 2,90 Mark angeboten wurde. Doch es soll noch schlimmer kommen. Ein Jahr später, im Juli 1977, hat sich der Preis für Ghana-Kakao auf 14 Mark verdoppelt. Imhoff macht die Hauptversammlung der Stollwerck AG zum Tribunal. »Früher war die internationale Spekulation der Störenfried für die kontinuierliche und wirtschaftlich vernünftige Preisstellung von Rohkakao«, nennt er die Schuldigen beim Namen, »heute bestimmen einige Bosse in Westafrika und in einigen anderen subtropischen Gebieten, was wir für den Kakao zu zahlen haben.«

Ganz und gar undiplomatisch liest der spätere Konsul von Togo dem Anbieterkartell die Leviten: »Die Regierungen der einzelnen Länder kassieren in unterschiedlicher Höhe 70 oder 80 Prozent des Preises, den wir zu zahlen haben, und der Pflanzer bekommt ein Trinkgeld. In wichtigen Anbaugebieten Westafrikas kann sich der Farmer für den Erlös, den ihm seine Regierung für ein Kilogramm Kakaobohnen bezahlt, zwei Schachteln Streichhölzer oder eine Dose Cola kaufen. Somit fehlt ihm der Anreiz zum Arbeiten, er läßt die Kulturen verkommen und pflanzt nichts Neues an.«

Hans Imhoff schreckt nicht davor zurück, illegale Praktiken anzuprangern: »Die Regierungen tun überdies alles, um die Preise noch weiter in die Höhe zu treiben, indem sie Kontrakte mit den Industrienationen nicht erfüllen, Schiffe nicht beladen oder nicht auslaufen lassen, aber wir stehen mit hängenden Schultern da, und unser Nachtgebet beinhaltet immer wieder den Stoßseufzer an den lieben Gott, die Rohkakaopreise fallenzulassen.«

Doch statt auf Hilfe von oben setzt Imhoff längst auf den eigenen Widerstandswillen. Anders als Rohkakao lassen sich andere wichtige Bestandteile einer Tafel Schokolade in Europa beschaffen: Nüsse in der Türkei, Italien oder Spanien; Mandeln in Italien oder Spanien; Rosinen wiederum am Bosporus. Zucker und Milch schließlich gibt es in deutschen Landen im Überfluß. Deshalb erteilt der Stollwerck-Chef dem Firmenlabor den Auftrag, eine Schokolade praktisch ohne Kakaobestandteile zu entwickeln.

Monatelange Versuche ergeben schließlich ein Produkt, das Schokoladengeschmack vermittelt. Es besteht aus pflanzlichen Fetten, Zucker, Milch, Nüssen, Mandeln und Rosinen. Die Tafel aus der Retorte schmeckt nicht nur fast wie herkömmliche Schokolade, sie sieht auch so aus. Lediglich fünf Prozent Trockensubstanz Kakao bewirken die Schokoladenfarbe. Doch ein solches Verkaufsprodukt würde als Lebensmittelfälschung gelten. Um solche Verwechslungen auszuschließen, verzichtet Stollwerck auf das Einfärben und entscheidet sich für das Produzieren einer weißen Masse, die nach der Kakaoverordnung den Namen ›Süßtafel‹ tragen darf.

Auf dem Höhepunkt des Preisauftriebs bei Rohkakao im Sommer 1977 ist es Stollwerck gelungen, eine Tafel anzubieten, die ein der kakaohaltigen Schokolade vergleichbares Geschmackserlebnis verspricht und die sich unter Einsatz des vorhandenen Maschinenparks herstellen läßt. »Ich wollte einen Fluchttunnel graben«, begründet Imhoff diese einzigartige Initiative innerhalb der Branche, »einen Fluchtweg, der es uns erlaubt, bei extremen Kakaopreisen oder bei Unterbrechung der Versorgung mit Rohkakao aus Ernteländern, viele tausend Kilometer von uns entfernt, den totalen Zusammenbruch unserer Schokoladenproduktion zu verhindern.«

Fachkreise betrachten diese Entwicklung als Sensation. Erstmals bietet sich die Chance, Schokoladenersatz technisch und geschmacklich fast gleichwertig zu produzieren. Bei den Mitbewerbern dagegen vermag das Surrogat nicht eitel Freude auszulösen. Damit die Verbraucher den Unterschied zu konventioneller Schokolade wahrnehmen, entwickelt Stollwerck ein Verpackungsdesign, das die Hauptbestandteile visualisiert: Milch, Trauben, Nüsse. Doch schon bald nach der Markteinführung erwirkt der Kölner Verein gegen Unwesen in Handel und Gewerbe e. V. eine einstweilige Verfügung gegen die Süßtafel wegen Verwechslungsgefahr mit konventionellen Kakaotafeln.

Hans Imhoff kontert ebenso rasch wie raffiniert. Er versieht Vorder- und Rückseite seiner Süßtafel jeweils mit einem stempelförmigen Aufdruck: »Kakaofrei – garantiert«. Doch durch dieses Inhaltsversprechen sehen die Konkurrenten die Süßtafel als Qualitätsprodukt besonderer Güte herausgestellt.

Erneut schreiten die Sittenwächter in Handel und Gewerbe zur Tat, sie monieren den Zusatzstempel. Während die Verbraucher bereits etliche Millionen Male zur Süßtafel gegriffen haben, weil sie, anders als herkömmliche Schokoladentafeln, weniger als eine Mark kostet, muß sich das Landgericht Köln erneut mit dem Surrogat befassen. Anfang Dezember 1978 gibt die Vierte Kammer für Handelssachen Stollwerck recht – aber die Gegner ruhen nicht. Ende Januar 1979 kommt das Kölner Oberlandesgericht zu der gegenteiligen Ansicht, es seien Verwechslungen zu befürchten.

Dieses Urteil bringt Imhoff in einen kaum lösbaren Konflikt. Soll die Süßtafel dem Zweck dienen, einen Fluchtweg aus der Strangulierung durch den Kakaopreis zu eröffnen, muß sie auf den vorhandenen Maschinen für die Produktion von Kakaoschokoladen gefertigt werden – nur dann kann sie im Ernstfall eines Kakaoboykotts gleich vom Band laufen. Damit allerdings ähnelt sie zwangsläufig dem Standardprodukt Kakaotafel.

»Die Front der Tafelschokoladenhersteller war fast geschlossen gegen mich«, beschreibt Imhoff seinen ausweglosen Kampf gegen den Rest der Branche, »meine Argumente, die Kakaoproduzenten auf dem Pfad der Tugend zu halten und die totale Abhängigkeit vom Kakao zu lockern, wurden nicht akzeptiert.«

Doch die Warnung aus den Stollwerck-Labors verhallt offenbar nicht ungehört. An der Londoner Warenterminbörse gibt die Süßtafel aus Köln zeitweise das Tagesgespräch ab, und höchster Besuch aus Westafrika eilt sogar an den Tatort in Köln-Porz. »Ich habe Denkanstöße gegeben und Möglichkeiten aufgezeigt«, resümiert Imhoff, »wer weiß, was morgen sein wird.«

Das Scheitern der Süßtafel ändert jedoch nichts an der richtigen unternehmensstrategischen Entscheidung, Stollwercks Abhängigkeit von Kakaowaren zu lockern. Was Managementberater gern als Diversifikation beschreiben, kennt Hans Imhoff hautnah aus seiner Kindheit: »Mein Großvater war Schlossermeister, und meine Großmutter betrieb im gleichen Haus eine Bäckerei. Wenn ein Bein lahmte, trug das andere.«

Für Stollwerck beginnt am 18. Dezember 1975 eine neue Ära, als im Porzer Werk erstmalig die Maschinen anlaufen. Aber Hans Imhoff gönnt sich keine Verschnaufpause, er setzt neue Unternehmensziele. »Unter dem Gesichtspunkt der Risikostreuung und der vorsichtigen Abwägung der Marktchancen wird ein umfassendes Konzept zur Verbreiterung der unternehmerischen Basis entwickelt und mit seiner Realisierung begonnen«, macht der Geschäftsbericht 1976 die Aktionäre mit der künftigen Richtung vertraut.

Was die Jahresbilanz als aktive Strategie auslobt, klingt für den ersten Diversifikationsschritt ein wenig geschmeichelt. »Halb zog sie ihn . . .« charakterisiert schon treffender die 1976 vollzogene Übernahme der Offset-Druckerei Caesar GmbH in Traben-Trarbach durch die Stollwerck AG.

Die 1901 als Buch- und Akzidenzdruckerei gegründete Gesellschaft hat über Jahrzehnte für die Bullayer Schokoladenfabrik Etiketten hergestellt. Da Imhoff nahezu 80 Prozent der Druckkapazität auslastete, wuchs Caesar mit dem Bullayer Unternehmen. Als der Inhaber Max Heinrich Caesar erkrankt, bietet er Imhoff den Zulieferbetrieb an.

Dieser mag sich zunächst nur schwer mit der Vorstellung anfreunden, in Gutenbergs Fußstapfen zu treten. Aber Caesar besitzt Hunderte von Druckstöcken und Prägeplatten für Etiketten seiner Produkte – ein wichtiges Faustpfand. Als Stollwerck deshalb schließlich Caesar erwirbt, geht Imhoff mit Engagement zur Sache. Eine neue Fabrik wird gebaut, Caesar auf den erforderlichen Leistungsstand gebracht.

Um aus der Größenordnung eines Mittelbetriebs herauszuwachsen, erwirbt Stollwerck im Sommer 1984 die in Schwierigkeiten geratene Hermann Schött AG Offsetdruckerei in Mönchengladbach, die ebenfalls auf Etiketten und Faltschachteln spezialisiert ist. Heute zählen Caesar und Schött zu den modernsten Betrieben der Branche. Die Druckgruppe mit 70 Millionen Mark Umsatz liefert nur noch 20 Prozent ihrer Produktion an den Schokoladenkonzern. Auf der Kundenliste stehen klangvolle Nahmen wie Bahlsen, Colgate, Henkel, Mülhens 4711, Underberg oder Wasa.

Der nach dem Engagement auf dem Drucksektor zweite Diversifikationsschritt führt Hans Imhoff in einer neuen Rolle vor: als Nachwuchsförderer. Der erfolgreiche Unternehmer gibt zwei dynamischen jungen Leuten eine Chance.

Am Anfang steht der Zufall. Freitag nachmittag in der Köln-Deutzer Sauna: Oberst Marohl, bei der Bundeswehr verantwortlich für den Kölner Rheinabschnitt, lädt seinen Schwitznachbarn Imhoff nach einem anregenden Gespräch für den nächsten Morgen zu einer kleinen Schiffsreise auf dem Rhein ein.

An Bord stellt sich dem Stollwerck-Chef ein hochgewachsener junger Mann vor: Bernd Assenmacher, Assistent des Zugleiters im Kölner Karneval, im Hauptberuf nationaler Verkaufsleiter von Alsco, dem weltgrößten Dienstleistungsbetrieb. Das Hauptgeschäft, erklärt Assenmacher, bestehe im Verleasen von Berufskleidung und Hotelwäsche.

»Verdient man denn dabei Geld?« will Imhoff wissen. »Und ob«, gibt Assenmacher zurück. Als Imhoff weiter erfährt, daß es für den 32jährigen bei Alsco praktisch keinen weiteren Aufstieg mehr gibt, lädt er ihn zum Kaffee in sein Stollwerck-Büro ein – und vergißt diese Verabredung schnell wieder.

Doch Assenmacher nicht. Als er nach mehreren Telefonaten schließlich bei einer Tasse Kaffee Imhoff gegenübersitzt, ermuntert ihn dieser nach weiteren Erläuterungen zum Konzept für eine eigene Firma. Zwei Wochen später erscheint Assenmacher in Begleitung seines Alsco-Kollegen Wilfried Hasselbring wieder, und beide beeindrucken ihren Auftraggeber mit einer klaren Konzeption. »Ein solches Unternehmen«, erinnert sich Imhoff an seine Eindrücke, »wies starke Unterschiede zu Stollwerck auf: ein rasch wachsender Markt, das zeigten amerikanische Vergleichsdaten, kein Rohstoffrisiko, anonyme Kundschaft und eine einfache Technik.«

Nach einer weiteren Sitzung mit Hans Rolf zusammen droht das Projekt zu scheitern. »Dreckige Wäsche ist nichts für Stollwerck«, mokiert sich Rolf. Assenmacher giftet zurück: »Ich bin kein Wäscher.« Doch Imhoff hat seinen Entschluß längst gefaßt: »Mir gefielen die beiden Männer, und ich habe sofort einen Fünfjahresvertrag mit ihnen abgeschlossen. Das hatte es vorher noch nie gegeben.«

Dienstleistung erscheint ihm als geeignetes Gegengewicht zum rohstoffabhängigen Konsumprodukt Schokolade. Obendrein hat der Gesetzgeber eben einer Reihe von Unternehmen zur Auflage gemacht, ihren Beschäftigten kostenlos Berufskleidung zu stellen. Gleich neben der neuen Schokoladenfabrik investiert Imhoff deshalb sechs Millionen Mark in den ersten Bauabschnitt eines Produktions- und Verwaltungszentrums mit 4 000 Quadratmetern Nutzfläche.

Bei der Namenssuche für das neue Unternehmen erinnert sich Imhoff einer hochangesiedelten Stollwerck-Marke, die der radikalen Sortimentskürzung zum Opfer gefallen war: Larosé. Seither duftet die Rose aus sauberer Leihwäsche. Blaumänner, Hoteltextilien oder Handtuchrollen durchlaufen eine computergesteuerte Waschstraße, bevor sie bei hohen Temperaturen maschinell getrocknet und geglättet werden.

»Nach drei Jahren mit geplanten Anlaufverlusten wurde die Larosé Hygiene-Service GmbH die bisher einzige Imhoff-Firma, die ihr Budget immer eingehalten und sogar übertroffen hat«, lobt Hans Imhoff die beiden Geschäftsführer – und seine Nase für ihr Können.

Larosé hat sich schon im Kölner Großraum und in Nordrhein-Westfalen eine führende Position erworben, als das Unternehmen zum Jahresanfang 1978 die Berliner Wäschedienst René Gumprecht GmbH übernimmt, mit 118 Beschäftigten und fünf Millionen Mark Umsatz. Das Engagement im Westteil der alten Reichshauptstadt verstärkt Larosé 1983 mit dem Erwerb der Spandauer Mietwäscherei Curt Reichelt & Sohn KG. Inzwischen ist Larosé in Berlin Marktführer. Im Juli 1988 übernimmt Larosé das Unternehmen Julius Becker KG in Trier mit 80 Mitarbeitern, wenig später folgen die beiden Hamburger Firmen Julius Testorp KG und Germania GmbH & Co. KG mit zusammen 150 Mitarbeitern. Schon heute steht Imhoffs Wäscheleasing damit in der vordersten Reihe der deutschen Textilvermieter, eine weitere Expansion in den süddeutschen Raum hinein ist geplant.

Nicht auf einer Rheinfahrt wie im Fall Larosé, aber ebenfalls außerhalb der Dienstzeit stößt Hans Imhoff auf seinen dritten Diversifikationskandidaten für Stollwerck. Bei der Zeitungslektüre im Urlaub fesselt ihn eine Annonce, ein Fleischbetrieb mit Filialkette steht zum Verkauf. Zwei Aspekte schmecken Imhoff auf Anhieb: das Produkt Fleisch und Wurst, nicht weniger der Umstand, daß die Fabrik ihre Erzeugnisse in zwölf Läden selbst vermarktet.

Umgehend beauftragt er den Geschäftsführer der Susi-Süßwarenkette, sich den Kandidaten genauer anzuschauen. Ewald Heinz, der Inhaber, hat seinen Betrieb 1963 als Fleischgroßhandel in gemieteten Räumen der Molkerei Andernach begonnen und fünf Jahre später seine erste Filiale eröffnet. Zehn Jahre nach der Gründung, inzwischen läuft die Produktion in eigenen Fabrikräumen, überschreitet das dynamische Unternehmen die Umsatzschwelle von zehn Millionen Mark.

Die Kerndaten der Heinz Feine Fleisch- und Wurstwarenfabrik GmbH beliefen sich nunmehr auf 27 Millionen Mark Umsatz, 14 Filialen in Rheinland-Pfalz und Nordrhein-Westfalen, 200 Beschäftigte, davon allein 34 mit Meisterbrief, wöchentlich 800 Schweine und 100 Bullen, die zu über 100 Sorten Wurst und 30 verschiedenen Schinkenspezialitäten verarbeitet werden.

Hans Imhoff ist rasch von dieser weiteren Chance zur Risikostreuung im Stollwerck-Konzern überzeugt: »Wenn es im Sommer heiß ist, kaufen die Leute statt Schokolade eben Grillwürstchen.« Selbst wenn es zur heißen Jahreszeit kühl bleiben sollte, verspricht die Rechnung aufzugehen, so vertraut er der Lebensmittelstatistik: »Es wird ungefähr vierzehnmal mehr Fleisch und Wurst gegessen als Schokolade.«

Eine Kalkulation erweist sich jedoch sehr rasch als falsch: Imhoffs Annahme nämlich, Filialkette sei gleich Filialkette, gleich, ob sie Wurst oder Weinbrandbohnen feilbietet. Nach einem Jahr sieht sich Horst Beiderwieden außerstande, Susi und Heinz weiterhin gemeinsam zu betreuen. Einige Monate lang macht Imhoff Borstenvieh und Schweinespeck zum Lebenszweck, »bis zu der Erkenntnis, daß ich mich damit zeitlich und fachlich überfordert hatte«.

Heinz wächst beachtlich. Fünf Jahre nach der Übernahme durch Stollwerck hat sich der Umsatz auf 50,4 Millionen Mark fast verdoppelt, 58 Filialen setzen die hauseigenen Waren ab, die neue Fabrik in Andernach nimmt die Produktion auf. Anfang der achtziger Jahre gerät Heinz in den ruinösen Wettbewerb auf dem Fleischsektor, ausgelöst durch die aggressive Expansion und die Konkurrenz der Verbrauchermärkte beim Absatz.

Doch Imhoff stellt sich der Herausforderung. Auf der Suche nach einem neuen agilen Geschäftsführer für Heinz bleiben zwei vielversprechende Bewerber übrig. Der eine, Hans Werner Ernst, übernimmt die Verantwortung für Heinz, der andere, Klaus Drees, soll eine Geschäftsidee in die Tat umsetzen. Als Metzgermeister hat er in einem Filialbetrieb für hochpreisige Wurstsorten gearbeitet, nun soll er unter dem phantasieweckenden Signet ›Schlaraffenland‹ eine spezielle Ladenkette konzipieren. Über 200 Wurstsorten und Spezialitäten zum Sofortverzehr wie Krustenbraten oder Schlesische Krakauer mit Speckkartoffelsalat wenden sich an anspruchsvolle, aber eilige Konsumenten. 26mal gibt es heute Schlaraffenland an Rhein und Ruhr.

Doch ungeachtet solcher Anstrengungen gerät Heinz in die roten Zahlen. »Alle haben mir 1986 geraten, das Unternehmen dichtzumachen, auch um den Preis erheblicher zusätzlicher Verluste«, beschreibt Imhoff die schwierige Entscheidung, »aber ich habe die Zähne zusammengebissen und bin in die Expansion gegangen.« Inzwischen betreibt Heinz 104 Fachgeschäfte, Frische-Shops und Fachgeschäftstheken, bis 1989 wächst die Zahl der Verkaufsstellen auf fast 150 an. Dann zählt Heinz zu den größten Fleischerfilialisten Deutschlands. Schloß Heinz 1986 noch mit einem siebenstelligen Verlust ab, endet das Geschäftsjahr 1987 mit einem siebenstelligen Gewinn Ernst ist nun einmal ein Crack. Für sein Engagement weiß Hans Imhoff eine überzeugende Erklärung: »Ich identifiziere mich inzwischen mit Fleisch und Wurst ähnlich wie mit Schokolade.«

Imhoffs Bestreben »weg von der Monokultur Schokolade« hat damit im Jahr 1976 zu drei interessanten Diversifikationen geführt: Caesar, Larosé und Heinz. Deshalb plant der Stollwerck-Chef als nächstes ein Dach für diese kakaofremden Aktivitäten. Während eines Abendessens im Spätherbst 1976 macht Rechtsanwalt Hans Rolf seinen Gast Imhoff auf ein Unternehmen aufmerksam, das sich nicht allein bestens für diese Funktion eignet, sondern obendrein als Firma eine *»Okkasion«* darstellt. Zum erstenmal hört Imhoff von Concordia. Eine Zeitungsnotiz hat Rolfs Interesse an der Oberhausener Concordia Chemie AG geweckt. Der Inhalt der Meldung mußte einen kreativen Wirtschaftsanwalt wie Hans Rolf hellhörig machen: Der Berliner Chemiekonzern Schering AG, im Besitz der 54prozentigen Mehrheit an Concordia, plane, seine Aktien zurückzugeben.

Was veranlaßt ein erfolgreich im Markt operierendes Großunternehmen, aus eigenem Antrieb Aktien einzustampfen? Diese Frage läßt Hans Rolf nicht mehr los.

Die ehemalige Bergwerksgesellschaft, so erläutert er Imhoff das Ergebnis seiner Recherchen, habe zu ihren besten Zeiten Oberhausen unterkellert und darbe nun als eigenwillige Mischung aus Immobilienfirma und Chemieunternehmen im Konzernverbund von Schering. Was den reich gewordenen Produzenten von Antibabypillen reite, den Wechselbalg zu verschenken, lasse sich aus den betriebswirtschaftlichen Daten keineswegs ablesen.

Für Hans Rolf nämlich hat das Bilanzbild der Concordia »Faszinationswert«, wie er Imhoff verdeutlicht: »Auf der Aktivseite der Bilanz befindet sich ein größerer Liegenschaftsbesitz mit sehr niedrigen Buchwerten und hoher Liquidität in Form von Wertpapieren und Barguthaben; die Passivseite der Bilanz besteht nach der von Schering vorgeschlagenen Kapitalherabsetzung aus einem Grundkapital von zirka 9,5 Millionen Mark, etwa 15 Millionen Mark Rückstellungen für Pensionsverpflichtungen und zirka 45 Millionen Mark Rückstellungen für Bergschäden.« Die Herabsetzung des Betriebskapitals ist vorgesehen, weil Schering zusammen mit dem Einstampfen seines Aktienpakets einige kleinere Chemiebetriebe aus Concordia herauskaufen will.

Nach der detaillierten Erläuterung der Bilanz folgert Imhoff: »Hier bietet sich eine außerordentliche Chance für eine kreative unternehmerische Konzeption: Auf der einen Seite verspricht Concordia bares Geld, auf der anderen bleiben Rückstellungen für Pensionen und Bergschäden.«

Um solche schwer kalkulierbaren Risiken aus dem früheren Zechenbetrieb besser einschätzen zu können, unternimmt Imhoff einen Ausflug in die Concordia-Geschichte.

Als das Gründerkonsortium 1850 zur Bildung der Bergbau-Gesellschaft Concordia zusammentrat, stand das Ruhrrevier an der Schwelle vom versumpften dörflichen Hinterland zum größten industriellen Ballungsraum Europas. Im Emscherbruch produzierten bereits Eisenhütten und warteten auf Kohlennachschub. Städte wuchsen erst später, teilweise wucherten sie aus Dörfern oder entstanden wie Oberhausen auf der grünen Wiese um eine einsame Bahnstation und ein nahegelegenes Schloß herum. So diente der Concordia als erste Hauptverwaltung ein Raum im Oberhausener Bahnhof.

Die konstituierende Versammlung am 18. November 1850 setzte ihre ganze Hoffnung für eine gute Verzinsung ihres Kapitals von 550 000 Taler in geologische Gutachten. Friedrich Wilhelm Pasche aus Mülheim hatte den wagemutigen Aktionären, so frühe Aufzeichnungen, »mit glücklichstem Erfolg den Kohlenreichtum dieser Heide nachgewiesen«. Erstaunlich genug, denn »bis dahin hatte man entschieden gezweifelt, daß die Lipperheide Kohlenlager enthalte«.

Da die Gründung der Stadt Oberhausen erst zwölf Jahre später folgte, mußte die Gesellschaft ihren Kumpeln eigenverantwortlich Wohnraum bereitstellen. 1857 konnten die ersten 44 Familien einziehen.

Zur Jahrhundertwende förderten 3 226 Kumpel bei Concordia nahezu eine Million Tonnen Kohle. Fünfzig Jahre später erreichte die Oberhausener Gesellschaft ihren Zenit: 5 888 Beschäftigte bargen 1,4 Millionen Tonnen schwarzes Gold aus dem Reviergrund.

Doch seit Mitte der sechziger Jahre qualmten die Schlote im deutschen Wirtschaftswunderland auch ohne immer größeren Kohlenachschub. Eine dicke Ölspur zeichnete den künftigen Energieweg vor, während die Kohlehalden wie Ruinen einer vergangenen Epoche in den grauen Revierhimmel ragten.

Concordia stieg aus, machte einen Deckel auf den Pütt und suchte nach einer neuen Erfolgsformel im Chemiegeschäft. Schering übernahm Concordia, aber die Chemie zwischen beiden stimmte nicht. Bald produzierten die Schwefelsäureanlagen der Oberhausener am Markt vorbei.

Bevor die Berliner das ehemalige Bergbauunternehmen neu ausrichten konnten, holte die Vergangenheit Concordia wieder ein: Pensionsverpflichtungen, sanierungsbedürftige Zechensiedlungen und – bei einer Stadtzeche wie Concordia besonders gefährlich – unkalkulierbare Bergschäden.

In Oberhausen wußte jeder den Spottvers zu skandieren: »Hast du Risse in der Wand, kommt Concordia angerannt.« Die nach Imhoffs späterer Kenntnis »äußerst noble, teilweise dilettantische Praxis« der Schadensregulierung führt bei Concordia zu mehrfach höheren Aufwendungen wie sonst im Revier üblich. Diese verfahrene Situation veranlaßt Schering zur spektakulären Aktienrückgabe, die Hans Rolf hellhörig gemacht hat.

Inzwischen detailliert über Historie und Bilanzrelationen der Concordia im Bild, empfindet Imhoff Rolfs Intention absolut sachgerecht, den Versuch zu unternehmen, Schering das Aktienpaket abzukaufen: »Es dürfte wohl kaum ein Unternehmen geben, das auf ein Geschäft verzichtet, wenn es fünf Millionen statt null verdienen kann.«

Doch es gibt eines – Schering. Offenbar drängt es die Berliner Chemiker um jeden Preis aus diesem Engagement heraus. Ein Verkauf des Aktienpakets würde sie obendrein mit der imagesensiblen Frage konfrontieren: Wie erkläre ich meinem Publikum, daß ich gestern noch großspurig getönt habe, die Anteile entschädigungslos zerreißen zu wollen?

So hält Schering – wider kaufmännische Einsicht – Wort. Auf der

Concordia-Hauptversammlung am 16. Dezember 1976 im Düsseldorfer Hotel ›Rheinstern-Penta‹ stopfen die Berliner ihre 54 Prozent Concordia-Aktien im Nennwert von 11,4 Millionen Mark in den Reißwolf.

Karl Otto Mittelstenscheid, Vorstandsmitglied der Schering AG und Aufsichtsratschef bei Concordia, gesteht ein, daß Concordia »auf absehbare Zeit nicht in der Lage sein wird, unbewältigte Bergbaualtlasten und Risiken aus unternehmerischen Aktivitäten gleichzeitig zu tragen«.

Deshalb verschenkt Schering nicht allein sein Aktienpaket, der Pillenmulti kauft überdies die verlustreichen Chemieaktivitäten für 29,3 Millionen Mark aus Concordia heraus. »Wir fühlen uns – ohne rechtliches Obligo – verpflichtet«, begründet Mittelstenscheid solchen Großmut, »die Concordia von den Belastungen zu befreien, die diese durch das industrielle Engagement übernommen hat und das teilweise nicht den Erwartungen entsprach, da die diesbezüglichen Entscheidungen vom Mehrheitsaktionär mitgetragen wurden.«

Nachdem Schering nun die Concordia-Anteile zurückgegeben hat, bleibt nur eine Möglichkeit, das Oberhausener Unternehmen zu übernehmen. Hans Rolf erläutert seine Strategie: »Wir mußten den allein verbleibenden Minderheitsaktionären mit einem Grundkapital von zirka 9,5 Millionen Mark ein öffentliches Kaufangebot unterbreiten.«

Im Dezember 1976 steht der Kurs der Concordia-Aktie bei etwa 80 für die 100-Mark-Aktie. »Mir war klar«, beschreibt Rolf die Konsequenzen, »daß man bei einem erfolgversprechenden Kaufangebot den Kurs mindestens verdoppeln oder zweckmäßigerweise bei 200 Mark ansiedeln mußte.«

Hans Imhoff ist rasch für diese Vorgehensweise gewonnen und müht sich sofort um eine Unterredung beim Vorstand der Deutschen Bank. Alfred Herrhausen läßt sich in seinem ›Kutscher-Haus‹ am Sonntagmorgen von Rolf und Imhoff das Projekt erklären. Nach eingehender Diskussion verabschiedet er beide mit der Zusage, die Deutsche Bank werde beim Abwickeln des Aktienkaufs hilfreich sein.

So geschieht fünf Tage nach der Concordia-Hauptversammlung etwas Ungewöhnliches, mag es auch in den USA zum Börsenalltag zählen: Über die Tageszeitungen macht Stollwerck den freien Concordia-Aktionären ein Übernahmeangebot.

»Die Stollwerck AG ist daran interessiert, eine Mehrheitsbeteiligung an der Concordia Chemie AG zu erwerben«, heißt es dort, »sie bietet daher den Aktionären der Concordia Chemie AG an, ihre Aktien zum

Preis von DM 200,– je Aktie im Nennwert von DM 100,– zu übernehmen. Das Angebot ist befristet bis zum 20. Januar 1977.« Nun sind die Concordia-Kleinaktionäre am Zug.

»Stollwerck-Angebot überrascht die Börse«, gibt das ›Handelsblatt‹ in seiner Schlagzeile die Stimmung unter den Finanzexperten wieder. Die Nachricht sei an der Düsseldorfer Börse als »geradezu sensationell« empfunden worden: »Von ›sehr generös‹ bis ›überraschend hoch‹ reichten am Montag die Kommentare der Börsianer.« Allerdings gesteht das Wirtschaftsblatt ebenso freimütig ein: »Für die Höhe des Kaufpreises fand man noch keine rechte Erklärung.«

Anders ausgedrückt: Die offizielle Presseerklärung der Stollwerck AG zur Übernahme hat die Profis nicht zufriedengestellt. Dieses Papier ordnete das Vorhaben unter dem »Gesichtspunkt der Vorsicht und Risikostreuung« ein, als weiteren Diversifikationsschritt – denn: »Im klassischen Geschäftsbereich der Herstellung und des Vertriebes von Schokoladenerzeugnissen ist die Gesellschaft in der Zukunft in zunehmendem Maße von den am Weltmarkt stark schwankenden Rohstoffpreisen für Kakao abhängig.« Diese Erkenntnis traf den Kern der Sache und war beim Projekt Süßtafel, bei Caesar, Larosé und Heinz bereits befolgt worden, und doch war es nur die halbe Wahrheit.

Was hat den Mann bewogen, dem bereits beim Anfassen von Briketts kalte Schauer über den Rücken laufen, ausgerechnet eine marode Bergwerksgesellschaft zu kaufen?

Für Hans Imhoff stellt sich die Situation der Concordia folgendermaßen dar: Das Unternehmen verfügt über reichlich 50 Millionen Mark Barmittel, fast 650 000 Quadratmeter Grundbesitz und 1 400 Wohnungen. Dagegen weist die Bilanz Rückstellungen für Pensionen und Bergschäden von rund 55 Millionen Mark aus.

»Der Grundgedanke war, eine Firma zu kaufen«, erläutert Imhoff, »bei der die Nicht-Schokoladenaktivitäten gebündelt werden sollten, aber der Erwerb der Concordia hatte darüber hinaus einen eigenständigen Zweck. Mit der Übernahme von Concordia wurde Stollwerck auf einen Schlag um gut 50 Millionen Mark liquider.«

Concordia, nach dem Verkauf der Chemieaktivitäten an Schering nun eine Vermögensverwaltungsgesellschaft, bietet also bares Geld, um den Preis eines Bergschadenrisikos. Mit Concordia gewinnt Stollwerck unternehmerischen Spielraum. Gegenüber der Deutschen Bank hat Imhoff zuvor versichert, daß er Concordia nicht ausschlachten, sondern in kurzer Zeit wieder in ein dynamisches Unternehmen verwandeln will. »Concordia, ein Sammelbecken für Diversifikationspläne«, bringt die Schlagzeile der ›Börsenzeitung‹ Imhoffs Intentionen auf einen Nenner.

»Das Risiko der Bergschäden war die elementare und alles überschattende Frage«, skizziert Imhoff das unternehmerische Wagnis dieses Erwerbs ungeachtet aller firmenstrategischen Vorzüge. Noch ist Stollwerck nicht aus den schmutzigen Windeln, da mutet Imhoff dem Unternehmen eine riskante Diversifikation zu. Bricht Stollwerck zusammen, wenn der Bahnhof Oberhausen absackt? Natürlich hat Hans Imhoff Gefahren und Chancen vor dem Erwerb nüchtern abgewogen.

Wie bei Stollwerck handelt es sich auch bei Concordia um eine Aktiengesellschaft, und zwar mit einem Kapital von 9,5 Millionen Mark, für das Stollwerck beim Erwerb sämtlicher Aktien maximal 18 Millionen Mark zahlt. Der höchste Betrag also, den die Schokoladenfirma bei katastrophalen Verwerfungen in der Oberhausener City verlieren kann, sind diese 18 Millionen Mark.

In einem solchen Extremfall würde Concordia liquidiert, Stollwerck hätte für zusätzliche Forderungen nicht gehaftet. »18 Millionen Mark Verlust hätte Stollwerck aber damals schon vertragen können, ohne sich ein Bein zu brechen«, resümiert Imhoff die Relation zwischen Verlustgefahr und Gewinnchance, »ich hätte mir ein blutiges Knie geschlagen, aber nicht mehr.«

Die Concordia-Aktionäre vermögen seinem Engagement ohnehin nur gute Seiten abzugewinnen – gleich, ob sie verkaufen oder bei der Stange bleiben. Lag die tiefste Notierung der Concordia-Aktie bei 72, bietet Imhoff beim Kurs 84 für die 100-Mark-Aktie 200 Mark bar auf die Hand an jedem Schalter der Deutschen Bank, ohne Provisionen, Spesen oder Börsenumsatzsteuer.

Dabei macht der Stollwerck-Chef seine Offerte nicht davon abhängig, die Mehrheit zu bekommen: »Wir haben ohne Netz gearbeitet.« Doch er blufft, um ein höheres Gegenangebot von Finanzprofis zu vereiteln, die inzwischen auch den Reiz der Akquisition zu verstehen beginnen. Noch vor Weihnachten 1976 lanciert Imhoff die Nachricht in die Wirtschaftspresse, Stollwerck habe bereits über 90 Prozent der Concordia-Aktien erworben. Tatsächlich ist dieser Stand zwei Wochen später erreicht.

Nun besitzt das Kölner Süßwarenunternehmen die Majorität einer lupenreinen Vermögensverwaltungsgesellschaft mit den wesentlichen Bilanzposten: auf der einen Seite Barmittel, Grundstücke und Gebäude, auf der anderen Rückstellungen für Pensionen und Bergschäden. Das Fachblatt ›Wertpapier‹ begleitet den Start ins neue Concordia-Kapitel Anfang 1977 optimistisch: »Das gute Stollwerck-Management und die

Oben: Grundsteinlegung für das neue Firmengebäude am 18. 4. 1975.
Nachdem die Stadt Köln das umstrittene Severinsviertel zum Sanierungsgebiet erklärt hatte, war eine maßvolle Renovierung der alten Anlagen nicht mehr möglich.
Unten: Durch den Neubau in Porz-Westhofen kann die Stollwerck-Produktion auf den technisch modernsten Stand gebracht werden.

Oben: Gespräche, die von einer hohen Wertschätzung der Partner geprägt sind, bestimmten das Klima während der deutsch-israelischen Verhandlungen. Von links: Dr. Hans Rolf, stellvertretender Vorsitzender der Stollwerck AG, Hans Imhoff, Naftali Blumenthal, Chairman der Koor Industries Ltd., und Knesset-Präsident Menachim Savidor.
Unten: Anläßlich der Einweihungsfeier der modernsten Schokoladenfabrik Israels »Rose of Galilee Chocolate & Candy Industries Ltd.« im November 1986 spricht auch der israelische Außenminister Shimon Peres.

Oben: Außergewöhnlich wie das ganze Joint-venture ist auch der Standort der israelischen Gemeinschaftsfabrik in Safed, nur wenige Kilometer von den Golan-Höhen und von der Grenze zu Syrien und dem Libanon auf einer Höhe von fast 1000 Metern.
Unten: »Ich bin der einzige nichtschweizerische Fabrikant im Mutterland der Schokolade.« In Lugano-Caslano erbaut Hans Imhoff die neue Schokoladenfabrik Alprose.

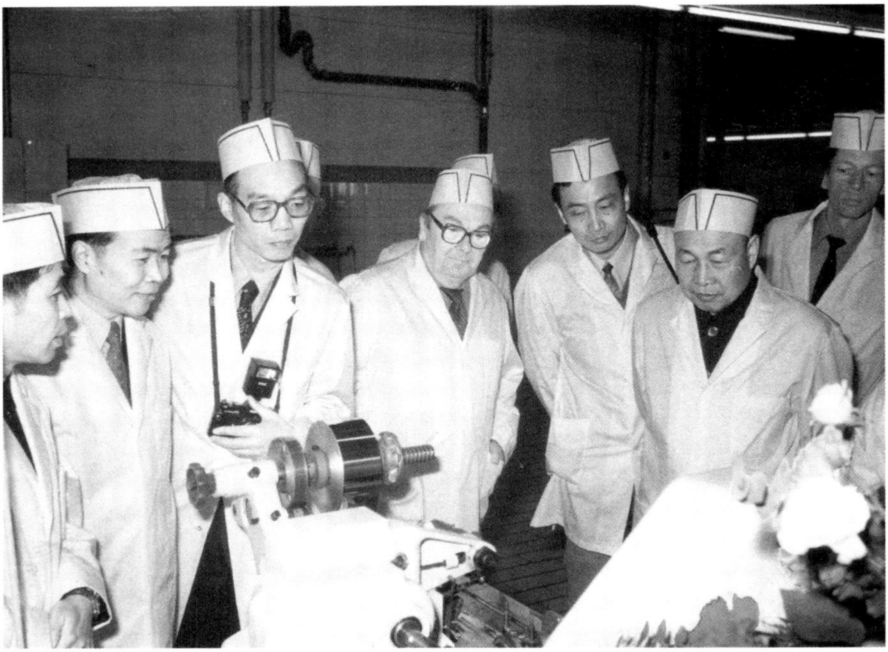

Oben: Stollwerck genießt Weltruf. Eine chinesische Delegation informiert sich über modernste Produktionstechniken.
Unten: Hans Imhoff und der Vizeminister für Leichtindustrie He Zhiha (Mitte).

unerwartet schnelle Eröffnung neuer Zukunftsperspektiven machen einige Hoffnung.« Hans Imhoff rechtfertigt diese Vorschußlorbeeren schon bald mit einer offensiven Strategie bei Concordia. Das Oberhausener Unternehmen soll fortan als Zwischenholding unter der Stollwerck AG für Diversifikationen dienen, damit sich die Stollwerck AG auf das Süßwarengeschäft konzentrieren kann. Zunächst wechselt Imhoff das gesamte Management aus, macht den erfahrenen Stollwerck-Finanzvorstand Ernst Georg Baumbach für das Unternehmen verantwortlich, löst den Aufsichtsrat ab. Die Concordia kehrt mit ihrem Firmensitz von Düsseldorf nach dorthin zurück, wo sie heimisch ist – nach Oberhausen.

Bei der ersten Hauptversammlung der neuen Concordia-Epoche am 8. Juni 1977 bestimmt das Erstaunen der Aktionäre über das honorige Angebot noch die Diskussion. »Nicht der größte Optimist hat jemals dieses großzügige Kaufangebot erwartet«, bringt Kurt Fiebich die Stimmung der Anteilseigner auf einen Nenner, »wir sind in den besten Händen.«

Hans Imhoff ist bereits einen Schritt weiter. Er verspricht, Concordias »unternehmerischen Rahmen zu erweitern und neue Aktivitäten unter dem Dach von Concordia zu etablieren«.

Den Freiraum dazu schaffen eine preußische Haushaltsführung und ein rabiater Kostenabbau. Fortan wird jede Bergschadensmeldung exakt überprüft, bevor Concordia erstattet. Zwar zahlt das Unternehmen zwischen 1977 und 1985 fast 30 Millionen Mark für Bergschäden, aber das hellwache Management weiß die Aufwendungen im Interesse der Anteilseigner zu begrenzen. »Einzelne Bergschadensobjekte wurden im Berichtsjahr endgültig abgerechnet«, heißt es etwa im Geschäftsbericht 1985 selbstbewußt, »dabei konnte erreicht werden, daß ursprünglich gestellte Forderungen von den Anspruchstellern teilweise zurückgenommen wurden.«

Insgesamt gelingt bis 1986 eine Reduktion der Bergschäden von 45 Millionen Mark auf 20 Millionen Mark. Bereits 1978 kann Concordia den ersten Überschuß seit vier Jahren vorweisen. Im Jahr darauf schüttet das Unternehmen nach fünf dividendenlosen Jahren vier Mark je 100-Mark-Aktie an die Anteilseigner aus. Diese Dividende behält Concordia auch 1980 bei, um das mit 23 Prozent magere Eigenkapital zu stärken.

Nach drei weiteren Jahren mit fünf Mark Ausschüttung hat sich das Eigenkapital bereits auf 32 Prozent erhöht. Den Bilanzbericht 1984 überschreibt die ›Neue Ruhr-Zeitung‹ bündig: »Goldregen bei Concordia«. Sieben Mark Dividende und acht Mark Bonus lösen Hans Imhoffs

Versprechen ein, die Ausschüttung klar an der Ertragsentwicklung zu orientieren.

Diesen Kurs bestätigen auch neun Mark Dividende und sechs Mark Bonus im Folgejahr. Der Hauptversammlung rechnet Imhoff vor, was sich seit dem Tiefstkurs der Concordia-Aktie 1976 ereignet hat, nämlich eine Steigerung inklusive Kapitalerhöhung von 1 550 Prozent – von seinerzeit 72 Mark je 100-Mark-Aktie auf nunmehr 560 Mark: »In Köln würde man sagen: Ganz ordentlich!«

Die Konsolidierung erlaubt das Realisieren von unternehmerischen Aktivitäten mit Concordia-Kapital. So erwirbt das Unternehmen von Stollwerck die Heinz Feine Fleisch- und Wurstfabrik GmbH und finanziert den Fabrikneubau in Andernach.

Gleichzeitig versucht sich Concordia auf zwei neuen Tätigkeitsfeldern: dem Weinberg und dem Laufsteg.

Für Hans Imhoff ist »ein Tag ohne Wein ein toter Tag«. Während der Besatzungszeit besaß er einen beachtlichen Weinkeller an der Mosel. Intensiv studierte er den Anbau, die Kultur, die Verarbeitung, »weil ich mit der Ankunft an der Mosel die Liebe zum Wein entdeckt hatte«.

Deshalb läßt er sich rasch für die Idee des Susi-Geschäftsführers Horst Beiderwieden gewinnen, Spezialgeschäfte für Weinkenner einzurichten. Zwei Testläden unter dem Namen »Weincabinet« bieten erlesene Rebsorten und Käsespezialitäten. Doch sie können sich nicht gegen die Konkurrenz der Kaufhäuser und Weinhandelsketten behaupten. Als Hans Imhoff deshalb diesen Versuch nach zwei Testjahren abbricht, nimmt er den Mißerfolg sportlich: »Man muß experimentieren, um nicht auf der Stelle zu treten.«

Nicht weniger bereit zum Probieren zeigt er sich beim Diversifikationsschritt Modegesellschaft DOB mbH: »Das war ein gedanklicher Ausreißer.« Ein junger Textilingenieur, Hans Gasbers, beeindruckt Imhoff so nachhaltig, daß er ihm eine unternehmerische Chance einräumt. Imhoff selbst ist von vornherein klar: »Das ist nicht mein Metier, schon gar nicht DOB – Damen-Ober-Bekleidung.«

Diese mangelnde Identifikation mit dem Produkt macht es dem Mentor schwer, seinen jungen Geschäftsführer in Zeiten dramatischen Strukturwandels auf dem Textilsektor sachgerecht zu unterstützen. Als dieser DOB zu kaufen wünscht, willigt Imhoff deshalb ein – und sieht sich in der positiven Einschätzung des jungen Mannes bestätigt: »Heute floriert die Firma.«

Unterdessen löst Concordia das bei Imhoffs Übernahme gegebene Versprechen ein: »Wir bauen nicht mehr ab, sondern auf.« Sichtbaren

Ausdruck davon geben die Anstrengungen beim Renovieren und Sanieren des Althausbesitzes.

In neun Jahren modernisiert das Unternehmen fast 700 Wohnungen – die Hälfte des Bestandes – mit einem Aufwand von über 35 Millionen Mark, teilweise von der öffentlichen Hand unterstützt.

Doch obwohl diese Maßnahmen in enger Kooperation mit den Mietern und der Stadtverwaltung Oberhausen ablaufen, sieht sich Hans Imhoff bald als Immobilienbesitzer im Kreuzfeuer der Kritik. »Auf öffentlichen Veranstaltungen, bei Demonstrationen, durch Aktivitäten des Fernsehens und der Presse wurde ich immer wieder persönlich angegriffen als Multimillionär, der auf dem Rücken der armen kleinen Leute in Oberhausen Profite macht«, charakterisiert Imhoff die Reaktionen, als die öffentlichen Zuschüsse für die Sanierung im Oberhausener Stadtteil Lirich-Nord auf sich warten lassen und die gesamte Maßnahme verzögern.

Die Interessengemeinschaft »Wir in Lirich-Nord« geht gegen Imhoff auf die Straße und bereitet sich, so die Ankündigung ihrer Sprecherin Gerda Masseling im Wirtschaftsmagazin ›Capital‹, schon auf »den großen Krach mit Stollwerck« vor. Diese Entwicklung beunruhigt Hans Imhoff.

Negative Schlagzeilen, die eine Verbindung von Concordia zu Stollwerck schlagen, treffen den eben sanierten Schokoladenkonzern in seine empfindliche Flanke – sein Image als Markenartikler. »Nachdem linke Gruppen mich in Flugschriften mit dem Kölner Miethai Günter Kaußen verglichen«, beschreibt Imhoff seine Sorge, »fürchtete ich nachteilige Auswirkungen auf Stollwerck und seine Produkte.«

Nicht weniger aber verletzen ihn die Angriffe persönlich. »Ich reagiere dünnhäutig, wenn man mir unrecht tut«, bekennt Imhoff. Er sieht bei Concordia wenig Chancen, seinem Naturell entsprechend den Vorwürfen offensiv mit Taten zu begegnen. Als er zuvor bei der Stollwerck-Sanierung in Köln öffentliche Kritik spürte, trat er allen Gerüchten, er beabsichtige, das Unternehmen auszuschlachten, mit dem Neubau der Fabrik auf der grünen Wiese entgegen – unübersehbares Zeichen seiner langfristigen Expansionsabsichten.

Dagegen bleibt seine Strategie bei Concordia eher defensiv: Innenrenovierung statt Neubau. Freimütig bekennt Hans Imhoff: »Neubau in großem Maßstab war in Oberhausen nicht möglich, weil ich zuwenig davon verstehe.« Ebenso schwer wiegt ein weiterer Umstand: »Ich habe in dem Moment die Lust an Concordia verloren, als ich öffentlich persönlich diffamiert wurde.« Kein Know-how für einen Befreiungsschlag, keine Bereitschaft, sich für dieses unternehmerische Engagement auf Dauer verletzenden Attacken auszusetzen: aus dieser nüchternen Einschätzung zieht der Stollwerck-Chef eine klare Konsequenz. Auf Dauer eignet sich Concordia nicht dazu, als Holding für schokoladenfremde Aktivitäten zu fungieren.

Deshalb veräußert er im Mai 1986 nach fast zehnjährigem Engagement seine 95prozentige Concordia-Beteiligung an die Fides Treuhand GmbH, eine Tochter der Schweizerischen Kreditanstalt.

Hat ihm die Concordia auch die Grenzen seiner Belastbarkeit und seiner Fähigkeit zur Identifikation mit einer unternehmerischen Aufgabe vor Augen geführt, im nachhinein steht Hans Imhoff zu diesem ebenso risikoreichen wie lukrativen Ausflug in die Immobilienbranche: »Es hat mich einfach gereizt, mal ein bedeutendes Geschäft außerhalb der Schokoladenbranche zu machen.«

Und mit einem Schuß Ironie fügt er an: »Meine persönliche Reputation bekam einen gewissen genialen Touch, denn bald merkten einige Leute, daß dies eigentlich ein hervorragendes Geschäft sein mußte – immer unter der Voraussetzung, daß uns die Bergschäden keinen Strich durch die Rechnung machten.«

Zwei Zahlen charakterisieren diese *Okkasion*: Der Erwerb von Concordia brachte Stollwerck auf einen Schlag 50 Millionen Mark zusätzliche Liquidität. Beim Verkauf fast zehn Jahre später macht die Kölner Schokoladenfirma 60 Millionen Mark Gewinn vor Steuern.

»Insgesamt«, resümiert Imhoff deshalb, »war Concordia für Stollwerck ein hervorragendes Engagement, der Mut wurde reichlich belohnt.« Zugleich bietet der Stollwerck-Chef eine eigenwillige Definition für unternehmerische Risikobereitschaft an: »Ich gebe zu, die eine oder andere Nacht wegen der Bergschäden nicht gut geschlafen zu haben, aber trotzdem würde ich heute genauso handeln.«

Die Aufgabe der Concordia als Zwischenholding für Diversifikationsfirmen hatte sich zwischenzeitlich erübrigt. Zum 31. Dezember 1985 strukturierte Imhoff den gesamten Stollwerck-Konzern um. Die Stollwerck AG bildet seither ausschließlich die Muttergesellschaft für Firmen, die Süßwaren erzeugen und vertreiben. Schokoladenfremde Unternehmen wie Heinz, Larosé oder die Druck-Gruppe sind seither in der Imhoff Industrie-Holding GmbH zusammengefaßt.

»Die Lage auf dem Kakaomarkt entspannte sich«, erläutert Imhoff sein fortan geringeres Engagement für Diversifikationen, »durch neue Anbaugebiete vor allem in Brasilien, Malaysia, aber auch Steigerungen der Kakaoproduktion etwa an der Elfenbeinküste haben sich die Versorgungsmöglichkeiten verbessert.«

Außerdem stellen von den Industrieländern finanzierte Puffervorräte (*buffer stocks*) sicher, daß jeweils etwa ein deutscher Jahresverbrauch auf Lager liegt. Diese Reserve dämpft die Preisentwicklung zusätzlich.

Schließlich verändert der im nächsten Kapitel beschriebene Erwerb des Konkurrenten Sprengel in Hannover den Stellenwert des Rohstoffproblems in Imhoffs Firmengruppe. »Sprengel half die Abhängigkeit vom Kakao zu lockern«, skizziert Imhoff die veränderte Situation, »das umfangreiche Marzipanprogramm etwa basiert auf süditalienischen, spanischen oder kalifornischen Mandeln. Und die von Sprengel erfundenen ›Erfrischungs-Stäbchen‹ erfordern Schokolade nur als Überzugsmasse.«

5.
Sprengel, Waldbaur, Eszet im Konzern

»Wir wollen doch mal sehen, ob wir die Marken nicht wieder hochstemmen«

»Herr Imhoff, was sind Sie nur für ein Unternehmer?« Wie von der Tarantel gestochen, ist Birgit Breuel aufgesprungen. Empört wendet sich die niedersächsische Wirtschaftsministerin an den neuen Inhaber der B. Sprengel GmbH & Co.: »Sie können doch nicht in die Jauche springen und erwarten, daß der Staat Sie hinterher parfümiert.« Im Barocksaal der hannoverschen Wirtschaftsbehörde herrscht unter den zwanzig Teilnehmern der Runde einen Moment lang erschreckte Stille.

»Ich habe mich noch nie so schlecht behandelt gefühlt«, erinnert sich Hans Imhoff an diesen Affront auf dem Höhepunkt der Sanierungsanstrengungen bei Sprengel Ende des Jahres 1979. Mit dem Erwerb von Sprengel am 21. Oktober 1979 hat Imhoff seine Position im deutschen Süßwarenmarkt wesentlich gestärkt, ist ihm doch die Etablierung eines national operierenden Schokoladenkonzerns mit renommierten Markenartikeln gelungen. Aber noch stehen ihm kritische Monate bevor.

Die Akquisition von Sprengel in Hannover bedeutet die Marktführerschaft in Norddeutschland. In zwei vorausgehenden Schritten hat Imhoff zuvor Fuß im Südwesten und Süden der Bundesrepublik gefaßt. Bevor die kräfte- und nervenzehrende Sanierung von Sprengel einsetzen kann, haben die Übernahmen der Stuttgarter Nobelfirmen Eszet und Waldbaur Hans Imhoff nicht weniger in Atem gehalten.

Das Produkt ›Eszet-Schnitten‹ ist einmalig auf dem deutschen Markt: hauchdünne Schokoladentäfelchen als Brotbelag. Im Jahr 1933 war die Eszet Kakao- und Schokoladefabrik Staengel & Ziller KG in Stuttgart auf diese Produktidee gekommen. Anfang der siebziger Jahre führt praktisch jedes Geschäft mit Süßwarenangebot im südwestdeutschen und süddeutschen Raum diese Spezialität.

»Das Beste und immer in gleicher Güte.« Diesem Wahlspruch fühlte sich der Konditormeister Ernst Staengel verpflichtet. Am 7. Mai 1857 eröffnete er in Stuttgart eine »Kunst- und Zuckerbäckerei« am Furtbachweg. Im ›Schwarzwälder Boten‹ erfuhr das heimische Publikum bald, was auf Staengels Bestsellerliste stand: »Feine Vanille-Schokolade«, aber auch »Süßholz-Bonbons, für Brust- und Husten-Leidende ein bewährtes Linderungsmittel«.

Seit Staengels Schwager Karl Ziller an der Firma beteiligt war, erhielten die ausgehenden Sendungen zur Kennzeichnung die Anfangsbuchstaben der beiden Inhabernamen: S & Z. Bald wurden sie so geschrieben wie gesprochen: Eszet. 1904 ließ die Firma diesen originellen Schriftzug beim Kaiserlichen Patentamt in Berlin als Warenzeichen eintragen.

Was Imhoff als wesentliches Instrument zur Sanierung bei Stollwerck einsetzte – die Straffung des Sortiments –, hatte bei Eszet Tradition. Die

Söhne des Firmengründers, Otto und Ernst Staengel, entschieden sich 1902 für eine Konzentration der Kräfte, für die Reduzierung des Herstellungsprogramms. Gegen den Widerstand ihres Vaters verzichteten die Junioren auf alle Weihnachts- und Osterartikel. Vier Jahre nach dem Tod des Eszet-Gründers blieben 1919 von zeitweise 500 Produkten noch sechs Sorten Schokolade übrig.

Die ›Schnitten‹-Idee von 1933 sicherte Eszet einen vorrangigen Platz unter den Markenartiklern. Aber nach der Aufhebung der Preisbindung für Schokolade im Jahr 1964 verpaßten die Stuttgarter den Anschluß an neue Entwicklungen auf dem Süßwarensektor.

Die ›Stuttgarter Zeitung‹ spottet am 4. November 1974: »Nachdem im firmeneigenen Garten früher Rehe gegrast hatten, kreist jetzt seit Monaten der Pleitegeier über dem Gelände.«

Noch weisen Umfragen die Marke Eszet als einen der bekanntesten Schokoladennamen im Bundesgebiet aus. »Die Reputation in Stuttgart vor Ort«, betont Hans Imhoff, »war vergleichbar mit Daimler-Benz.«

Aber Renommee kann Management nicht ersetzen. Dem harten Verdrängungswettbewerb auf dem überbesetzten Schokoladensektor vermag Eszet nur Rückzugsgefechte entgegenzusetzen. Die vorherige Herausnahme von Grundstücken aus dem Firmenbesitz hat das Unternehmen seiner Kriegskasse beraubt. So gerät Eszet durch unzeitige Einkäufe von Rohkakao während einer Preishausse in die finanzielle Schieflage.

Im Frühsommer 1974 flüchtet Eszet in die Kooperation mit dem Kaffeeproduzenten Hag AG aus Bremen, der den Vertrieb der ›Eszet-Schnitten‹ übernimmt. Eszet fungiert damit praktisch als Produktionsbetrieb für Hag, denn die ›Schnitten‹ machen 98 Prozent des Umsatzes von 17 Millionen Mark aus. Doch die Partner finden nicht wirklich zueinander. Im Herbst 1974 zieht Hag ein Darlehen kurzfristig zurück mit der Begründung, Eszet habe entgegen der zweckgebundenen Auflage seine Produktion nicht in eine Region mit niedrigerem Lohnniveau verlegt.

Dieser Kapitalentzug bedeutet das Aus für die 117 Jahre alte Schokoladenfirma. Geschäftsführer Gert Staengel stellt am 2. Oktober 1974 beim Stuttgarter Amtsgericht Antrag auf Liquidationsvergleich und meldet beim Arbeitsamt die Entlassung von 140 Beschäftigten an.

Die Nummer 216 des ›Bundesanzeigers‹ vom 19. November 1974 setzt einen bürokratisch nüchternen Schlußpunkt unter die zeitweilig glanzvolle Firmengeschichte: »Über das Vermögen der Kommanditgesellschaft unter der Fa. Eszet Kakao- und Schokoladefabrik Staengel & Ziller, vertreten durch den persönlich haftenden Gesellschafter Gert Staengel, Sitz: 7 Stuttgart-Untertürkheim, Augsburger Straße 275, wurde am

11. November 1974 um 15 Uhr das Vergleichsverfahren zur Abwendung des Konkurses eröffnet.«

Der Vergleichsverwalter Dr. Alfred Thiele streitet zunächst engagiert mit dem Eszet-Kooperationspartner Hag. In einem Vergleich kann Thiele den Bremern die Warenzeichen für 555 000 Mark wieder abtrotzen – das Geld zum Rückkauf stammt von Stollwerck.

Als Hans Imhoff von den Schwierigkeiten bei Eszet hörte, hat er hellwach reagiert: »Für ein Engagement sprachen der gute Name, das einzigartige Produkt ›Eszet-Schnitten‹ und die regionale Stärke im süddeutschen Raum.« Stollwerck bietet Thiele 1,2 Millionen Mark für die Warenzeichen, einen fairen Preis für die Schnitten-Maschinen soll ein unabhängiger Gutachter festlegen.

Bereits dieses erste Treffen endet mit einem kurzen Vorvertrag. Da für Imhoff kein Zweifel an der Gültigkeit dieser Vereinbarung besteht, stellt er einen Verrechnungsscheck über 555 000 Mark aus, damit Thiele das Warenzeichen von Hag zurückerwerben kann.

Doch dann interpretiert der Vergleichsverwalter diesen Vorvertrag mit Stollwerck plötzlich als *Letter of Intend*, also lediglich eine schriftliche Absichtserklärung. Einen Vorvertrag, so seine Argumentation, würde er schon deshalb nicht unterschrieben haben, um den Gläubigerausschuß nicht vor vollendete Tatsachen zu stellen. Allerdings hat ihn solch spitzfindiges Interpretieren nicht daran gehindert, mit dem Stollwerck-Geld das Warenzeichen zurückzukaufen und nun mit Sprengel und einem dänischen Unternehmen Verkaufsverhandlungen aufzunehmen.

Hans Imhoff versteht die Welt nicht mehr: Soll er etwa eine halbe Million Mark an Thiele gezahlt haben, damit dieser die Markenrechte an den Konkurrenten Sprengel verkaufen kann?

Der Poker um das Eszet-Warenzeichen beginnt. Sprengel bietet 1,75 Millionen Mark, Stollwerck hat sich zur Zahlung von 1,2 Millionen Mark verpflichtet. Kostbare Zeit verstreicht, in denen die ›Schnitten‹ nicht am Markt präsent sind. Nach zähen juristischen Auseinandersetzungen gelingt es Hans Rolf, Stollwerck das Warenzeichen zu sichern. »Die Firma Eszet Kakao- und Schokoladefabrik Staengel & Ziller«, so lautet die Vereinbarung vom 23. September 1975, »hat neben den inländischen auch die internationalen Warenzeichen an die Stollwerck AG verkauft.«

Noch am gleichen Tag verweist Stollwerck in einer Presseerklärung auf die fast 15 Millionen Packungen ›Schnitten‹, die noch 1974 abgesetzt wurden, und auf die sich fortan bietenden unternehmerischen Perspektiven: »Damit dürfte sich für Stollwerck eine zusätzliche Chance, besonders in der südlichen Hälfte der Bundesrepublik, ergeben.«

Thieles Poker um die Warenzeichen hinterläßt bei den Gläubigern von Eszet einen bitteren Nachgeschmack. Mitte November muß er ihnen »bedauerlicherweise mitteilen, daß die Bemühungen der Verwaltung, den Liquidationsvergleich erfolgreich zum Abschluß zu bringen, gescheitert sind und die nicht bevorrechtigten Gläubiger mit keiner Quote rechnen können«.

Die ›Frankfurter Allgemeine‹ vom 11. November 1975 steuert neben dem verlorenen Pokerspiel einen weiteren Grund bei: »Das Betriebsgrundstück, für das sich zunächst die benachbarte Daimler-Benz AG interessiert hatte, konnte bislang nicht verkauft werden.« So kommt es im Februar 1976 zur Eröffnung des Konkursverfahrens.

Zur gleichen Zeit stellt Stollwerck auf der Süßwarenmesse in Köln die neuerworbene Marke Eszet vor. »Die Schnitten haben eine freundlichere, verkaufsaktivere Aufmachung erhalten«, urteilt der Korrespondent der ›Süßwaren-Zeitschrift‹. Neben dem etablierten Produkt offeriert Stollwerck zwei Newcomer: ›Eszet-Barren‹ als portionierte Schokolade und ›Eszet Jeans-Cola‹, eine Tafel für jugendliche Konsumenten. Doch beide treffen nicht den Zeitgeschmack.

Dagegen erreicht Imhoff unter Einsatz intensiver Mediawerbung, die ›Schnitten‹ im Westen und Norden der Republik aufzutischen. Lag die Jahresproduktion bei Übernahme der Warenzeichen bei 500 Tonnen, hat sie sich inzwischen verdreifacht.

»Erstaunlicherweise haben die zwischenzeitlich aufkommenden Nuß-Nougat-Cremes als Brotaufstrich die Eszet-Schnitten nicht tangiert – für mich heute noch verwunderlich«, räumt Imhoff freimütig ein, »diese Cremes konnten offenbar einen neuen Markt erschließen, denn das traditionelle Schnitten-Segment nahm parallel zu.«

In den Finger schneiden sich dagegen Stollwerck-Konkurrenten wie Kaba oder Van Houten, die sich vom Eszet-Erfolg eine Scheibe abschneiden wollen. Ihre Plagiate verkümmern rasch in den Regalen.

»Innerhalb des Stollwerck-Konzerns ergab sich durch den Erwerb des Eszet-Warenzeichens ein Synergieeffekt«, resümiert Imhoff den Lohn der Angst im zermürbenden Pokerspiel, »die relativ schwache Destribution von Stollwerck im Südwesten und Süden gewann, und mit einer Reihe von Firmen kamen wir erst ins Geschäft, als wir Eszet-Schnitten im Sortiment hatten.«

Wie Eszet ist auch der zweite Übernahmekandidat Waldbaur eine Stuttgarter Nobelmarke. Zum Sortiment zählen zwei interessante Spezialitäten: der ›Kernbeißer‹, eine Schokolade mit ganzen Nüssen, und die ›Katzenzungen‹, dünne Schokoladenscheiben in Zungenform.

Im Revolutionsjahr 1848 gegründet, hatte Waldbaur das schwäbische Publikum mit »Dampfschokolade nach neuester Pariser Methode« in Erstaunen gesetzt, gemeint war eine Produktion unter Einsatz von Dampfmaschinen. Von 1918 an konzentrierte sich das Unternehmen auf Tafelschokolade, vor allem mit ganzen Nüssen.

Erst 1972 entschloß sich Waldbaur unter dem harten Druck der Konkurrenz zu einem wie in den Anfangsjahren breiteren Sortiment. Weil jede dritte Schokolade laut Marktuntersuchungen an Kinder unter 16 Jahren verschenkt wurde, widmeten die Stuttgarter dieser Zielgruppe besondere Beachtung. Mit seinen ›Katzenzungen‹ verfügte Waldbaur bereits über eine Spezialität unter den Kinderartikeln. Nun kamen ›Bastelhäuser‹ und ›Verkehrskasperl‹ hinzu. »Jung und modern«, paßte sich auch das Firmenmotto diesem Trend an. Doch so optimistisch dieser Slogan klang, er verzerrte die Wirklichkeit.

Mit 380 Mitarbeitern und 60 Millionen Mark Umsatz Mitte der siebziger Jahre fällt es dem Unternehmen immer schwerer, sich der Konzentration im Handel anzupassen, die zu nationaler Distribution zwingt.

Als die Tafelschokoladen von Waldbaur stärker auf die Konsumlinie zutreiben, wertet Hans Imhoff dies als Indiz für wachsende unternehmerische Probleme und nimmt Kontakt zum Gesellschafter Dr. Gerhard Ruisinger auf.

»Bei Eszet ging es um eine außerordentliche Markenspezialität, die Eszet-Schnitten«, vergleicht Imhoff seine Erwerbsmotive, »Waldbaur brachte den Zugewinn neuer Marktsegmente, denn Waldbaur war nicht nur bei Schokolade mit ganzen Nüssen dominant, sondern auch bei Katzenzungen Marktführer.« Von Ruisinger läßt sich Imhoff im Herbst 1976 die Fabrik zeigen und erklärt ihm anschließend freimütig, unter diesen Produktionsbedingungen gebe er Waldbaur keine Überlebenschance. Sein Angebot zielt darauf ab, Ruisinger einen Konkurs zu ersparen und selbst das Warenzeichen zu gewinnen. Für die Markenrechte will der Stollwerck-Chef acht Millionen Mark zahlen. Ruisinger soll dann die Fabrik schließen und soweit nötig Immobilien sowie wertvolle Grundstücke in der Stuttgarter City versilbern, um daraus einen fairen Sozialplan für seine 380 Mitarbeiter zu speisen. Warum Imhoff für dieses Verfahren plädiert, gesteht er offen ein: »Ich wollte nicht das Stigma, Arbeitsplätze zu vernichten.«

Die ›Frankfurter Allgemeine‹ meldet die Übernahme der Markenrechte durch Stollwerck am 13. November 1976 unter der Titelzeile: »Waldbaur hat rechtzeitig aufgegeben« und urteilt im Text: »So hat man sich offenbar für die Produktionseinstellung zu einem Zeitpunkt entschieden, der von Waldbaur noch bestimmt werden konnte, zumal man in Stuttgart mit dem Zusammenbruch der Firma Eszet ein negatives Beispiel vor sich hat.«

Hans Imhoff geht nach bewährtem Rezept an die Sanierungsarbeit: Vom Sortiment bleiben noch 28 Artikel, der ›Kernbeißer‹ erhält eine neue Verpackung und wird mit einem über acht Jahre reichenden Werbeaufwand von 25 Millionen Mark als »Produktpersönlichkeit« profiliert.

Den dritten Übernahmekandidaten nach Walbaur und Eszet, Sprengel in Hannover, betrachtete Imhoff seit der Übernahme von Stollwerck als Intimfeind: Sprengel war Marktführer im Norden, Stollwerck nirgendwo. Sprengel agierte im Markt mit den Allüren eines etablierten Markenartiklers.

»Ich erinnere mich noch gut, als mir der Einkaufschef von Woolworth in den sechziger Jahren erzählte, er habe Sprengel ausgelistet, weil ›diese Snobs‹ – wie er sich ausdrückte – Vorkasse verlangten.« Aber der streitbare Einkäufer mußte Sprengel wieder ins Angebot nehmen, weil ein Woolworth-Kaufhaus weder in Hannover noch in Oldenburg oder Bremen und Hamburg ohne Sprengel-Artikel auskommen konnte.« Sorgsam beobachtete Imhoff die Klassengesellschaft der Markenartikler wie Sprengel, die Sortimente und Preise selbstherrlich festlegten: »Das imponierte mir einerseits gewaltig, andererseits ärgerte es mich.«

Solches selbstbewußte Marktverhalten stellt das mühsame Ergebnis einer bewegten Firmengeschichte dar. Der Gründer Bernhard Sprengel mußte Mitte des letzten Jahrhunderts seinen Kunden noch buchstäblich entgegenkommen: Allmorgendlich bot er an der alten Schleusenbrücke in der Hamburger Vorstadt Harburg Trinkkakao an.

Die hohe Politik bedrohte die Existenz der Firma nur zwei Jahre nach der Gründung 1851. Die Aufhebung des Freihafenrechts für Harburg bedeutete für den Pfarrersohn aus Wollershausen im Harz eine doppelte Erschwernis: Sprengel mußte für seine Rohprodukte und zum zweitenmal für die Fertigfabrikate Zölle zahlen, weil die nahen Absatzmärkte Hamburg und Mecklenburg für das hannoversche Harburg als Zollausland galten. Da andererseits in Hannover ernsthafte Konkurrenz fehlte, dafür aber Zuckerfabriken vorhanden waren, entschloß sich Sprengel zum Umzug an die Leine.

Vier verschiedene Standorte in Hannover bis zur Jahrhundertwende markieren den stürmischen Aufschwung des Unternehmens: Zuerst wurden die 16 Mitarbeiter in gemieteten Räumen des Hauses Celler Straße 12 in der Altstadt untergebracht. 1854 baute Sprengel sein erstes Fabrikgebäude an der Hallerstraße 9.

Als 1870 nunmehr 74 Personen auf den Lohnlisten standen, gab der Firmenchef einen Neubau an der Kronenstraße 6 bis 7 in Auftrag. Sieben Jahre vor seinem Tod konnte Bernhard Sprengel im Herbst 1895 noch den Umzug seiner 370 Betriebsangehörigen in den Nordwesten Hannovers in einen großzügigen Fabrikkomplex an der Schaufelder Straße 29 miterleben.

Das Prädikat eines Hoflieferanten Seiner Majestät des Kaisers zeigte neben diesem Zuwachs an Quantität auch den hohen Stand der Sprengel-Qualität. Französische Chocolatiers gewährleisteten exzellente Produkte. Die Rezepturen seiner Spezialitäten wagte Sprengel nur in einer Geheimschrift niederzulegen.

Schokoladen, Bonbons, Dragees und Kekse: 1896 standen sage und schreibe 1730 Artikel auf dem Produktionsprogramm. Am 19. Juli 1898 fand diese – modern gesprochen – Corporate Identity ihren Ausdruck in einem Warenzeichen: dem Bienenkorb – Symbol für süßen Inhalt, den sprichwörtlicher Fleiß schafft.

Im Rahmen einer konsequenten Straffung des Sortiments verkaufte Bernhard Sprengels Sohn August 1912 die Keksherstellung an Bahlsen und verlagerte den Produktionsschwerpunkt auf Pralinen. Anfang der zwanziger Jahre kam die ›India‹-Mischung auf den Markt, von Dr. Bernhard Sprengel kreiert, dem Vertreter der dritten Eignergeneration. Mit ›India‹ und dem Klassiker ›Maria Theresia‹ reihte sich Sprengel unter die größten deutschen Pralinenproduzenten ein.

Beim 100jährigen Jubiläum 1951 beschäftigte Sprengel 1 000 Menschen und erzielte als bekannter Markenartikler in Norddeutschland 25 Millionen Mark Umsatz.

Zum exzellenten Inhalt kam eine Verpackung von hohem Wiedererkennungswert: Das linke Drittel jeder Verpackung wurde rot eingefärbt, exakt in Sprengel-Orange 30 AY 08 56. Bei einer demoskopischen Umfrage ordneten 56 Prozent der Bundesbürger eine Packung, die ohne jeden Aufdruck nur ihr linkes Drittel rot eingefärbt zeigte, spontan der Marke ›Sprengel‹ zu.

Dieses Corporate Design half, Sprengel über die norddeutsche Region hinaus als nationale Marke mit 50 Millionen Mark Umsatz 1957 und 75 Millionen Mark Umsatz 1963 zu etablieren. Mit erheblichem Aufwand verließ Sprengel das angestammte Feld einer norddeutschen »Kirchturmsmarke« und stieß nach Süden vor. Dies geschah mit finanzieller

Hilfe des weltgrößten Herstellers von Dauerbackwaren, der amerikanischen National Biscuit Company (Nabisco), die 1967 zunächst 49 Prozent der Sprengel-Anteile erworben hatte.

Als Sprengel Anfang 1972 über 15 Prozent Marktanteile erobert hat, übernimmt Nabisco die Mehrheit. »Dr. Bernhard Sprengel verkaufte zum richtigen Zeitpunkt und für viel Geld«, kommentiert Imhoff diese Transaktion. Sprengel gibt zum Zeitpunkt des Besitzerwechsels seinen Umsatz mit 175 Millionen Mark an, jeweils zu 40 Prozent mit Tafelschokoladen und Pralinen erzielt, der Rest entfällt auf Marzipan und Saisonartikel. Außer Sprengel gehören Nabisco in der Bundesrepublik die zwischenzeitlich fusionierten Backwarenunternehmen Harry Trüller aus Celle und Xox in Kleve. Die Hoffnung von Bernhard Sprengel, nach der ermutigenden Verlobungszeit werde Nabisco auch nach der vollen Übernahme die nationale Eigentümlichkeit und den eigenen Stil Sprengels bewahren, soll sich nicht erfüllen.

Als er das Jahresergebnis 1972 vorlegt, gibt sich Sprengel-Geschäftsführer Hans Peter Albrecht betont optimistisch: »Bei Tafelschokolade sind wir jetzt die führende Marke in der Bundesrepublik, bei Pralinen stehen wir an dritter Stelle.« Immerhin gesteht er ein, daß »die Umsatzrendite zu wünschen übrigläßt«.

Hinter den Kulissen kommt dagegen weder Friede noch Freude auf. »Was die Amerikaner ausheckten, erfuhr ich meist aus der Presse«, soll Albrecht später öffentlich erklären. Ständige Kurskorrekturen und Sortimentsänderungen irritieren die Konsumenten, betont amerikanische Managementmethoden brüskieren den Handel.

Im März 1976 wirft Albrecht das Handtuch, der Deutschamerikaner Henry M. Giudice übernimmt die Geschäftsführung in Hannover. Inzwischen nennt Nabisco keine Sprengel-Umsätze mehr, doch die zwischenzeitliche Kurzarbeit spricht für sich. Imhoff verfolgt die Entwicklung beim niedersächsischen Konkurrenten aufmerksam. Doch dem neuen Sprengel-Chef stellt er ein wenig schmeichelhaftes Zeugnis aus: »Giudice mühte sich redlich, aber meistens auf dem Golfplatz.« Sein Lehrjahr bei Sprengel erhebt Giudice wortgewaltig zum »Jahr der Konsolidierung«.

Aus seiner vorausgehenden Beschäftigung als Geschäftsführer der Maple Leaf Chewing Gum Manufacturers GmbH glaubt Giudice zu wissen, was Sprengel noch fehlt: Kaugummi. Deshalb schließt er einen Liefervertrag mit der amerikanischen Life Savers Inc. ab.

Die Hereinnahme dieses Produkts in das noble Sortiment löst in der Branche Kopfschütteln aus. »Für mich war es ein Zeichen von Götterdämmerung bei der Edelmarke Sprengel«, erklärt Hans Imhoff seine Reaktion. Er schreibt kurzerhand dem Nabisco-Chairman Lee S. Bickmore und signalisiert ihm eine elegante Möglichkeit, sich aus dem leidigen bundesdeutschen Engagement zurückzuziehen. Doch die Antwort aus Amerika ist ein schroffes Nein. Noch scheint Nabiscos Leidensfähigkeit nicht erschöpft.

Während Giudice im Frühjahr 1978 von Sprengel behauptet, »wir sind aus der schwierigsten Zeit heraus«, legt Nabisco Xox in Kleve still. Und was von den Beteuerungen des Sprengel-Geschäftsführers zu halten ist, das Unternehmen habe seinen Umsatz von 220 Millionen Mark stabilisiert und erstmals seit Jahren wieder einen kleinen Betriebsgewinn erzielt, erfährt die erstaunte Öffentlichkeit ganze eineinhalb Jahre später. Ansonsten sieht und hört sie vorerst wenig von Sprengel, denn Nabisco spart am falschen Ende – an der Werbung.

Mittlerweile hat Nabisco Giudice, der außergewöhnlich gut verdient, einen Aufpasser an die Seite gestellt. Aus der US-Zentrale ist Robert Jones an die Leine geeilt, damit Sprengel nicht weiter abdriftet – ein drahtiger, charmanter Kleiner mit einem *Pokerface* wie aus einer US-Krimiserie. Zu diesem *Troubleshooter* nimmt Imhoff diskret Kontakt auf.

Als Jones, genannt ›Der Tiger‹, schließlich in Köln auftaucht, gibt er sich betont ahnungslos und fordert Imhoff auf, doch einmal aus seiner Sicht zu schildern, was denn angeblich bei Sprengel so falsch laufe. Selbst nachdem Imhoff seine Version der Misere ebenso lebhaft wie bildreich dargelegt hat, bleibt Jones wortkarg. Man werde vielleicht wieder voneinander hören.

Beim zweiten Treffen nach wenigen Monaten gibt sich ›Der Tiger‹ ebenso einsilbig, diesmal stellt er nur eine Frage: »Mister Imhoff, was sind Sie bereit für die Firma Sprengel zu bezahlen?« Zu diesem Zeitpunkt kennt Imhoff weder eine Bilanz noch den tatsächlichen Umsatz, keinerlei betriebswirtschaftliche Zahlen.

Trotzdem reagiert er blitzschnell: »Für den Markennamen Sprengel zahle ich Ihnen 50 Millionen Mark.« Jones zeigt sich beeindruckt. Aber nach kurzem Überlegen entgegnet er: »Das geht nicht, Sprengel beschäftigt 1 000 Menschen. Sie müssen schon sagen, was Sie für das Unternehmen zahlen wollen.« Doch in diese Falle tappt Imhoff nicht.

Für ihn bedeutet dieses Gespräch den Beginn der Operation »118 GmbH«, so der Deckname für Sprengel bei Stollwerck. Ein internes Dossier charakterisiert die Ausgangslage: »Die ausländische Unternehmensgruppe ist daran interessiert, sich von ihrem Engagement bei der deutschen Unternehmensgruppe zu trennen. Sie möchte jedoch die notwendigen Kontaktaufnahmen und Verhandlungen mit den in Betracht kommenden Interessenten nicht im eigenen Namen führen. Die Veräußerung dieses Engagements soll vielmehr durch die deutsche Unternehmensgruppe selbst im eigenen Namen und für eigene Rechnung erfolgen . . .« Und dann listet das Strategiepapier verschiedene juristische Umwege auf, die nur ein Ziel kennen: Imhoff Sprengel zu sichern.

Besonders schwierig gestaltet sich für den Stollwerck-Chef die realistische Einschätzung des Unternehmenswertes. Nicht allein das nüchterne Taxieren der Grundstücke kostet erhebliche Mühen. Nur einmal erhält Imhoff eines Sonntagabends Gelegenheit, mit Jones als Begleiter und einer Taschenlampe in der Hand durch die dunklen Fabrikräume in Hannover zu hasten. »Nabisco hatte eine panische Angst vor Verkaufsgerüchten«, erklärt er diesen Auftritt als Dunkelmann. Für Stollwerck, bereits wieder in der Gewinnzone, würden Sprengels Verlustvorträge von rund 50 Millionen Mark positiv zu Buche schlagen. Andererseits – das scheint allen Beteiligten klar – wird der überhöhte Personalbestand Entlassungen und damit einen Sozialplan erfordern. Deshalb stellt Hans Imhoff gegenüber Jones in einem Schreiben vom 17. August 1979 klar: »Eine abschließende Stellungnahme zur Frage der Personalübernahme ist heute noch nicht möglich. Uns fehlt sowohl ein Überblick über die personalbezogene Unternehmensstruktur als auch – und dies betrifft naturgemäß vornehmlich das Management – die Kenntnis von den betroffenen Personen und damit die Möglichkeit der Beurteilung ihrer Qualifikation.«

Am gleichen Tag läßt Imhoff Jones zwei Angebote zur Sprengel-Übernahme zustellen. Adressat ist die Nabisco-Zentrale in East Hanover, New Jersey. Imhoff fixiert den Besitzerwechsel für die Tochter im deutschen Hannover: »Die Übernahme ist am 31. 12. 1979/1. 1. 1980 zu vollziehen.«

Doch dann verändert sich plötzlich das Verhandlungsklima. »Wir standen kurz vor dem Abschluß«, beschreibt Imhoff die Situation, »als wir merkten, daß Mister Jones auf einmal bockig wurde.« Sofort kombiniert er, es muß einen weiteren Interessenten geben, und als solcher wiederum kommt nur die Aachener Monheim-Gruppe in Frage.

Am 6. Oktober 1979 setzt das ein, was Nabisco besonders fürchtet, die öffentliche Spekulation über den Verkauf von Sprengel. »Verhandlungen für eine Sprengel-Übernahme verneint haben die Stollwerck-Gruppe in Köln und die Aachener Monhein-Gruppe«, gibt das ›Handelsblatt‹ Brancheninterna wieder, »als möglicher Erwerber in informierten

Kreisen gehandelt werden die beiden Gruppen trotzdem, daneben de Beukelaer, ein niederländischer Zuckerkonzern sowie eine nicht genannte britische Gruppe.«

Sprengel müht sich ungeachtet solcher Gerüchte, *business as usual* vorzuführen. Das laufende Jahr habe »einen befriedigenden Zuwachs« gebracht, teilt die Geschäftsleitung Anfang Oktober mit, der Absatz von Schokolade sei um zwölf Prozent gestiegen. Zum 1. Dezember seien Preiserhöhungen bei Tafelware von acht Prozent und elf Prozent bei Pralinen geplant. Zumindest Darstellungen der Ertragslage in Hannover erspart sich Giudice.

Unterdessen erfährt Hans Imhoff, daß Monheim-Chef Peter Ludwig einen kurzfristigen Abstecher nach den USA plant. Als Imhoff ihn erreicht, läuft das Gespräch über Autotelefon, denn Ludwig fährt bereits zum Flughafen. Die folgende Unterhaltung bleibt das Geheimnis der beiden Schokoladenproduzenten. Soviel zumindest verrät Hans Imhoff: »Ich konnte keineswegs sicher sein, daß Ludwig sich zurückzog.« Im Gegenteil: Kurz darauf sickert durch, Monheim habe zwei Millionen Dollar mehr geboten als Imhoff.

Am 19. Oktober 1979 beweist die ›Frankfurter Allgemeine‹ eine hervorragende journalistische Spürnase. »In Branchenkreisen verdichten sich die Gerüchte, daß die Stollwerck AG in Köln – entgegen früheren Dementis von Firmenchef Imhoff – doch ernsthaft über die Übernahme der Schokoladen- und Pralinenfabrik Sprengel verhandelt«, schreibt das Blatt in seinem Wirtschaftsteil, »es wird angenommen, daß bereits in den nächsten Tagen eine Übernahme-Entscheidung fällt.« Tatsächlich hat Hans Imhoff ein definitives Angebot abgegeben, befristet auf den 20. Oktober 1979, um 15 Uhr. Vertreten läßt sich der Stollwerck-Chef durch Rechtsanwalt Hans Rolf, während Nabisco die Kölner Anwaltskanzlei Boden, Oppenhoff und Schneider eingeschaltet hat. Bis drei Uhr nachmittags also bleibt ›Tiger‹ Jones Zeit, *»yes«* oder *»no«* zur Offerte Imhoffs zu sagen.

Im Chefbüro der Stollwerck AG trainieren Imhoff und Rolf unterdessen unfreiwillig ihre Nerven. Wird Ludwig zum Zuge kommen? Oder ruft Jones an? »Wir haben die Minuten gezählt«, beschreibt Imhoff die Szene.

Und Robert Jones wartet buchstäblich bis zum letzten Augenblick. Als Rolf und Imhoff die nahe Kirchturmuhr zum drittenmal schlagen hören, schrillt das Telefon in der Stollwerck-Chefetage. Jones erklärt, das Angebot sei angenommen. »Bis zuletzt hatte er offenbar auf eine Nachbesserung gewartet«, erklärt Imhoff diese Verhandlungstaktik.

Den restlichen Nachmittag erfordert das Abwickeln des Rechtsgeschäfts in der Kanzlei an der Kölner Burgmauer. Den Vollzug des Kaufvertrages macht Jones davon abhängig, daß Imhoff einen bankbestätigten Scheck über 20 Millionen Dollar übergibt – das geschieht anderntags.

Es ist Freitag, der 21. Oktober 1979, neun Uhr morgens. 128 Jahre nach der Gründung geht Sprengel in den Besitz der Familie Imhoff über. Als Käufer tritt die Berliner Hildebrand Kakao- und Schokoladenfabrik GmbH auf. Damit will Imhoff gewährleisten, daß Stollwerck und Sprengel voneinander unabhängig im Markt operieren können.

Robert Jones reist unmittelbar nach der Vertragsunterzeichnung ab, ohne das Werksgelände von Sprengel wieder zu betreten. Ganze zwölf Jahre amerikanisches Management, sechs Jahre davon unter alleiniger US-Verantwortung, haben ausgereicht, das eingeführte Markenunternehmen mit überzogener Expansion, inkonsequenter Sortimentspolitik, vernachlässigter Werbung und mangelhaftem Vertrieb an den Rand des Ruins zu manövrieren.

Die Sprengel-Mitarbeiter sollen wieder Mut schöpfen können! Dieser Gedanke bestimmt Hans Imhoffs Handeln. Er chartert einen Jet, damit er am Nachmittag um 14 Uhr in Hannover zur Belegschaft sprechen kann. Die Reporter der ›Hannoverschen Allgemeine‹ und der ›Frankfurter Allgemeine‹ beschreiben die emotionsgeladene Szene.

»Noch ehe die Belegschaft kurz vor 14 Uhr mit Sonderbussen aus der Nordstadt in den Vinnhorster Werksbereich gefahren wurde, hatte sich die Verkaufsnachricht wie ein Lauffeuer verbreitet«, heißt es im Lokalblatt, »während die meisten Mitarbeiter in einer ersten Reaktion darüber erleichtert waren, daß befürchtete Massenentlassungen verhindert werden konnten, beschlich viele dennoch ein Gefühl der Unsicherheit beim Gedanken an die Zukunft.«

Ein Techniker legt den Finger in die Wunde: »Bei den Verlusten, die hier mit 1 000 Betriebsangehörigen gemacht worden sind, werden jetzt bestimmt Köpfe rollen, denn so wie bisher wird der Laden kaum weiterlaufen können.« Und eine Arbeiterin aus der Verpackung mag an den Besitzerwechsel noch gar nicht glauben: »Hoffentlich ist das nicht nur eine Beruhigungspille, ehe der große Rausschmiß kommt.«

Als Hans Imhoff gegen 14 Uhr die überfüllte Werkshalle im Brinker Hafen betritt, hat er soeben erstmals das Betriebsgelände bei Tageslicht näher gesehen. Dagegen hätten sich die Amerikaner in einer »Nacht-und-Nebel-Aktion« davongestohlen, bringt Betriebsratsvorsitzender Karl-Heinz Brede die Verbitterung der tausendköpfigen Zuhörerschar auf den Punkt.

Auch in dieser für ihn nicht weniger belastenden Situation bleibt Hans Imhoff seinem Naturell treu. »Ich heiße Hans Imhoff, bin 1,70 Meter groß, wiege 90 Kilo, habe vier Kinder und bin gesund«, stellt sich der neue Sprengel-Besitzer vor, »ich kenne was von der Schokolade und habe bewiesen, daß ich ein Unternehmen wieder in Schwung bringen kann. Wir wollen doch mal sehen, ob wir Sprengel nicht wieder nach oben stemmen.«

Zur gleichen Zeit verbreitet Imhoff in einer Pressemitteilung seine Hoffnung, »daß es bald gelingt, der Unternehmensgruppe Sprengel den ihr gebührenden Platz an der Sonne wieder freizukämpfen«. Der besorgten Belegschaft aber, das weiß der Stollwerck-erfahrene Sanierer, muß er konkrete Beweise seines Zukunftsoptimismus geben. Deshalb legt sich Imhoff in der Werkhalle fest, das Weihnachtsgeld werde in der Höhe des Vorjahres gezahlt.

»Ich wollte Demotivierung vermeiden, *Goodwill* beweisen«, begründet er diese Zusicherung über die Zahlung mehrerer Millionen Mark ohne Detailkenntnis der Geschäftslage, »mit dem Weihnachtsgeld rechnen die Familien bereits ab Januar.« Seine Zuhörer verstehen diese Geste, wie der Kommentar eines Facharbeiters in der Lokalzeitung bestätigt: »Wenn die das schon sagen, dann besteht offenbar ein ehrlicher Wille, Sprengel aus den Miesen zu holen.«

Auf die drängenden Fragen aus der Belegschaft vermag Imhoff jedoch keine Arbeitsplatzgarantie abzugeben. Er habe die Produktionsanlagen des eben gekauften Unternehmens noch nicht eingehend inspizieren können, »alles Auflagen der Amerikaner«. Statt dessen wirbt der neue Sprengel-Inhaber um Vertrauen: »Ich bin kein Zauberlehrling, aber ich bringe den guten Willen mit. Sie werden nicht verschaukelt.«

In welcher Atmosphäre diese Betriebsversammlung zu Ende geht, skizziert Klaus Kemper in der ›FAZ‹: »Die Menschen, die dicht gedrängt in der Halle stehen, glauben dem Unternehmer Imhoff. Er verspricht ihnen, daß sich an den sozialen Leistungen des Unternehmens nichts ändert. Im übrigen verstehen auch die Arbeitnehmer da unten in der Halle, daß die neuen Eigentümer erst einmal die Quellen für die großen Sprengel-Verluste suchen müssen. Das Wort des Unternehmers: ›Wir werden dann aber sofort mit Betriebsrat und Gewerkschaft über den besten Weg sprechen‹, muß ihnen zunächst genügen. Vor allem aber hoffen sie alle mit ihm, daß ›Sprengel bald wieder bergauf fährt‹. Der Beifall ist dafür sicher ein Beweis.«

Und wie steht die Belegschaft zum Vorbesitzer? Die ›FAZ‹ gibt die Antwort in ihrer Titelzeile: »Nabisco trauert niemand nach«. Aus Hanover, mit einem »n« und in New Jersey gelegen, meldet sich die Nabisco-Zentrale karg, das Engagement bei Sprengel sei »nicht mit langfristigen Plänen von Nabisco in Europa vereinbar« gewesen. Am gleichen Tag wird bekannt, was die »Hanoveraner« in Hannover wohl mehr schmerzte als Strategiesorgen: Im dritten Quartal 1979 erleidet der US-Konzern durch den Sprengel-Verkauf Gewinneinbußen von neun Millionen Dollar nach Steuern.

Die Vertragsverhandlungen mit Nabisco sind ohne aktive Beteiligung des 79jährigen Bernhard Sprengel gelaufen, obwohl dieser dem Beirat vorsitzt. Aber der promovierte Jurist, der das Unternehmen in dritter Generation von 1940 bis 1973 geleitet hat, sucht das Gespräch mit Hans Imhoff.

Dieser sieht einer Unterredung mit gemischten Gefühlen entgegen, die Begegnung beider Anfang der fünfziger Jahre in Baden-Baden ist unvergessen. Damals kostete es Bernhard Sprengel sichtliche Überwindung, den Außenseiter Hans Imhoff zur Jahresversammlung der Kakao-Einkaufs-Gesellschaft zu begrüßen.

Doch der Senior empfängt den neuen Sprengel-Eigner außerordentlich liebenswürdig. »Ohne jede Einschränkung begrüßte er, daß ich angetreten sei, um das Unternehmen zu erhalten«, faßt Imhoff die knapp einstündige Diskussion zusammen, »er bezeichnete seinen Verkauf der Firma an die Amerikaner als großen Fehler.« Offenbar zollt der erfahrene Unternehmer dem zwischenzeitlichen Stollwerck-Sanierer Imhoff Respekt: »Bernhard Sprengel bedauerte das Gerede um die Firma und zeigte sich überzeugt, daß ich die Dinge wenden würde.«

Gegenüber der Presse gibt Hans Imhoff die neue Richtung für Sprengel vor. In der gehobenen Preisklasse will er konsequenten Markenartikelkurs steuern und den Namen Sprengel mit intensiver Werbung wieder aufpolieren.

Das Branchenblatt ›Lebensmittel-Zeitung‹ begleitet Imhoffs Sanierungsankündigungen voller Optimismus: »Innerhalb von drei Jahrzehnten ist es Imhoff gelungen, aus mehr oder weniger kränkelnden Unternehmen und Marken ein florierendes Firmen-Imperium aufzubauen. Mit der Übernahme von Sprengel dürfte diese Entwicklung noch lange nicht abgeschlossen sein.«

Zugleich haben die Wirtschaftsredakteure nachgerechnet, wo der einstige Bullayer Billigmacher nach der Akquisition in Hannover steht. »Imhoff kauft Sprengel und ist nun auf Platz zwei«, meldet der ›Kölner Stadt-Anzeiger‹ das Ergebnis. Mit einem Produktionsvolumen von rund 30 000 Tonnen und einem Marktanteil von über 20 Prozent bei Tafelschokolade rangiert nur die Aachener Monheim-Gruppe noch vor ihm.

Doch was von solchen Zahlenvergleichen zu halten ist, macht Imhoff die Generalinventur bei Sprengel drastisch deutlich. Bis zuletzt hat Nabisco behauptet, Sprengel schaffe einen Umsatz von 230 Millionen Mark – in Wirklichkeit beträgt er ganze 142 Millionen Mark. Wie andere Insider hat Imhoff die Angaben von Nabisco bezweifelt: »Doch über die definitiven Zahlen war ich schon überrascht.«

Ähnlich verhält es sich mit den ausgedehnten Grundstücken. Sie erweisen sich als weitgehend unverkäuflich und praktisch nicht vermietbar.

Die jährlichen Verluste von Sprengel hat die Presse mit 15 Millionen Mark angegeben. Imhoff bitter: »In Wirklichkeit waren sie höher.« Andererseits sind auf diese Weise Verlustvorträge aufgelaufen. »Das bedeutet einen warmen Regen für den, der sie nicht selbst produziert hat«, gewinnt der neue Sprengel-Besitzer dem Engagement gute Seiten ab.

Dagegen muß ihn die Sortimentsanalyse seiner Marketingexperten vollends ernüchtern: Bei Tafelschokolade erklären sie die schwächere Marktposition damit, daß andere Artikel über mehrere Jahre Priorität im Vertrieb genossen, zum Beispiel Kaugummi.

Ein häufiger Wechsel bei Preis und Gestaltung hat einen Imageverlust und Verkaufseinbußen bei Pralinen ausgelöst. Mit 144 verschiedenen Einzelpralinen leistet sich Sprengel ein viel zu breites Sortiment. Negative Folgen sind ein geringer Umschlag und Frischeprobleme.

Zu Optimismus gibt auch die Situation bei der Sprengel-Erfindung ›Erfrischungs-Stäbchen‹ keinen Anlaß. Zum einen unterlaufen Billiganbieter die Position des Marktführers. Zum anderen stellen die Stäbchen ein ausgesprochenes Saisongeschäft dar: 70 Prozent des Umsatzes entfallen auf die Monate Mai bis August.

Ein solches Stoßgeschäft vollzieht sich noch extremer beim Marzipan, das zu 90 Prozent vor Weihnachten über die Theke geht. Außerdem haben Billiganbieter Sprengel einen erheblichen Teil von diesem Segment weggeschnappt.

Bezogen auf das traditionelle Sprengel-Sortiment bedeutet dies: Außer den Klassikern ›India‹ und ›Maria Theresia‹ vermag das Pralinengeschäft nicht zu überzeugen, die Tafelschokolade leidet unter einer verfehlten Vertriebspolitik, während die Konkurrenz die Erfrischungs-Stäbchen und die Marzipanprodukte attackiert.

Bleiben die Nabisco-Hoffnungen Schokoladenriegel und Kaugummi. ›Carrera‹ und ›Sancho‹ heißen Sprengels Riegelkreationen. ›Sancho‹ klassifizieren Imhoffs Marketingfachleute als Rohrkrepierer: eine plumpe

Kopie des Mars-Kokosflockenriegels ›Bounty‹ aber teurer, obwohl leichter als dieser. Über ›Carrera‹ urteilt Imhoff nicht hoffnungsfroher: »Der Einstieg von Sprengel in den Riegelmarkt war dilettantisch geplant und schlecht durchgeführt, von diesem Stigma haben wir uns auch über die Jahre nicht befreien können.« Bis heute blieb Sprengel der Durchbruch auf dem Riegelmarkt mit ›Carrera‹ versagt.

Mit Kaugummi setzen die Hannoveraner beim Besitzerwechsel etwa vier Millionen Mark um. Dieses Engagement zu stoppen zählt zu einer der ersten Amtshandlungen von Imhoff. »Kaugummi vertrug sich einfach nicht mit dem hochwertigen Schokoladen- und Pralinenangebot«, erklärt er den raschen Schritt. Außerdem haben die Verkaufsprofis des Kaugummilieferanten Life Savers Inc. den Außendienst von Sprengel so stark in Beschlag genommen, daß dieser seine ursprünglichen Aufgaben etwa beim Absatz von Schokolade vernachlässigt hat.

Als Imhoff einige Jahre später das Kaugummi ›Stimorol‹ ins Programm nimmt, läßt er es deshalb über eine eigene Vertriebsorganisation absetzen – dieser Weg bewährt sich.

Die genaue Inspektion der Produktionsanlagen vervollständigt die Situationsanalyse des neuen Sprengel-Eigners. Nach der Übernahme durch Nabisco hat Sprengel einen Investitionsboom erlebt. Weil die alte Fabrik an der Schaufelder Straße mitten im Wohngebiet liegt, haben die Amerikaner am Brinker Hafen ein riesiges Areal gekauft, dort bestehende Gebäude renoviert und mit modernster Technik ausgestattet. Ein Hochregallager für 20 000 Paletten rundet das 50-Millionen-Mark-Programm ab.

Allerdings macht Nabisco einen entscheidenden Fehler: Die Amerikaner versäumen, die alte Fabrik zu schließen, so laufen beide Werke mit erheblichem Personalaufwand auf halber Kraft.

Für das Stammwerk in der Schaufelder Straße, »Schamott, der ganz schnell abgeräumt werden muß«, hat Imhoff nur Sarkasmus übrig: »Nirgends auf der Welt wird so konfus und rückständig produziert; ein Wunder, daß die Qualität so ausgezeichnet ist. Die meisten Maschinen sind doch Schrott.« Betriebsratsvorsitzender Karl-Heinz Brede verpackt dasselbe Urteil diplomatischer: »Hier sind viele Anlagen längst überholt und hätten schon vor fünfzehn oder zwanzig Jahren ausgewechselt werden müssen.«

Nirgends stehen zusammenhängende Produktionsanlagen. Füllmassen etwa werden in temperierten Containern zum Werk im Brinker Hafen gekarrt. In der Pralinenabteilung müssen Arbeiter 200 Grad Celsius heiße Zuckermasse in Kesseln etliche Meter weit schleppen, um sie mit Mandeln und Nüssen zu mischen.

Im vierten Stock entdeckt ein Reporter der ›Hannoverschen Allgemeinen‹ noch »Holzkühlkanäle, die Museumsstücken aus der Vorkriegszeit ähneln«. Ein Lagerarbeiter diktiert ihm in den Notizblock: »Die Leute, die früher für die Fabrik verantwortlich waren, haben die technische Entwicklung verschlafen.«

Damit stehen für Hans Imhoff die Sanierungsprioritäten fest: Zunächst gilt es, die alte Fabrik zu schließen, das Sortiment zu straffen und die überhöhten Bestände abzubauen – mehrere tausend Tonnen Schokolade liegen auf Halde, etwa die Hälfte der Jahresproduktion.

Für Sprengel haben bisher die bilanziellen Grundsätze der amerikanischen Mutterfirma Nabisco gegolten. Nach diesen Regeln wurden die Fertigwarenbestände zu Verkaufspreisen bewertet. »Also bemühte sich das Management, die Fertigwarenbestände zum Bilanzstichtag hoch zu halten, um damit die Leistungsstruktur der Fabrik zu verbessern«, beschreibt Imhoff die Folgen dieser Bilanzpolitik, »auf dieser Bemessungsgrundlage fußten auch Tantiemenpunkte und Erfolgshonorare für die Geschäftsführung.« Diese viel zu großen Lagerbestände, die zum Schönen der Bilanz gedient haben, gilt es vorrangig in den Markt zu bringen.

Als erste Personalmaßnahme schickt Imhoff 800 Saisonarbeiter heim, die Produktion muß dem tatsächlichen Absatz angepaßt werden. Dienstschluß ist ebenfalls für Sprengel-Geschäftsführer Henry M. Giudice. Beim Ausräumen seines Büros vergißt er auch den Golfschläger hinter seinem Schreibtisch nicht. Die folgenden Wochen bestimmen Verhandlungen mit dem Betriebsrat, der Gewerkschaft Nahrung–Genuß–Gaststätten, der Stadt Hannover, dem Arbeitsamt und dem Landeswirtschaftsministerium. Unter dem Druck eines täglichen Verlustes von fast 100 000 Mark bleibt keine Wahl, als das Stammwerk in der Schaufelder Straße zu schließen, die Pralinenproduktion zum Brinker Hafen zu verlegen und rationeller weiterzuarbeiten. Das bedeutet für rund 400 der 1 000 Mitarbeiter die Kündigung. Während einer Betriebsversammlung am 8. November 1979 beziffert Imhoff die Sanierungskosten auf rund 20 Millionen Mark. Auf die Frage, ob er sich vom Vorbesitzer Nabisco hereingelegt fühlt, bleibt er zurückhaltend: »Es hat die eine oder andere Überraschung gegeben.« Man werde »fair und mit Noblesse« über einen Sozialplan verhandeln. Zugleich läßt Imhoff erkennen, daß Entlassungen auch die »extrem überbesetzte Verwaltung« treffen werden. Die ›Hannoversche Allgemeine‹ zitiert am 6. Dezember den Sprengel-Betriebsratsvorsitzenden Brede mit seiner Einschätzung der laufenden Verhandlungen: »Wenn der Imhoff die Sanierung so durchhält, wie sie in Ansätzen bekannt ist, dann bringt er Sprengel auch wieder hoch.«

Natürlich meint Brede Sprengel als produzierendes Unternehmen und nicht nur das Überleben des bekannten Markennamens. »Man kann schon sagen, daß ich die Katze im Sack gekauft habe«, beschreibt Imhoff im Kölner Boulevardblatt ›Express‹ seine Ernüchterung über den tatsächlichen Zustand des Sanierungspatienten. Auf die Frage des hannoverschen ›Welt‹-Korrespondenten, ob er seine Kaufentscheidung zum gegenwärtigen Zeitpunkt wiederholen würde, antwortet er weder nein noch ja: »Das ist eine schwere Frage.«

Zweifellos: Das Markenzeichen Sprengel und die dominierende Marktposition sind ihren Preis wert. Damit konzentriert sich die Diskussion auf den springenden Punkt: Läßt sich die Produktionsstätte Hannover retten?

Von Anfang an scheint klar, daß eine Verlagerung der hannoverschen Kapazität auf die Hildebrand-Fabrik in Berlin und den Kölner Stollwerck-Betrieb kostengünstig und rationell wäre.

Umsatzverluste, von empörten Sprengel-Kunden verursacht, läßt eine Schließung der Produktionsstätte Hannover auch nicht befürchten – das beweisen prominente Vorbilder. Als Tobler Anfang der siebziger Jahre in Stuttgart dichtmachte und fortan bei Suchard in Lörrach produzierte, blieben die Konsumenten davon ebenso unbeeindruckt wie Jahre vorher vom Umzug der Traditionsfirma Sarotti aus Hattersheim ins steuergünstige Berlin.

Doch Hans Imhoff mag nicht als kaltherziger *Killer* von Arbeitsplätzen gelten. Zuvor bei Stollwerck traf die unvermeidliche Entlassungswelle auf einen entspannten Arbeitsmarkt. In Hannover jedoch würde ein generöser Sozialplan zwar den Betroffenen die unmittelbaren Folgen einer Sprengel-Schließung abmildern, aber die Chancen einer Neuanstellung scheinen generell geringer als seinerzeit in Köln.

Vom Geschäftsergebnis darf sich Imhoff vorerst keinen Beitrag zur Standortsicherung erhoffen. Bleiben neben persönlichem Kapitaleinsatz öffentliche Hilfen zur Sicherung der Arbeitsplätze und der Verkauf des Innenstadtareals.

Die Sanierung soll 20 Millionen Mark kosten. Durch Vermittlung des Oberstadtdirektors von Hannover beginnen Gespräche über Landesmittel. Zur Diskussion stehen ein Investitionszuschuß in Höhe von 7,5 Prozent der Sachanlagen und ein zinsloses Darlehen über zehn Millionen Mark.

Dann schaltet sich die niedersächsische Wirtschaftsministerin Birgit Breuel (CDU) ein und lädt in den runden Barocksaal ihrer Behörde am Friedrichswall. Neben Hans Imhoff, Hans Rolf und Sprengel-Verantwortlichen nehmen Vertreter des Landesarbeitsamtes, des Breuel-Hauses und der Landesbezirksvorsitzende der Gewerkschaft Nahrung–Genuß–Gaststätten, Günter Niebrügge, teil – eine Runde von etwa zwanzig Personen.

Birgit Breuel bietet Imhoff den Platz neben sich an und eröffnet die Sitzung: »Herr Imhoff, Sie haben Sprengel übernommen und möchten Geld von uns. Nun erklären Sie uns doch einmal, wie Sie sich das vorstellen.«

Imhoff schildert die Lage in groben Zügen. Er hat Sprengel aufgrund der starken Marktposition in Norddeutschland erworben. Wegen Nabiscos panischer Angst vor Verkaufsgerüchten habe er die Produktionsstätten nur sehr oberflächlich in Augenschein nehmen können, Nabisco jedenfalls habe bereits Stillegungspläne ausarbeiten lassen.

Auf die Marktbedeutung von Sprengel ziele sein unternehmerisches Interesse, und die sei ungeachtet des Fabrikationszustandes gegeben. Der eigentliche Akquisitionszweck sei auch dann erfüllt, wenn Sprengel die Produktion in Hannover einstelle und die Sprengel-Erzeugnisse künftig in Berlin und Köln hergestellt würden. Imhoff nüchtern: »Ohne mein unternehmerisches Engagement wäre es ohnehin zur Schließung der Betriebe gekommen.« Deshalb erwarte er öffentliche Zuschüsse, um für etwa 500 Menschen die Arbeitsplätze sichern zu können – und zwar ausschließlich solche Hilfen, wie sie im Landesetat für Fälle wie diesen vorgesehen seien.

Empört fährt Birgit Breuel aus ihrem Stuhl hoch, die eingangs beschriebene Szene spielt sich so ab: »Herr Imhoff, was sind Sie nur für ein Unternehmer. Sie können doch nicht in die Jauche springen und erwarten, daß der Staat Sie hinterher parfümiert.«

Lässig erhebt sich auch der Gescholtene. Unter diesen Umständen ziehe er es vor, sich zu verabschieden. Ungeachtet der Stilfrage des Diskussionstons reduziere sich das Problem auf die Kernfrage: »Sind Sie bereit mitzuhelfen, Arbeitsplätze zu retten, für deren Gefährdung ich nicht verantwortlich bin?«

Damit das Gespräch weiterlaufen kann, läßt Birgit Breuel eine Entschuldigung anklingen. Die Verhandlung mit Hindernissen beendet die Ministerin schließlich mit dem Wunsch nach einem detaillierten Konzept.

Schon bald empfindet Imhoff diese Aufforderung als Auftakt einer Verzögerungstaktik: »Das Spiel begann: Vertagung, Verlängerung, neue Unterlagen, neue Bedingungen, neue Fristen – bis mir der Kragen platzte.«

Aus Gesprächen mit Abteilungsleitern der Breuel-Behörde glauben die Sprengel-Unterhändler zu spüren: »Es gab Order von oben, uns hinzuhalten und zu blockieren.«

Unterdessen sorgt sich die Ministerin offenbar um Rückhalt bei ihren Wählern. »Birgit Breuel: Keine Ausnahme für Sprengel«, verbreitet die ›Hannoversche Allgemeine‹ die Position des Wirtschaftsministeriums. Mit großem polittaktischen Geschick spekuliert Birgit Breuel auf die Begehrlichkeit anderer Wirtschaftskreise: »Durch den Einsatz der gleichen Mittel bei Klein- und Mittelunternehmen lasse sich unter Umständen ein nachhaltigerer Effekt erzielen.«

Beschwichtigend – und zugleich erneut drohend – diktiert ein Sprecher des Ministeriums kurze Zeit später dem Korrespondenten der ›Hannoverschen Allgemeinen‹: »Uns liegt zwar sehr am Erhalt der Arbeitsplätze, aber nicht um jeden Preis.«

Welchen Preis er zahlen soll, wird Hans Imhoff bald klar: Birgit Breuel macht staatliche Zuschüsse von Bedingungen abhängig. Nur dann will sie einen Investitionszuschuß für das Werk am Brinker Hafen in Höhe von 1,8 Millionen Mark leisten, wenn Sprengel 520 Dauerarbeitsplätze bis zum Jahresende 1985 gewährleistet. Ferner soll das Unternehmen die Investitionsgüter auflisten, die wegen eines eventuellen Verkaufs aus der Förderung herausgenommen werden sollen. Auf diese Konditionen reagiert Imhoff verärgert. Bringt ihn schon die Vorstellung in Rage, eine Ministerin regiere in seine unternehmerische Investitionsentscheidung hinein, macht ihn die geforderte Arbeitsplatzgarantie über fünf Jahre vollends wütend. Aus schmerzhafter Erfahrung in Köln weiß er um die Risiken solcher Zusagen. Im Rahmen der Stollwerck-Sanierung hatte ihm die Domstadt ein zinsloses Darlehen über zehn Millionen Mark unter der Auflage gewährt, eine Mindestbelegschaft von 700 zu halten. Der öffentliche Streit über die Einhaltung dieser Zusage hallt Imhoff noch in den Ohren nach. Diese Erfahrungen raten ihm: »Wer eine Arbeitsplatzgarantie unter solchen Umständen über fünf Jahre gibt, ist ein unseriöser Unternehmer.«

Nach mehrmonatigen Verhandlungen plädiert Imhoff abrupt für Schluß der Debatte. Für die B. Sprengel GmbH & Co. erteilen die Geschäftsführer Heinz-Arthur Wiswedel und Bernd Rosemeier dem Wirtschaftsministerium am 9. Juli 1980 Nachhilfeunterricht in freiem Unternehmertum: »Eine Schokoladenfabrik ist kein statisches Gebilde. Es muß daher, wie wir Ihnen am 19. 6. 1980 mitgeteilt hatten, eine völlige unternehmerische Dispositionsfreiheit auch in bezug auf das Anlagevermögen bestehen.« Soll heißen: »Herr Imhoff und die

Geschäftsleitung unseres Unternehmens können vernünftigerweise nicht bereit sein, dem Wirtschaftsministerium oder irgendeiner anderen Behörde ein Mitsprache- oder gar Entscheidungsrecht hinsichtlich der Führung einer Schokoladenfabrik einzuräumen.«

Da Hans Imhoff auch nicht bereit sei, »sich in die Rolle eines Bittstellers zu begeben«, betrachte »er den Vorgang hiermit als erledigt«.

Mit heutigem Abstand läßt Imhoff offen: »Vielleicht war es eine Überreaktion von mir. Ich habe Birgit Breuel nicht unterschätzt, aber ihre Polemik hat mich irritiert, ich war verwundert über ihre Arroganz.« Eine vergleichbar couragierte Dame ist ihm zuletzt vor gut 40 Jahren begegnet, seine Lehrherrin Florentine Mertlich: »Wir hatten legale Zuschußansprüche für die Erhaltung von Arbeitsplätzen, denn Sprengel war konkursreif.«

So wird Imhoff Sprengel ohne einen Pfennig Steuergelder sanieren. »Birgit Breuel hat gepokert – und gewonnen«, räumt Hans Imhoff ein.

Die persönliche Verunglimpfung ärgert ihn noch heute: »Würde mir das jetzt passieren, würde ich mit gleicher Münze heimzahlen, aber damals hatte ich genug Probleme mit der Sache selbst.«

Nach neun Jahren erfolgreichen Stollwerck-Managements geht Imhoff mit einer anderen finanziellen Ausstattung an die Sanierung in Hannover heran, als ihm dies in Köln möglich war. »Mein unternehmerisches Selbstverständnis war mir der Verzicht auf ein paar Millionen wert«, resümiert er die politische Niederlage. Ein Telex von Imhoff an Birgit Breuel setzt den Schlußpunkt: »Behalten Sie Ihr Geld und ich meine unternehmerische Freiheit.«

Otto Graf Lambsdorff, sieben Jahre Bundeswirtschaftsminister und heute wirtschaftspolitischer Sprecher der FDP-Fraktion im Bundestag, bewertet diese Auseinandersetzung: »Das Telegramm ist Ausdruck einer Erkenntnis – und die hätte Hans Imhoff vor Beginn der Verhandlungen haben können: Wer das Geld des Staates haben will, begibt sich eines Teils seiner unternehmerischen Freiheit.«

Der Marktwirtschaftler Dr. Lambsdorff verallgemeinert diesen Konfliktfall: »Man kann jedem Unternehmer nur raten, wenn irgend möglich lieber auf Subventionen zu verzichten und, wie es im Telegramm steht, seine unternehmerische Freiheit zu behalten.«

Das erbitterte Kräftemessen der Ministerin mit dem Konzernchef erklärt sich der liberale Politiker aus Ähnlichkeiten in der Persönlichkeitsstruktur: »Da sind zwei starke Charaktere aufeinandergetroffen, zwei dickschädelige Leute.« Versöhnend fügt Lambsdorff an: »Im übrigen könnte ich mir vorstellen, daß dieses Telegramm Frau Breuel gefallen hat.«

Parallel zum Politpoker hat Sprengel intensive Anstrengungen unternommen, das alte Fabrikgelände in der Schaufelder Straße zu veräußern. Zunächst steht die Stadt Hannover als Käufer zur Diskussion, weil dieses Innenstadtareal zur Sanierung vorgesehen ist. Dann jedoch zeigt das Hamburger Wohnungsunternehmen Jens Jensen AG Interesse an dem 18 000 Quadratmeter großen Grundstück. Im September 1981 erwirbt Jensen den Komplex für 6,3 Millionen Mark.

Dieser Verkauf schafft Spielraum für das Sanierungskonzept. Gleichzeitig verspricht ein Kooperationsvertrag zwischen Hannover und Köln Rationalisierungsvorteile. Danach fertigt Stollwerck die Pralinen für Sprengel, während die Hannoveraner den Kölnern gefüllte Schokoladen herstellen. Zusammen mit der Schließung des alten Werkes, dem Personalabbau und der Straffung des Sortiments bedeutet dies für das Geschäftsjahr 1980 erstmals wieder schwarze Zahlen, einen bescheidenen Überschuß von 200 000 Mark.

Mit über zehn Millionen Mark Werbeaufwand in den ersten beiden Jahren nach der Übernahme hat Imhoff Sprengel auf einen positiven Aufwärtstrend zurückgesteuert. Sein Konzept von den »Schornsteinfirmen« geht auf: Danach produzieren die einzelnen Fabriken der Imhoff-Gruppe jeweils nur bestimmte Produkte. In Hannover sind dies beispielsweise Erfrischungs-Stäbchen, Marzipan und Saisonartikel.

Für Sprengel liefert die Werbung Imhoff das gewünschte Ergebnis: »Ich wollte mir den norddeutschen Markt sichern.« Obwohl Sprengel auf das Kaugummigeschäft verzichtet, gelingt im Geschäftsjahr 1980 ein Umsatzwachstum mit 50 Artikeln von 142 auf 150 Millionen Mark. Dieser Anfangserfolg veranlaßt die Fachjournalisten der ›Lebensmittel-Zeitung‹, Imhoff nach Gründen für das Scheitern von Nabisco zu befragen. Er antwortet zunächst mit einem Lob: »Richtig gemacht wurde, daß die Qualität von Sprengel absolut Spitze war und diese Spitze gehalten worden ist.«

Aber dann nennt Imhoff ebenso eindeutige Fehler: So betrugen die Datenverarbeitungskosten bei Sprengel 1979 rund dreieinhalb Millionen Mark im Jahr, nach der Straffung des Systems und Ankopplung an die Kölner EDV nur noch 500 000 Mark im Jahr.

Oder das Labor leistete sich 19 Mitarbeiter. Imhoff: »Jetzt haben wir noch ein kleines, aber perfektes Labor mit zwei, drei Mitarbeitern, und das genügt völlig.«

Ähnlich überbesetzt fand der Kölner Unternehmer Produktion, Verwaltung, Einkauf, Marketing oder Vertrieb vor: »Es wurden Potemkinsche Dörfer aufgebaut, überall haben wir die Luft rausgelassen.«

Doch selbst diese engagierten Rationalisierungsschritte lassen Imhoffs Zweifel am Produktionsstandort Hannover bestehen. Als Silvester 1985 naht, kann er zufrieden registrieren, daß Sprengel die von Ministerin Breuel geforderte Beschäftigungszusage eingehalten hätte. Aber er weiß um die teilweise schwierigen Abwägungen in den einzelnen Jahren: »Mehrfach kamen wir haarscharf an einer Entscheidung vorbei.«

Mit dem Erwerb von Sprengel gelangt auch ein Unternehmen in Imhoffs Besitz, um das er sich bereits einmal Mitte der siebziger Jahre vergeblich bemüht hat: die Herforder Schokoladenmarke Karina. Die ostwestfälische Firma war einmal Marktführer bei Schokoladentafeln in West-Berlin.

Erstmals kommt Imhoff 1964 mit Karina in Kontakt, als die Commerzbank ihm eine versierte Führungskraft für die Bullayer Schokoladenfabrik empfiehlt, Hermann Neuhaus. Ihm gehören 49 Prozent von Karina, aber er hat sich mit der Mehrheitsgesellschafterin Witwe Nölting überworfen und unterstützt fortan deshalb Imhoff als Generalbevollmächtigten an der Mosel.

Von dort aus beobachten beide interessiert, wie Karina nach und nach an Boden verliert. Diskret bietet sich Imhoff der Commerzbank für den Fall an, daß die Herforder Firma in Zahlungsschwierigkeiten geraten sollte. Doch den Bankiers erscheint der Bullayer Außenseiter wohl nicht fein genug für solchen Feuerwehrdienst.

Eine direkte Übernahmeofferte Imhoffs lehnt die Karina-Inhaberin Nölting empört ab und trumpft statt dessen mit einer Reihe geplanter Marktengagements auf. Anfang Juli 1977 allerdings setzt sie sich über Nacht mit ihren Kindern nach Südamerika ab.

Aus der Konkursmasse offeriert die Commerzbank Sprengel in Hannover die Karina-Warenzeichen. »Und ich«, kommentiert Imhoff diese Entscheidung der Bankiers, »schaute in die berühmte Röhre.« So gründen die Hannoveraner am 21. Juli 1977 die Karina Schokoladen-Vertriebs GmbH und betreiben das eingeführte Geschäft weiter.

Ironie der Geschichte – zwei Jahre später sieht sich Imhoff am Ziel: »Als ich Sprengel kaufte, bekam ich Karina doch noch – diesmal als Gratiszugabe.« Die Karina-Warenzeichen gehen an Stollwerck, weil Karina besser zur Produktpalette der Stollwerck-Tochter Imhoff GmbH paßt.

Scheidet Karina damit aus dem Unternehmensalltag von Sprengel aus, belebt eine andere Firma die Entwicklung der hannoverschen Schokoladenfabrik. Am 1. Dezember 1981 erwirbt Imhoff die Marzipanfabrik Franz Schubert GmbH & Co in Ahlem mit 260 Beschäftigten und 50 Millionen Mark Umsatz.

Franz Schubert, vor dem Krieg Leiter der väterlichen Konditorei im schlesischen Oppeln, hat dieses Unternehmen am 1. Dezember 1949 zunächst als Konfitürenwerk gegründet. Fünf Jahre später erwirtschaftet er mit Pralinen und Marzipanartikeln über 1,5 Millionen Mark Umsatz und beginnt mit dem Herstellen von Schokolade.

Als Folge des Verdrängungswettbewerbs bei Tafelschokolade gerät Schubert in der zweiten Hälfte der sechziger Jahre in die Krise, ein Mandelimporteur rettet das Unternehmen mit einem langfristigen Kredit. 1973 hat sich Schubert gerade wieder gefangen, als ein Großbrand am 27. August das Werk einäschert.

»Ich baue wieder auf«, kündigt der 59jährige Franz Schubert trotzig an und macht diese Prognose wahr. Mit Unterstützung der Norddeutschen Landesbank investiert er bis 1979 insgesamt zwanzig Millionen Mark. Aber die Absatzerwartungen erfüllen sich nicht, und die steigenden Zinsen engen den unternehmerischen Spielraum ein.

»Imhoff bewahrte Schubert vor dem sicheren Konkurs«, lautet die Schlagzeile der ›Hannoverschen Allgemeinen‹ über den Besitzerwechsel Ende 1981. Was diese Akquisition für ihn interessant macht, erläutert Hans Imhoff: »Mein geschäftliches Interesse bestand darin, Waldbaur durch das Saisongeschäft von Schubert zu dynamisieren.« Dies geschieht auf der Basis eines Vertriebs- und Lizenzvertrages. Zum Jahresende 1982 schließt Imhoff das Ahlemer Schubert-Werk. Alle Schubert-Mitarbeiter bekommen einen Arbeitsvertrag bei Sprengel in Hannover angeboten. Dort in Vinnhorst baut Imhoff für sechs Millionen Mark eine Marzipanfabrik, die jährlich 6 000 Tonnen Marzipan herstellen soll – ›von der Mandel‹, das heißt aus selbstproduzierter Rohmasse. Damit sichert der Erwerb von Schubert den Sprengel-Standort Hannover.

Karina bei Stollwerck; Schubert, bei Sprengel produziert, aber von der Stollwerck-Tochter Waldbaur vertrieben: Inzwischen verlangt Imhoffs Akquisitionspolitik nach einer durchgreifenden Organisationsänderung innerhalb der Firmengruppe. Bei der Neuordnung des Imhoff-Imperiums 1985, so der ›Kölner Stadt-Anzeiger‹, »wird die Stollwerck AG wieder das, was sie schon einmal war: ein auf Herstellung und Verkauf von Schokoladen- und Süßwaren konzentriertes Unternehmen«.

Diese Strukturbereinigung vollzieht sich in mehreren Schritten: Zunächst veräußert Stollwerck seine schokoladenfremden Töchter wie Larosé, die Druck-Gruppe und Heinz an die Imhoff Industrie Holding.

»Häufiger bemängelten die Banken, daß Stollwerck ein Gemischtwarenladen geworden war«, erläutert Imhoff, »das erschwere die Bewertung, weil sich nur mühsam einschätzen lasse, welcher Umsatz- oder Gewinnanteil nun auf den Fleischbereich, den Dienstleistungssektor, die Druckaktivitäten oder den Schokoladenbereich entfalle.«

Mit dieser Entwicklung zum Gemischtwarenkonzern spielt Stollwerck mittlerweile eine Sonderrolle innerhalb der Branche. »Alle bedeutenden Wettbewerber«, so vergleicht Imhoff, »wiesen dagegen klar abgegrenzte Schokoladensparten aus – etwa Sarotti innerhalb des Nestlé-Konzerns.«

Der zweite Schritt im Rahmen der Neuordnung betrifft Sprengel, das zuvor über die Hildebrand Kakao- und Schokoladenfabrik GmbH in Berlin zum persönlichen Besitz der Familie Imhoff zählte. »Das machte eine Trennung der geschäftlichen Aktivitäten wie Einkauf, Forschung, Werbung und Produktion, selbst Logistik wegen der Abrechnungsmodalitäten problematisch«, beschreibt Imhoff Mängel dieses Besitzverhältnisses. »In bezug auf die penible und notwendigerweise sorgfältige Anwendung des Aktienrechts traten zwischen Stollwerck in Köln und Sprengel in Hannover zuweilen Abgrenzungsschwierigkeiten auf.«

Hans Imhoff verdeutlicht dies an einem Beispiel: »Gab es eine günstige Einkaufsgelegenheit, hätte man dazu neigen können, sie für das im Familienbesitz stehende Unternehmen Sprengel wahrzunehmen und umgekehrt sich bei ungünstigen Konditionen für Stollwerck einzudekken, weil an dieser Gesellschaft auch Kleinaktionäre beteiligt sind.« Damit schwebte das Aktienrecht wie ein Damoklesschwert über den beiden etwa gleich großen Schokoladenfirmen – und vor allem Hans Imhoff.

Deshalb erwirbt Stollwerck die B. Sprengel GmbH & Co. Hannover. Unter dem Dach von Stollwerck hat sich also praktisch ein Tausch zweier etwa umsatzgleicher Bereiche vollzogen: Sprengel gegen die schokoladenfremden Diversifikationen. Seither lassen sich drei Ebenen des unternehmerischen Engagements von Hans Imhoff unterscheiden:

Über die Imhoff Industrie Holding engagiert er sich in schokoladenfernen Branchen.

Hildebrand liefert Schokolade-Rohmasse vorwiegend an die Stollwerck AG. Schließlich steht Stollwerck da als lupenreiner Schokoladenkonzern, zu dem seither Sprengel, Waldbaur, Eszet, die Susi-Süßwarenkette und die ausländischen Schokoladenaktivitäten gehören. In diesem Imhoff-Imperium schaffen je nach Saison zwischen 4 000 und 5 000 Mitarbeiter im In- und Ausland mittlerweile 1,3 Milliarden Mark Umsatz, im Schokoladenbereich allein eine Milliarde Mark.

Innerhalb des Schokoladenkonzerns operieren heute wiederum drei Gruppen: Stollwerck, Sprengel und Waldbaur. Zunächst unterscheiden sich diese durch ihre regionale Präsenz: Sprengel ist im Norden der Bundesrepublik führend, im Westen und Südwesten gut plaziert. Stollwerck besitzt seine Hausmacht im Westen, in Hessen und Rheinland-Pfalz. Waldbaur operiert im Südwesten und Süden.

Ende März 1983 hat die Schokoladenfabrik in Bullay ihre Tore geschlossen, 1987 wird das Gebäude abgerissen – die Keimzelle des heutigen Imhoff-Imperiums. Aber Hans Imhoff macht noch konsequenter Schluß mit dem Moselkapitel: »Der Name Imhoff wird gezielt und gewollt von den Schokoladenprodukten genommen, weil diese sämtlich Konsumcharakter haben.« Diese Artikel firmieren fortan unter Waldbaur. Hans Imhoff gibt damit endgültig den Versuch auf, seinem Namen Markencharakter zu verleihen. In der Schokoladenbranche dauert dies Generationen – auf jeden Fall länger, als die Ausdauer eines Vollblutunternehmers reicht.

Außerdem übernimmt Waldbaur das Sortiment von Schubert. Aus der eigenen Produktpalette erweist sich die 200-Gramm-Version des ›Kernbeißer‹ als lohnende Innovation. Inzwischen hat Waldbaur eine ähnliche Umsatzgröße erreicht wie Stollwerck und Sprengel – mit dem breitesten Sortiment: Saisonartikel, Marzipan, Spezialitäten wie ›Katzenzungen‹, schließlich Tafelschokoladen, und zwar als Marken- und Handelsware.

Die Herstellung in Berlin bei Hildebrand einbezogen, bildet das Imhoff-Imperium den größten deutschen Schokoladenkonzern, gemessen an der Produktionsmenge.

Stollwerck, Sprengel, Waldbaur, Eszet, Hildebrand: klangvolle Namen aus der Geschichte der deutschen Schokoladenbranche, heute allesamt hochangesehene Markennamen, sie werben bundesweit mit regionalen Schwerpunkten um die Gunst des Konsumenten. Sie behaupten sich auf einem ungewöhnlich schwierigen Markt, das beweist die bewegte Historie dieser renommierten Marken.

Auch das verbindet diese weithin bekannten Warenzeichen: Ohne den unternehmerischen Wagemut des ehemaligen Außenseiters Hans Imhoff wären die Süßwarenregale um ein paar bekannte und eingeführte Produkte ärmer.

In appetitlichen Durchschnittsdaten aufbereitet, verzehrt jeder Bundesbürger 23 Kilogramm Süßwaren im Jahr, rund sieben Kilogramm davon Schokolade.

International erweisen sich die Geschmäcker als verschieden: Sind die Schweizer Verbrauchsweltmeister an Schokolade, stehen bei den Finnen

Dauerbackwaren ganz oben auf der Naschliste, lassen sich die US-Amerikaner von niemandem im Schlecken von Speiseeis übertreffen, während die Deutschen besonders gern zu Zuckerwaren wie Gummibärchen oder Geleeartikeln greifen.

Außerdem lassen die Bundesbürger jährlich rund 380 000 Tonnen Schokoladenwaren auf der Zunge zergehen, aus der Produktion von 32 Unternehmen.

Markenschokolade bester Qualität kostet in deutschen Landen etwa die Hälfte weniger als in der Schweiz. Dabei besteht selbst unter den Markenherstellern noch eine Drei-Klassen-Gesellschaft, was die Preisgestaltung angeht: Lindt und Gubor finden für zwei Mark pro 100-Gramm-Tafel eine exklusive Käuferschar. Für die Marktführer ›Milka‹ von Jacobs-Suchard und ›Ritter-Sport‹ von der Waldenbucher Alfred Ritter GmbH & Co. KG sind die Verbraucher immerhin zehn und mehr Pfennig pro Tafel auszugeben bereit als für die qualitativ gleichwertigen Alternativen aus den Häusern Sprengel, Stollwerck oder Sarotti.

Zweifellos stellt Schokolade einen Impulsartikel dar, deshalb bringt sich die Branche mit jährlich 300 Millionen Mark Werbeaufwand ständig bei ihren Konsumenten in Erinnerung. Drei von vier Tafeln Schokolade kommen mit einem Aktionspreis in die Regale, werden teilweise ohne Verdienstspanne des Handels weitergegeben, weil die Verbrauchermärkte solche Schokoladenangebote oft als Kundenmagnet einsetzen.

Zwei von drei Hausfrauen, so das Ergebnis einer Repräsentativbefragung, studieren mindestens zweimal in der Woche die Sonderangebote in den Tageszeitungen. Dabei steht unter den zehn für die Konsumentin interessantesten Produktgruppen die Tafelschokolade an sechster Stelle – nach Waschpulver, Fleisch, Konserven, Putzmitteln, Joghurt, noch vor Spirituosen.

Natürlich schlägt die extrem knappe Kalkulation solcher Lockvogelpreise bis zum Hersteller durch. Was die Preisgestaltung angeht, sehen sich die Schokoladenproduzenten in die Zange genommen: auf der einen Seite vom mächtigen Lebensmittelhandel, auf der anderen von den Kakaolieferanten.

Rechnet eine Schokoladenfabrik mit einem rapiden Preisauftrieb bei Rohkakao und deckt sich vorsorglich reichlich ein, steht sie bei überraschend fallenden Preisen plötzlich sehr schlecht da, wenn ein Konkurrent erst jetzt wesentlich günstiger seinen Bedarf deckt. Dieses Rohstoffrisiko kann bei einem bedeutenden deutschen Schokoladenhersteller bis zu 100 Millionen Mark pro Jahr ausmachen – gemessen an den extremen Preisschwankungen der letzten 20 Jahre.

Nicht weniger Druck geht von der Abnehmerseite aus; die Konzentration im Lebensmittelsektor fordert ihren Preis. Ganze zehn Gesellschaften wickeln mittlerweile 60 Prozent des Lebensmittelhandels ab.

Die einzelnen Hersteller versuchen sich auf unterschiedlichen Wegen aus dieser doppelten Umklammerung zu lösen. Neidvoll blickt die Branche auf das Beispiel der italienischen Ferrero-Gruppe. Sie hat den Absprung zu Spezialitäten wie ›Kinderschokolade‹, ›Mon Chéri‹ oder ›Rocher‹ geschafft. Alle drei Jahre versucht Ferrero ein innovatives Produkt mit mindestens 40 Millionen Mark Umsatzerwartung über konsequentes Marketing durchzusetzen. Werbung lassen sich die Italiener volle zehn Prozent oder mehr vom Umsatz kosten.

Dem amerikanischen Anbieter Mars gelang das Besetzen eines neuen Marktsegments: Schokoladenriegel. Als die Interviewer des Instituts für Demoskopie Allensbach 1986 die Bundesbürger fragten, ob sie in den letzten 14 Tagen persönlich Riegel gekauft hätten, antwortete fast jeder fünfte mit Ja. Jeder dritte Riegelkäufer war 14 bis 19 Jahre alt. Und auf diese Gruppe der jugendlichen Konsumenten zielt Mars mit seinem aggressiven Marketing für Bounty, Milky Way, Raider oder Balisto.

Daß selbst das Standardprodukt Tafelschokolade noch lukrative Absetzbewegungen im Konkurrenzumfeld erlaubt, führt Ritter mit seiner quadratischen Stanniolpackung vor – ein Mono-Marketing mit über einem Dutzend Geschmacksvarianten.

»Wäre ich 20 Jahre jünger und hätte das Wissen von heute, würde ich eine Markenpolitik wie Ferrero, Suchard, Mars oder Ritter betreiben«, erkennt Hans Imhoff diese erfolgreiche Spezialitätenpolitik an. Aber er besaß Stollwerck und Sprengel noch gar nicht, als diese innovativen Mitbewerber den Grundstein für ihren heutigen Erfolg legten.

Und als Imhoff die Geschäftspolitik von Stollwerck und Sprengel bestimmen konnte, beherrschten zunächst Existenzsicherung und Konsolidierung das Tagesgeschäft. Für riskante Produktstarts gab es da keinen finanziellen Spielraum, zumal deren Erfolgschancen ähnlich gering ausfallen wie bei einer neuen Zigarettenmarke.

Um so mehr pflegt Imhoff Spezialitäten, die es, zum Teil angestaubt, in der Gruppe gab: ob die ›Knuspergold‹-Pralinen von Stollwerck, die ›Katzenzungen‹ von Waldbaur, Hildebrands ›Scho-Ka-Kola‹, die ›Eszet-Schnitten‹ oder Sprengels ›Erfrischungs-Stäbchen‹.

Extrem schwer jedoch fällt die Absetzbewegung bei Schokolade in 100-Gramm-Tafeln. Kein Wunder, daß es Imhoff in Rage brachte, als die Suchard GmbH Lörrach gegen Ende der Siebziger den Marktführer ›Milka‹ in ihren Werbesujets vor einer typischen Alpenlandschaft abbildete. Sollten der Firmenname Suchard und das Alpenimage dem Verbraucher suggerieren, die ›Milka‹ stamme aus dem schweizerischen Mutterland der Schokolade und nicht aus der Bundesrepublik?

»Für den deutschen Durchschnittsverbraucher«, interpretiert der stellvertretende Aufsichtsratsvorsitzende von Stollwerck, Hans Rolf, »ist bekanntlich die Schweiz gleichbedeutend mit qualitativ hochwertiger Tafelschokolade.« Immerhin erreichte der Einspruch aus Köln, daß Suchard solche Assoziationen in den Werbedarstellungen abschwächte.

Die Tafel erweist sich nicht allein als Standardangebot, das nur schwer in den Rang einer Produktpersönlichkeit zu erheben ist, ihr Preis kennt auch eine magische Schwelle: die Eine-Mark-Grenze. 1985 etwa gelang es, Markenschokolade wieder zu mehr als einer Mark zu verkaufen. Ende 1987 war das Preisniveau wieder unter die sensible Hürde abgesackt.

Zum Vergleich: In den dreißiger Jahren kostete das Spitzenprodukt ›Stollwerck-Gold‹ 50 Pfennig, ein Schlosser verdiente zur damaligen Zeit 60 Pfennig in der Stunde. Heute kostet gute Markenschokolade doppelt soviel, während ein Schlosser den 20fachen Stundenlohn erhält. Vor 20 Jahren lag qualitätvolle Tafelware sogar noch für 1,30 Mark im Regal, die Preisbindung verbot ein günstigeres Angebot.

Zweimal bemühte sich Hans Imhoff deshalb, eine Variante zur Standardtafel im Markt unterzubringen: die ›Spitze‹ von Stollwerck und ›Golf‹ von Sprengel.

Eine Werbeagentur aus dem Taunus macht ihm einen originellen Formvorschlag für Schokolade: ein Dreieck. Imhoff greift diese Idee auf, weil er bei einer solchen Gestaltung die Chance sieht, ein Produkt unter einer Mark anzubieten – allerdings zu 75 Gramm. Obendrein erscheint ihm der Name ›Spitze‹ attraktiv. Einen Moment lang denken die Marketingstrategen sogar darüber nach, in der Mitte ein Loch auszusparen und mit einem Glückspfennig zu füllen.

Doch als Stollwerck seine süßen Dreiecke in sechsfarbigem Stanniol ausliefert, geschieht etwas kaum Vorstellbares. Tobler bietet dem Handel zur gleichen Zeit eine Schokolade in einer Dreieckspackung an: ›Mount Tobler‹, jedoch mit 100 Gramm Gewicht. Beide Dreiecke kosten weniger als eine Mark. Völlig unabhängig voneinander haben zwei Schokoladenfirmen die Dreiecksidee zur Marktreife gebracht, doch nur Stollwerck hat auch alle Rechte blockiert. Immerhin kann Tobler im Markt einen Vorsprung ausspielen, nämlich das Gewicht von 100 Gramm. Denn gegenüber der Kölner ›Spitze‹ bedeutet das mehr Schokolade fürs Geld. Sofort läßt Imhoff deshalb die Formen und das

Verpackungsmaterial einstampfen und bietet sein Dreieck ebenfalls gewichtiger mit 100 Gramm an.

Tobler operiert in einem begrenzten Testmarkt, Stollwerck gleich bundesweit. Das Ergebnis des Dreieck-Duells: Tobler ebnete inzwischen ›Mount Tobler‹ ein. Die ›Spitze‹ aus der Domstadt war etwas länger im Regal zu finden, aber heute weiß jeder bei Stollwerck: Auch diese Darreichungsform versetzt keine Berge. Deshalb verschwand die Pakkung aus dem Sortiment.

Imhoffs zweiter Versuch weg von der Normform hat den durchschlagenden Erfolg von Ritter mit seiner quadratischen Tafel als Vorbild. An diesem Format haben sich bereits Mitbewerber orientiert – mit unterschiedlichem Erfolg. Während Jacobs-Suchard in Österreich eine quadratische ›Monte‹ etablieren kann, zieht Nestlé seine ›Fitness‹ ebenso wieder vom deutschen Markt zurück wie Monheim seine quadratische ›Aero-Luft‹.

Sprengel präsentiert zur Süßwarenmesse 1985 ›Golf‹, eine leicht rechteckige Schokolade in buntem Stanniol. Das internationale Golf-As Bernhard Langer soll diese neuartig verpackte Schokolade populär machen. Aber Ritter setzt eine einstweilige Verfügung gegen Sprengel durch, weil die Packung fast quadratisch aussehe und obendrein ebenso über »Seitenflossen« verfüge wie über eine »Knackautomatik« statt herkömmlicher Aufreißlasche.

Schließlich gelingt es, Form und Verpackung so zu wählen, daß Ritter keinen Einspruch mehr erhebt. Trotz des erheblichen Werbeaufwands aber bleibt ›Golf‹ der durchschlagende Erfolg verwehrt.

Die Beispiele ›Spitze‹ und ›Golf‹ führen Imhoff noch einmal drastisch vor Augen, wie schwer das vorhandene Sortiment zu erweitern ist. Deshalb betritt er wiederum Neuland, geht neue Wege, auf denen bisher kein Mitbewerber gefolgt ist. Hans Imhoff übernimmt den Vertrieb von Süßwarenspezialitäten aus dem benachbarten Ausland exklusiv für die Bundesrepublik.

»Es wird immer komplizierter, ein breitgefächertes Sortiment selbst zu fertigen«, erläutert er diesen Schritt, »denn etwa die Produktion von Kaugummi erfordert eine technisch aufwendige Spezialfabrik, deshalb importieren wir ›Stimorol‹ aus Dänemark.«

Solche Kooperation lastet den Vertrieb besser aus und kommt dem Wunsch der Abnehmer entgegen, wegen des Verwaltungsaufwandes mit möglichst wenigen Lieferanten umzugehen. Den ausländischen Anbietern erspart dieser Huckepackvertrieb den Aufbau eines kostspieligen Vertriebsnetzes.

Zwölf Jahre lang hatte die belgische Buiscuits Delacre S.A. aus Brüssel vergeblich versucht, ihr Gebäck einem größeren Kreis von Bundesbürgern schmackhaft zu machen. Seit Stollwerck ›Delacre‹ im September 1984 ins Sortiment nahm, schnellte der bundesdeutsche Absatz auf heute jährlich 5 000 Tonnen Gebäck der Premiumklasse hoch.

Ähnlich verhielt es sich mit der Jos. Manner & Comp. AG in Wien. Allein mit ihren Spezialwaffeln auf den deutschen Markt zu gehen, erschien den Österreichern zu riskant. Seit Jahresanfang 1987 vertreibt Waldbaur die ›Manner-Schnitte‹.

Den Alleinimport für Produkte des größten skandinavischen Süßwarenherstellers A. B. Marabou aus dem schwedischen Sundbyberg bezeichnet Imhoff »eigentlich als Witz, denn es handelt sich um Schokoladeartikel«. Vordergründig eine Konkurrenz für den Vertriebspartner Sprengel – aber eben nur auf den ersten Blick. Sprengel ergänzt sein Sortiment um drei Marabou-Markenartikel, die die Hannoveraner selbst nicht herstellen: das Weichkrokant ›Daim‹, Schokoladenrollen und eine 250 Gramm schwere Tafelschokolade.

Die Konsumenten geben ihm recht bei diesem unkonventionellen Schritt zur Sortimentserweiterung, der das hauseigene Angebot nicht schwächt, sondern im Gegenteil über zusätzliche Vertriebserlöse stärkt: »Von Kannibalismus keine Spur.«

6.
Hans Imhoff in der Schweiz, Belgien und Israel

»Ich bin der einzige nichtschweizerische Fabrikant im Mutterland der Schokolade«

Alle maßgeblichen Schweizer Schokoladenfirmen sind in der Bundesrepublik mit Fabriken vertreten und fühlen sich hier wie zu Hause«, beschreibt Imhoff die europäische Konkurrenzlage Anfang der sechziger Jahre, »aber kein deutscher, französischer – geschweige denn amerikanischer – Konkurrent hat es gewagt, in der Schweiz Fuß zu fassen, weil dies mit außerordentlichen Schwierigkeiten verbunden ist.«

Die Schweiz gilt als Mutterland der Schokolade, auch wenn dieser Ehrentitel historisch nur teilweise gerechtfertigt erscheint. Der spanische Eroberer Hernán Cortés brachte die Kostbarkeit Kakao Anfang des 16. Jahrhunderts aus Mexiko mit in seine Heimat zurück. Noch kannten die Europäer das der Kamelie verwandte Gewächs nicht, das allein in einem klimatisch begünstigten Gürtel um den Äquator gedeiht.

Als Christoph Kolumbus die Neue Welt entdeckte, galt die edle Kakaobohne in Südamerika als Zahlungsmittel. Für 50 Kakaobohnen wechselte eine Sklavin ihren Besitzer.

Die Azteken wußten die Bohnen auch direkt zu genießen, indem sie den Kakaokern zerrieben und mit Wasser anrührten. Den Trank nannten sie »Xocoatl«, die Wortwurzel für Schokolade. Diesem göttlichen Nektar sprachen sie Zauberkraft zu. Deshalb schlürfte auch der Aztekenkönig Montezuma II. das Bitterwasser, »bevor er zu seinen Frauen ging«.

Über Spanien kam der Kakao nach Frankreich, das bis Mitte des 19. Jahrhunderts als führende Nation auf dem Sektor der Schokoladenherstellung galt. Die Firmen Pelletier und Ménier glänzten als größte Schokoladenproduzenten in Europa.

Doch Frankreich sollte in der zweiten Hälfte des 19. Jahrhunderts seine Vormachtstellung an die Schweiz verlieren. Von dort nämlich nahmen technische Verbesserungen der Herstellung von Schokolade ihren Ausgang, die der Alpenrepublik den Ehrentitel »Mutterland der Schokolade« eintrugen.

Um das Gewicht dieser Entdeckungen für den modernen Schokoladengenuß abschätzen zu können, empfiehlt sich ein Blick auf die Fabrikation von Schokolade Anfang des letzten Jahrhunderts. Das »Technologische Lexikon« von 1816 aus dem Cotta-Verlag gibt Auskunft:

»Man röstet die Kakaobohnen so lange, bis sie anfangen zu knacken oder bis die Schale gut heruntergeht. Dann reinigt man sie von der Schale und tut eine gewisse Quantität derselben in die Schokoladenmaschine, einen eisernen halbrunden Kessel mit einer an der Wand befestigten Keule. Unter diese Maschine macht man ein nicht zu starkes Kohlenfeuer, und reibt die Bohnen so lange mit der Keule, bis sie ganz flüssig geworden sind und man nichts Körniges mehr fühlt. Nach dem Zartreiben tut man die erforderliche Menge Zucker hinzu und reibt alles gehörig untereinander. Die abgewogenen Portionen drückt man in Formen und schüttelt und schlägt sie so lange auf einem Tisch, bis sie oben ganz glatt geworden sind.«

Dieser mühsame Prozeß reservierte Schokolade den Wohlhabenden, vorwiegend als Trinkschokolade genossen. Seit der Holländer Conrad van Houten 1815 einen Weg zum Entölen des Kakaos gefunden hatte, gab es feinstzermahlenes Kakaopulver zu kaufen. Die englische Firma Fry & Sons aus Bristol machte sich 1847 van Houtens Technik zunutze und gab der Kakaomasse und dem Zucker die bei dem Entölen gewonnene Kakaobutter wieder zu – eine wichtige Etappe zur Eßschokolade. Fortan mußte die Schokolade nicht mühsam in Formen gepreßt werden, sondern floß hinein.

Ein wichtiger Schritt zur heutigen Schokoladenqualität war vollzogen: Die Tafel bröckelte nicht mehr so leicht und war weniger hart, aber nach wie vor schmeckte sie sandig und bitter.

Die entscheidenden Geschmacksverbesserungen sollten in der Schweiz gelingen. Dort arbeitete Daniel Peter 1875 mit dem Chemiker Henry Nestlé zusammen, der sich mit dem Herstellen von Kindernährmitteln beschäftigte und dazu Milch eindickte. Peter schuf die erste Milchschokolade, das zugesetzte Trockenmilchpulver veränderte zugleich die Farbe der Tafel von Tiefbraun zu Hellbraun.

Nun war das Naschen von Schokolade zu einem süßen Vergnügen geworden, aber der sandige Geschmack stand dem Hochgenuß noch entgegen. Nur vier Jahre nach Peters Innovation schaffte der Schweizer Rudolf Lindt 1879 den Durchbruch zum zarten Schmelz. Er machte die wegweisende Entdeckung, daß stundenlanges Bewegen den Schmelz und das Aroma der Schokoladenmasse verbesserte. Lindt entwickelte spezielle Knet- und Rührmaschinen, ihrer Form wegen Conchen (französisch Muschel) genannt, in denen die im Kakao enthaltenen unangenehmen Geruchsstoffe entwichen und sich das hochfeine Aroma entfaltete.

Alpenmilch und zarter Schmelz machten fortan Schweizer Schokolade zum Nonplusultra des Genusses. Die 1826 gegründete Firma Suchard wagte 1880 den Schritt nach Deutschland und begann in Lörrach mit dem Herstellen »Schweizer Schokolade«. 1901 stellte Suchard die Vollrahm-Schokolade ›Milka‹ (Milch und Kakao) her, heute Marktführer bei Tafelschokoladen. Andere Schweizer Unternehmen folgten Suchards Weg nach Deutschland. Nur in umgekehrter Richtung blieb diese Produktionsstraße unbenutzt.

Bis 1963 war die alpenländische Schokoladenwelt in Ordnung. Doch dann erschien Hans Imhoff in der Höhle des Löwen – zunächst wider Willen.

Zu diesem Zeitpunkt will der Bullayer Fabrikant eine gebrauchte Packmaschine für Tafelschokoladen verkaufen. Auf die Inserate in Fachzeitschriften meldet sich nur ein Interessent: die Chocolat Titlis S. A. aus Caslano in der Schweiz, 1957 auf Initiative eines italienischen Finanziers gegründet. Bald besteht Einigkeit über den Preis für das 15 Jahre alte Aggregat, 13 000 Franken. Die Schweizer schicken 3000 Franken als Vorauszahlung und bitten darum, die Maschine zu verladen.

Zwar pflegt Imhoff keine gebrauchten Maschinen auf Kredit abzustoßen, aber in diesem Fall scheint ihm eine Ausnahme in zweierlei Hinsicht gerechtfertigt: »Wir waren froh, das Schätzchen loszuwerden. Und obendrein galt uns eine Schweizer Firma als Ausbund der Seriosität.«

Doch als nach vier Wochen die Restzahlung noch aussteht, reklamiert Bullay – ohne Reaktion. Auch Telefonanrufe bringen nicht weiter. Am anderen Ende der Leitung versteht man nur »Italienisch«. Während einer Verkaufstour durch Süddeutschland wählt Hans Imhoff Titlis erneut erfolglos an. Obwohl ihm eine schwere Erkältung zu schaffen macht und das Fieber merklich steigt, entschließt er sich spontan zu einem Abstecher in die Schweiz. Neun Kilometer vom Stadtkern Luganos entfernt und nur wenige hundert Meter vor der italienischen Grenze gelegen, erreicht er die Schokoladenfabrik Titlis und erlebt eine böse Überraschung.

Das Werk liegt still, die Firma stecke in Zahlungsschwierigkeiten, erfährt Imhoff vom Vergleichsverwalter in Lugano. Für die offene Rechnung fühlt sich dieser nicht zuständig. Die Bullayer Maschine habe noch der frühere Chef geordert, der sei inzwischen wegen krummer Geschäfte gefeuert. Am besten nehme Imhoff das Aggregat gleich wieder mit.

Hans Imhoff nutzt die Suche nach seiner Maschine, um sich genauer bei Titlis umzuschauen. »Die sogenannte Fabrik«, skizziert er seine erste Besichtigung einer Schweizer Schokoladenfabrik, »war das Wunder des Malachias, eine Art Großkonditorei, in die es hineinregnete.«

So entschließt er sich zur Übernachtung in Lugano. Wut, Enttäuschung und Fieber lassen ihn nur wenig Schlaf finden. Bereits gegen fünf Uhr wacht er schweißgebadet auf, wirft einen Blick aus dem Hotelfenster und macht sich – Pleite hin, Grippe her – zu einem Frühspaziergang um den Luganer See auf.

Das Naturerlebnis bleibt vordergründig, den Hersteller namenloser Schokolade fesselt ein anderes Naturereignis: Soll er, der Nobody von der Mosel, als Pionier der heimischen Branche brillieren, indem er als erster Landesfremder eine Schweizer Schokoladenfabrik übernimmt?

Mag der Laden noch so heruntergekommen sein, die Adresse besitzt ungemeinen Reiz: Caslano, Schweiz.

Diesmal verblüfft Imhoff den Vergleichsverwalter: »Kann ich die Firma Titlis kaufen?« Ein etwas ungewöhnliches Verfahren, um eine Gebrauchtmaschine zu retten ... Aber bei genauem Nachrechnen erscheinen die Konditionen recht günstig: Das 8 500 Quadratmeter messende Grundstück wird günstig erworben. Der Kaufpreis für die Fabrik beträgt 90 000 Franken. Da aus einem Einbruch und einem Brand noch Versicherungsansprüche bestehen, erwirbt Imhoff die Chocolat Titlis praktisch für Null – einmal abgesehen von seiner unfreiwilligen Sachleistung.

Bald produziert Titlis weiter, aber so hat sich Imhoff die Schokoladenherstellung in der Alpenrepublik nicht vorgestellt. In Caslano verbinden sich vorsintflutliche und supermoderne Methoden zu einer geradezu grotesken Mixtur. Conchieren à la Rudolf Lindt zählt bei Titlis zu den Verfahren von gestern. Die Fabrik nutzt einen Prototyp des Erfinders Mosimann, der anstelle von Conchieren die Schokoladenmasse mit Ultraschall präpariert. Doch nach diesem Arbeitsschritt geht es retour ins Mittelalter. Wie vor Jahrhunderten wird die Schokoladenmasse per Hand in Formen gefüllt.

Aber auch die Moderne weist Lücken auf. Mosimanns Patent läßt die Fachwelt keineswegs dahinschmelzen, Ultraschall zeigt sich dem Conchieren nicht ebenbürtig. Deshalb entwickelt Imhoff für Titlis ein neues Produktionsprogramm und ordert in Mailand bei Carle & Montenari für eine Million Franken eine moderne Tafelanlage. Fortan produziert der Außenseiter von der Mosel am Luganer See Schokolade guter Schweizer Qualität – vorwiegend für den Export. Der Euphorie des Eroberers folgt die Ernüchterung des Besatzers. »Es war wie im alten Rom«, sucht Imhoff historische Vorbilder für seine Managementprobleme, »je weiter eine Kolonie entfernt lag, um so schwerer war sie zu regieren.« Bullay und Caslano, zwei Standorte im Hinterland weitab von den großen Zentren.

Größte Probleme bereitet Imhoff die Suche nach einem geeigneten Geschäftsführer der Titlis. Die Tessiner sprechen italienisch, zugleich muß ein Manager in Caslano auch die Sprache der Muttergesellschaft beherrschen – also Deutsch. Nicht genug damit: Französisch benötigt er für das bedeutsame Gebiet der Westschweiz und rund um den Genfer See. Da die Firma traditionell überwiegend exportiert, erscheint Imhoff auch die Kenntnis des Englischen zwingend. Der Schweizer Manager muß also außer den eigentlichen kaufmännischen Qualitäten über gute Kenntnisse in vier Sprachen verfügen.

Da es in der Tessiner Region außer der Titlis nur noch zwei kleine Schokoladenfabriken gibt – das Zentrum der Schokoladenindustrie liegt im Raum Zürich und Basel –, fällt die Suche nach Führungskräften vor Ort besonders schwer.

Deshalb glaubt Imhoff die Schlacht überraschend schnell geschlagen zu haben, als sich ein pensionierter Generalmanager, der früher eine Einkaufsgesellschaft leitete, bei Titlis meldet. Fortan hören die Mitarbeiter in Caslano auf sein Kommando.

Doch Hans Imhoff ist weitab vom Geschehen. Eine Reise nach Caslano von der Mosel aus – und später vom Rhein – nimmt immer einen Tag in Anspruch: entweder acht Stunden Autofahrt oder eine nicht weniger umständliche Tour mit dem Flugzeug über Zürich oder Mailand.

Um diese Probleme weiß der neue Mann nur zu genau. Statt in Caslano in Stellung zu gehen, behält er seinen Berner Wohnsitz. Einmal in der Woche setzt er sich in seine schwere amerikanische Limousine, kreuzt in Caslano auf und diktiert dort seinen Wochenbericht, das heißt, er malt farbig aus, was ohne sein Zutun geschehen ist.

Als Imhoff den Bluff entdeckt, muß der Manager auch seine Stippvisiten im Tessin einstellen: »Mir war klar, Titlis brauchte keinen Repräsentanten, sondern einen gewissenhaften Vorarbeiter.« Deshalb fällt Imhoffs Wahl auf den Buchhaltungsleiter der Firma, der die vier gewünschten Sprachen beherrscht.

Das Experiment scheint zu gelingen. Fortan arbeitet das Caslaner Unternehmen mit bescheidenen Gewinnen, die Umsätze steigen von Jahr zu Jahr. Anfang der achtziger Jahre veranlaßt diese positive Entwicklung Imhoff sogar zum Nachdenken über einen Fabrikneubau. Inzwischen arbeitet Titlis rund um die Uhr in drei Schichten.

Von der Schweizerischen Zollverwaltung ersteht Imhoff 1982 gleich auf der gegenüberliegenden Straßenseite der Titlis-Fabrik ein 20 000 Quadratmeter großes Areal zum stolzen Quadratmeterpreis von 170 Franken. Der Architekt Flavio Vella aus Ponte Tresa entwirft einen Fabrikbau, dessen aufwendige Fassade sich hervorragend in die Tessiner Landschaft einpaßt.

Das alte Werk kann Imhoff günstig veräußern, inzwischen hat es einer Wohnsiedlung Platz gemacht. Mit dem Wechsel auf die andere Straßenseite ändert Titlis auch den Firmennamen in Chocolat Alprose

S. A. um. Über 20 Millionen Franken investiert Imhoff, damit rund 80 Beschäftigte fortan bis zu 8000 Tonnen Tafelschokolade im Jahr produzieren können.

Alles scheint in Ordnung. »Bei der Einweihung vor 150 geladenen Gästen war ich ganz stolz darauf, daß der Alprose-Chef seine Rede ohne schriftliches Konzept in vier Sprachen brillant absolvierte«, gibt Imhoff auch seiner Zufriedenheit über das Management bei Alprose Ausdruck.

Von der erfreulichen Geschäftsentwicklung ermutigt, beschließt Imhoff, die Chefetage im Tessin auszubauen. Als neuen Leiter des Rechnungswesens engagiert er einen eidgenössischen schweizerischen Buchhalter, der seine Arbeit am 2. Januar 1985 beginnen soll. Doch da der dienstbeflissene Mann seinen Wohnsitz bereits aus der deutschsprachigen Schweiz nach Lugano verlegt hat, bittet er Imhoff Ende Dezember 1984, die Inventur mitmachen zu dürfen. Gern stimmt dieser zu.

Die Internationale Süßwarenmesse in Köln Ende Januar 1985 bleibt für Hans Imhoff mit einer ganz persönlichen Überraschung verbunden.

Auch Alprose präsentiert sich mit einem Stand in den Deutzer Messehallen. Am Freitagmorgen vorher jedoch wartet das Tessiner Management in der Kölner Stollwerck-Hauptverwaltung mit einer unglaublichen Geschichte auf. Noch vor acht Uhr stürzt Stollwerck-Vorstand Ernst Georg Baumbach in Imhoffs Büro. Er müsse unbedingt den Chef der Alprose und dessen neuen Oberbuchhalter anhören. Als Imhoff zunächst erwidert, er beabsichtige, seinen Kaffee in Ruhe auszutrinken, entgegnet Baumbach: »Es ist etwas passiert.«

Mit finsteren Minen erscheinen die beiden im Chefzimmer. Betont ruhig erklärt der neue Leiter des Rechnungswesens bei Alprose, die Inventur in Caslano habe extreme Fehlmengen ergeben.

Er könne sich das alles nicht erklären, kommentiert der Alprose-Chef diese Entdeckung.

Imhoff bittet ihn ins Nebenzimmer. Hart ins Gebet genommen, beichtet ihm der Alprose-Chef alles. Hans Imhoff glaubt seinen Ohren nicht zu trauen: Die Gewinne der letzten Jahre seien in Wahrheit Verluste gewesen. Doch um Imhoffs Vertrauen nicht zu enttäuschen, habe er Zuschreibungen zu den Inventuren gemacht. Natürlich habe er sie im Folgejahr durch Gewinne kompensieren wollen, nur sei es dann wieder nicht so gut gelaufen wie erhofft. Und schließlich sei auch seine Tantieme gewinnbezogen.

Der pensionierte Generalmanager ein Blindgänger, der aufgestiegene Buchhalter ein begnadeter Baumeister Potemkinscher Dörfer: Imhoff wagt sich die Folgen der Fehlbesetzungen in Caslano nicht auszumalen.

Sofort setzt er ein halbes Dutzend qualifizierter Stollwerck-Mitarbeiter Richtung Schweiz in Marsch. Wenige Tage später präsentieren sie ein niederschmetterndes Prüfungsergebnis: In der Alprose-Kasse fehlen einige Millionen Schweizer Franken.

»Ich stand vor der Alternative, die Firma in Konkurs gehen zu lassen oder einige Millionen Franken einzuschießen«, beschreibt Imhoff seine Wahl zwischen zwei Übeln. Noch vor Ablauf der Kölner Süßwarenmesse reist er ins Tessin, um sich selbst ein Bild zu machen. Rasch wird ihm klar, daß er die gesamte Verwaltungsspitze auswechseln muß.

Ein Konkurs der Alprose kommt für Imhoff nicht in Frage, zuviel persönliches Prestige steht auf dem Spiel. Aus Konzernmitteln bringt er die nötigen Gelder ein. Daß andere Firmen mit ihren weit von der Zentrale liegenden Töchtern ähnliche Personalprobleme haben, tröstet Imhoff wenig.

»Es blieb die fürchterliche Tatsache«, malt er die verfahrene Situation aus, »daß ich aufgrund völlig falscher Zahlen eine neue Fabrik gebaut und mich entsprechend verschuldet hatte. Die buchhalterisch ausgewiesenen Gewinne waren in Wirklichkeit Verluste gewesen.«

Warum kann sich Hans Imhoff selbst in einer solch üblen Lage nicht von seiner Tochterfirma trennen? »Das ist ein Charakterzug«, sucht er die Erklärung in seinem Wesen, »was ich einmal angefangen habe, das will ich auch erfolgreich zu Ende bringen.« Auch erscheint es ihm »unmöglich, eine Firma in Schieflage einfach fallenzulassen«.

Vor allem jedoch steht das Prestige auf dem Spiel, als erster nichtschweizerischer Schokoladenfabrikant in der Alpenrepublik Fuß gefaßt zu haben. »Viele haben bis heute nicht verstanden, daß ich das überhaupt geschafft habe«, bringt er die Reaktionen auf einen Nenner, »ausgerechnet ein Deutscher hatte den Mut, im angesehensten Schokoladenland der Welt eine Fabrik zu betreiben.« Nach über zwanzig Jahren schwieriger Anlaufphase wollte Imhoff »das Feld nicht mehr räumen und mich der Schadenfreude der Kollegen aussetzen«.

Deshalb läuft der Geschäftsbetrieb bei Alprose weiter, als habe jederzeit die Kasse gestimmt. Nicht einmal verzögert sich eine Zahlung. Imhoff delegiert eine Reihe erfahrener Stollwerck-Mitarbeiter nach Lugano.

Über Monate setzt er sich selbst in ungewöhnlicher Weise mit ein. Oft geht es freitags abends von Köln mit dem Flugzeug nach Zürich, von dort mit dem Wagen nach Caslano. Die erste Besprechung beginnt noch um 22 Uhr abends. Am Samstag schließen sich zwölf Stunden Tagesarbeit an. Der Wochenendeinsatz im Tessin endet am Sonntag um 15 Uhr.

Bis Mitternacht dauert die anschließende Autofahrt nach Köln. Montag früh um 8 Uhr sitzt Hans Imhoff wieder an seinem Schreibtisch in der Stollwerck-Hauptverwaltung.

Der Kraftakt gelingt, die Alprose überlebt. »1988 wird Alprose ein ausgeglichenes, womöglich sogar ein positives Ergebnis aufweisen«, resümiert Imhoff den späten Erfolg.

Als er 1963 die Titlis S. A. kauft, spielt diese Tessiner Firma in der Schweiz auch eine Außenseiterrolle wie das Bullayer Unternehmen in der Bundesrepublik. Was Imhoff daheim geschafft hat, plant er auch in der Alpenrepublik: »Mein Traumziel bleibt es, mit Alprose als Markenschokolade in der Schweiz den Durchbruch zu erzielen.«

Mehrfach wissen die angestammten Konkurrenten Imhoffs Versuch zu vereiteln, nach deutschem Vorbild diesen Sprung in die Anbieterelite durch Zukauf maroder Markenunternehmen früher zu schaffen.

So wittert er etwa eine Chance, als eine kleine, aber feine Markenschokoladenfabrik zum Kauf steht. Der Inhaber zeigt Imhoff an einem Wochenende seinen Betrieb.

Unvorsichtigerweise akzeptiert Hans Imhoff den Wunsch des Inhabers, ihm ein schriftliches Angebot zu unterbreiten. Diese Offerte nutzt dieser offenbar anschließend, um seinen schweizerischen Kollegen die Drohung weiterer Überfremdung zu belegen, bis einer von ihnen das Unternehmen kauft. »Und ich stand wieder einmal im Regen«, fühlt sich Imhoff an Bullayer Zeiten erinnert. »Es war eine kleine Firma, aber eine Marke.«

Dabei gilt Imhoff bei den einflußreichen Schweizer Bankiers längst als hochgeschätzter Geschäftspartner. Dr. Max Kopp, Generaldirektor der Schweizerischen Kreditanstalt, erinnert sich an sein erstes Zusammentreffen mit dem agilen Unternehmer Ende der sechziger Jahre: »Hans Imhoff gab den Ton an, hörte aber auch gut zu. Aus verschiedenen Gründen zerschlug sich das beabsichtigte Geschäft. Hans Imhoff blieb mir jedoch treu – dies ist eine seiner wesentlichen Eigenschaften –, und wir sind seither in Kontakt geblieben.«

Aus dem Kurzporträt des Schweizer Bankiers spricht Bewunderung: »Hans Imhoff ist ein Selfmademan, der sich dank Mut, guten Nerven, Energie und Tüchtigkeit zu einem führenden Industriellen Deutschlands entwickelt hat und sich gleichzeitig durch einen treuen, liebenswerten und großzügigen Charakter auszeichnet.« Was betrachtet der Generaldirektor der Kreditanstalt als Stärken und Schwächen Hans Imhoffs? »Seine größte Stärke liegt wohl darin, daß er als echter Unternehmer denkt und handelt; bereit ist, Risiken einzugehen, und immer wieder selber zupackt«, analysiert Max Kopp. »Daraus muß man seine größte Schwäche ableiten: Mitarbeiter haben es neben ihm nicht leicht, und so war denn der Verschleiß an Vorstandsmitgliedern bei Stollwerck eine Zeitlang recht groß.«

Bei der Alprose rührte der Verschleiß an Geschäftsführern dagegen von deren Charaktereigenschaften her. Trotz solcher temporären Handikaps exportiert die schweizerische Stollwerck-Tochter heute 70 Prozent ihrer Produktion in 84 Länder – von Dänemark bis Australien. In der Schweiz hält Alprose einen Marktanteil von sieben Prozent.

Die Preise gestaltet Imhoff nach eigenem Ermessen, was ihn zugleich als Außenseiter charakterisiert. Denn in der Schweiz besteht die Konvention der Schokoladenfabriken, die legal Preise festlegen darf. Dieser Institution gehören fast alle eidgenössischen Schokoladenhersteller an – die Alprose nicht. »Ich bin nie aufgenommen worden, habe es auch nie versucht«, kommentiert Imhoff gleichzeitig auch die Zurückhaltung der Konventionsmitglieder.

Vielleicht haben ihm die angestammten Firmen den Einbruch in ihre Domäne noch nicht verziehen.

In der Schweiz kostet die Tafel Schokolade praktisch doppelt soviel wie in der Bundesrepublik. So erfordert die hochsubventionierte Almlandwirtschaft Mehraufwendungen für den Rohstoff Milch. »Die Konvention ist aber eine segensreiche und sinnvolle Institution für die schweizerische Schokoladenwirtschaft, denn sie stellt sicher, daß die Schokolade nicht wie in der Bundesrepublik zum Teil unter Herstellungskosten in den Läden verschleudert wird. In keinem Land der Welt kann man Qualitätsschokolade so billig kaufen wie in der Bundesrepublik.«

Gilt Schweizer Schokolade weltweit als geschmacksbildend, kennen einzelne Länder sehr wohl geschmackliche Eigenarten. Die Belgier etwa schätzen Schokoladenriegel mit fruchtigen Füllungen. Riegel mit süßem Bananenfruchtzusatz sind in Belgien ein Hit – in der Bundesrepublik würde niemand wagen, sie im Süßwarenregal zu plazieren.

Für das Auslandsengagement ergibt sich daraus ein gewichtiges Argument: Landestypische Geschmacksvarianten lassen sich nicht durch Export, sondern allein durch Produktion vor Ort erfolgreich treffen.

Imhoffs Investition in Belgien folgt dieser Logik, wenn sie auch mit der bereits bekannten Grundsituation ihren Anfang nimmt: Ein Traditionsunternehmen mit großem Markenrenommee gerät an den Rand des Abgrunds . . .

Die Chocolaterie Jacques S. A. in Eupen zählt zu den ältesten Schokoladenfabriken Belgiens. Im Jahr 1896 von Antoine Jacques gegründet, erwirbt sich Jacques die Marktführerschaft bei gefüllten Schokoladenriegeln. 1976 übernimmt die belgische Nahrungsmittelgruppe Continental Sweets das Unternehmen, doch diesem Engagement fehlt Fortune.

»Der Einstieg in Belgien kam urplötzlich«, erläutert Imhoff den Erwerb des nach der Alprose zweiten ausländischen Tochterunternehmens der Stollwerck AG. Im Jahr 1982 signalisiert Continental Sweets dem erfahrenen Sanierer in Köln Verkaufsabsichten. Sofort setzt sich Hans Imhoff ins Auto und schaut sich vor Ort um. Danach zieht er folgendes Fazit: »Markenname noch in Ordnung, betriebswirtschaftliche Ergebnisse katastrophal, technische Verfassung schlimm – dauerhafte Chancen nur mit einem Neubau.«

Doch wegen der restriktiven Sozialgesetzgebung in Belgien macht Hans Imhoff seine Entscheidung von einer Zustimmung der beteiligten Gewerkschaften und des Jacques-Betriebsrates zu einem durchgreifenden Sanierungsprogramm abhängig. »Diese Fabrik muß kurzfristig schließen«, konfrontiert er die Arbeitersprecher mit der nüchternen Sachlage. »Ich bin bereit, mich zu engagieren, aber ich nehme nicht den Schuldvorwurf für Vergangenes auf mich.«

Eine schwierige Sitzung beginnt, gesprochen wird französisch, flämisch, deutsch – vor allem aber wird Tacheles geredet. Imhoff wagt sich weit vor: »Ich gebe mein Wort, wenn die Sanierung gelingt, verpflichte ich mich, spätestens in fünf Jahren eine neue Fabrik zu bauen.«

Offenbar spüren die Arbeitnehmervertreter den ganzen Ernst dieser Zusage. Am Schluß der Diskussion erhält Hans Imoff freundschaftlichen Applaus. Die Gewerkschaftsfunktionäre sprechen ihm ihr Vertrauen aus.

Imhoff baut darauf und kauft Jacques. Genau zwei Jahre erfordern die Aufräumarbeiten. »Bereits nach einem Jahr haben wir wieder Geld verdient, weil wir hart, konsequent, aber auch sehr logisch die entsprechenden Maßnahmen realisiert haben«, beschreibt Imhoff den geglückten Start.

Fünf Jahre nach seinem Einstieg bei Jacques löst der Stollwerck-Chef am 30. September 1987 sein Versprechen ein. »Fabrik zum Vorzeigen in der Eupener Industriezone«, lautet die Schlagzeile des ›Grenz-Echo‹, der deutschsprachigen Tageszeitung im östlichen Belgien.

Unweit der Autobahn ist ein hochmoderner Betrieb auf 4000 Quadratmeter Nutzfläche entstanden. 140 Beschäftigte können in dem Neubau 10 000 Tonnen Schokoladenware im Jahr herstellen. Die Investitionssumme überschreitet 20 Millionen Mark, der belgische Staat und die Wallonische Region haben Zuschüsse geleistet.

»Sonne über Eupen und in unseren Herzen«, läßt Hans Imhoff die Gäste bei der Fabrikeinweihung an seiner Freude teilhaben. »Die Gewerkschaften haben uns fair behandelt«, zollt er den Arbeitersprechern Respekt, »dafür läuft hier ab heute eine picobello blitzsaubere Fabrik.«

Von der herzlichen Atmosphäre angesteckt, zeigt sich Melchior Wathelet, der Ministerpräsident der Wallonischen Region, in seiner Festrede: »Es gibt im Deutschen ein Sprichwort: jemanden durch den Kakao ziehen.« Da die Belgier diese Redensart nicht kennen, möchte sie Wathelet umdeuten: »Für uns soll ›jemanden durch den Kakao ziehen‹ künftig aussagen: sein Glück besiegeln.«

Hans Imhoff kann sich einen besonderen Dank für dieses originelle Kompliment ersparen. Er hat bereits am Ende seiner Begrüßung auf seine Art ausgedrückt, wie wohl er sich als engagierter Unternehmer unter den »fleißigen Eupenern« fühlt: »In fünf Jahren werden wir, wenn wir Glück haben, die Fabrik erweitern.« Dieser zweiten Prognose glauben auf Anhieb mehr Zuhörer als seinem Neubauversprechen von 1982.

Noch bevor die neue Jacques-Fabrik in Belgien ihren Betrieb aufnimmt, meldet sich im September 1984 israelischer Besuch bei Stollwerck an. Benjamin Givli, der Präsident der Koor Foods, möchte mit Hans Imhoff über ein Gemeinschaftsprojekt für eine Schokoladenfabrik in Israel diskutieren. Der gewerkschaftseigene Koor-Konzern beschäftigt als größte Industrie- und Handelsgruppe Israels 36 000 Menschen.

In Köln schildert Givli die Marktlage in seinem Land. Derzeit produziere nur eine Schokoladenfabrik in Israel, die ihrem Namen Elite eher vom Preis als von der Qualität Ehre mache. Koor betreibe bereits Lebensmittelfabriken, etwa Ölmühlen und Margarinewerke, besitze also Know-how, das sich auch für den erfolgreichen Betrieb einer Schokoladenfabrik nutzen lasse. Noch interessanter für Imhoff: Die Koor-Gruppe betreibe Lebensmittel-Supermärkte mit rund 25 Prozent Marktanteil.

»Fast 20 Jahre lang ließ mir die Idee keine Ruhe, eine Schokoladenfabrik in Israel zu errichten, um das bestehende Monopol zu brechen und dem Volk Israel gute Schokolade von hoher Qualität zu liefern«, erinnert sich Givli. »Es ist fast nicht zu glauben, aber all dies fand seine Lösung nach einigen Stunden Unterhaltung mit Hans Imhoff. Schwierigkeiten der Sprache waren kein Hindernis für unsere Verständigung, denn es wurde über Schokolade gesprochen, und es gibt niemanden außer ihm, der diese Sprache besser kennt und beherrscht.«

Dr. Ami Dolev, der heutige Generalmanager des Gemeinschaftsunternehmens, erläutert die Vorgeschichte dieses Givli-Besuchs: »Wir kannten Stollwerck als einen der größten europäischen Schokoladenproduzenten. Das breite Sortiment und die hohe Qualität der Schokoladenartikel lenkte unsere Aufmerksamkeit auf Stollwerck. Dieser Konzern besitzt Know-how, das nur wenige Schokoladenfirmen in der Welt vorweisen können.«

Aber Stollwerck ist ein deutsches Unternehmen, und auch eine Kooperation deutscher und israelischer Firmen steht zwangsläufig vor dem historischen Hintergrund der mörderischen Judenverfolgungen im Dritten Reich. Trotz dieser leidvollen gemeinsamen Geschichte betont Ami Dolev: »Stollwerck war das erste Unternehmen, mit dem ernsthafte Verhandlungen aufgenommen wurden.«

Imhoffs langjährige Sanierungsmühen bei deutschen Markenartiklern haben über die deutschen Grenzen hinaus Früchte getragen, wie Dolev bestätigt: »Ein solcher Konzern, mit dieser Reputation und Flexibilität, schien uns der ideale Partner für Koor Foods.«

Zu der Wertschätzung des Unternehmens gesellt sich die Hochachtung der Akteure. »Es scheint mir, daß er mich vom ersten Moment mochte, das beweisen seine Worte und das Leuchten seiner Augen, weil hier jemand zu ihm kam, um die Errichtung einer Schokoladenfabrik mit ihm zu beraten«, beschreibt Givli seine ersten Eindrücke. »Hans Imhoff ist ein ganz besonderer Mensch – klug, energisch, mit unerschöpflicher Arbeitskraft, ein Zentralist, der seinen Beruf liebt. Er hat die Schokolade beinahe zu seiner Weltanschauung und Lebensauffassung gemacht.«

Givlis Offerte macht Hans Imhoff zugleich stolz und zögernd: »Von Anfang an war mir klar, daß dies eine Investition besonderer Art sein würde.« Bereits sein erster Gesprächspartner, eben Ben Givli, verkörpert Israels jüngere Geschichte: als ehemaliger General der israelischen Armee und Chef der Abwehr.

Seit dieser Zeit verfügt Givli über hervorragende Kontakte zu den maßgeblichen Politikern seines Landes. Das verleiht seiner Darstellung Gewicht, die Regierung stehe dem Bau einer Schokoladenfabrik in Kooperation mit einem ausländischen Partner sehr positiv gegenüber. Der Staat werde Zuschüsse von etwa 35 Prozent der Investitionssumme leisten, das Transferieren der Gewinne sei frei.

Ein Feuerwerk von Fragen signalisiert, daß Imhoff Feuer fängt: »Fragen über den Staat Israel, über dessen Industrie, wer ich sei und was Koor umsetze, was unsere Beziehungen zum internationalen Markt ausmache, welche Gremien für unsere Tätigkeit zur Verfügung stünden, ob die jüdischen Gemeinden in der Welt als Helfer in unserem wirtschaftlichen Werk dienten und so fort.«

Benjamin Givli glaubt aus diesem Wissensdurst zugleich große Skepsis herauszuhören, doch am Ende des Gesprächs bittet Imhoff seinen Gast um ein erneutes Zusammentreffen am nächsten Tag in seinem Büro: »Dort übergab er mir einen von ihm unterzeichneten Brief, der seine Absicht ausdrückte, in Israel eine Fabrik zu bauen.« Ein *Letter of Intend* nach einer ersten Unterredung, das beeindruckte den Präsidenten von Koor Foods: »Hans Imhoff ist ein stolzer Bürger seines Vaterlandes, selbständig in seinen Ansichten und frei in seinen Entscheidungen – er sagte und tat.«

Jitzhak Ben-Ari, Botschafter des Staates Israel in Bonn, fördert die Kontakte tatkräftig: »Ich kenne und schätze Stollwerck-Schokolade noch aus meiner Jugendzeit in Wien.« Die Qualität der Erzeugnisse und die hochmoderne Produktionstechnik sprechen aus seiner Sicht ebenso für Stollwerck wie der Umstand, »daß diese Firma mit eigenem Kapital und ohne Bankschulden arbeitet«.

Vor allem aber sieht Botschafter Ben-Ari im Stollwerck-Chef den geeigneten Partner für das Joint-venture: »Ich traf Herrn Imhoff persönlich und war von seinem wirtschaftlich denkenden Geist positiv beeindruckt – ein bekannter Fachmann, der mit Energie und Durchsetzungskraft die Ziele seiner Firma vorantreibt.«

Die folgenden Wochen nutzen beide Seiten, um weitere Klarheit übereinander zu gewinnen. »Bereits im frühen Stadium der Gespräche hat die israelische Botschaft in Bonn Hans Imhoffs Verhalten im Zweiten Weltkrieg durchleuchtet«, benennt Ami Dolev eine unerläßliche Voraussetzung für das unternehmerische Engagement eines Deutschen in Israel. »Wir bekamen grünes Licht und konnten unsere Verhandlungen fortsetzen.«

Rotes Licht dagegen signalisieren Imhoff Geschäftsfreunde. Warum ausgerechnet in Israel investieren? Das Land sei klein, weit weg, heiß (wer ißt da schon Schokolade?), ständig im Krieg und ohne Subventionen aus den USA überhaupt nicht lebensfähig.

Ami Dolev nennt zwei Aspekte als entscheidende Motive für Imhoffs Engagement: »Ich glaube, die starke Ausstrahlung Ben Givlis hat ihn fasziniert. Außerdem dürfte ihn Israel mit seinen spezifischen Lebensbedingungen, der Atmosphäre und dem Durchhaltewillen seiner Menschen nachhaltig beeindruckt haben.«

Imhoff prüft die Offerte sehr sorgfältig. Mehrere Male fliegt er nach Israel, verhandelt mit führenden Politikern, studiert Marktverhältnisse vor Ort, fühlt sich schließlich willkommen. Benjamin Givli lernt Hans Imhoff während dieser Phase weiter schätzen: »Er verliebte sich in Israel. Nicht, daß es keinen Zweifel gab, nicht, daß keine Krisen gemeistert werden mußten. Aber wir erlebten einen Menschen, treu zu seinem Entschluß stehend und hartnäckig genug zur Durchführung des Projekts.«

Dann entscheidet sich Imhoff für das Engagement in Israel. »Dafür gab es zwei Gründe, einen emotionalen und einen rationalen«, erläutert er diesen Schritt detailliert. »Zwar bin ich in keiner Form durch die Nazizeit persönlich belastet, für mich war immer unfaßbar, daß das Volk der Juden von den Deutschen ausgerottet werden sollte. Aber aus einem kollektiven Schuldgefühl heraus hatte ich immer besondere Sympathie für das israelische Volk, das so tapfer für seinen Staat kämpft.«

Zu dieser Zuneigung Imhoffs für die mutigen Bewohner gesellt sich die kaufmännische Chance: »Mit der Koor-Gruppe bekam ich einen erstklassigen Partner, der über eigene Läden beachtliche Marktanteile besaß. Dann erhielten wir staatliche Zuschüsse, so daß das Engagement für Stollwerck nur ein Drittel der Investitionssumme von rund 35 Millionen Mark ausmachte.«

Die hohe Wertschätzung der Partner ist offenbar gegenseitig. Ami Dolev schildert als ersten Eindruck von Hans Imhoff »seine Aufgeschlossenheit, seine Direktheit, das Fehlen jeder offiziellen Steifheit«. Was nimmt Dolev vor allem für Imhoff ein? »Ich schätze besonders sein offenes Wesen, seine Prägnanz und den unkomplizierten Zugang. Zeitweise haben mich diese Eigenschaften in eine unbehagliche Lage gebracht und verwirrt«, räumt Dolev ein, »aber für eine dauerhafte Zusammenarbeit erscheinen sie mir als hervorragende Voraussetzungen.«

Außergewöhnlich wie das ganze Joint-venture ist nicht weniger der Standort der Gemeinschaftsfabrik: Safed, 900 Meter hoch in Galiläa gelegen, nur wenige Kilometer von der Grenze zu Syrien und dem Libanon entfernt. »Safed ist eine der drei heiligen jüdischen Städte in Israel«, erläutert Dolev, »die einzige israelische Stadt, die nie von Juden verlassen wurde und in der seit 2000 Jahren eine jüdische Gemeinde existiert.« Im 16. und 17. Jahrhundert eine der größten Kreuzfahrerfestungen, stand in Safed – hebräisch Zefat – die erste Druckpresse Asiens.

Ein deutscher Unternehmer investiert in einer heiligen jüdischen Stadt in Sichtweite der Golanhöhen. Ami Dolev verweist nüchtern auf diese Tatsache, die doch weit mehr aussagt: »Mir erscheint es besonders bedeutsam, daß gerade in dieser Stadt ein deutsch-israelisches Gemeinschaftsunternehmen gegründet wurde.«

Auch ein sehr sachbezogener Grund spricht für den Standort in der galiläischen Bergregion. Safed besitzt klare und saubere Luft ohne Industrieabgase, eine wichtige Voraussetzung für Schokolade hervorragender Qualität.

Bei der Grundsteinlegung am 5. Mai 1985 setzt Benjamin Givli hohe Maßstäbe: »Es wird ein modernes hochentwickeltes Werk sein und eines der vollkommensten dieser Art in Israel. Diese Fabrik wird eine Quelle des Erwerbs und des Stolzes für die dort Arbeitenden und für die Stadt Zefat sein.«

Für das Gemeinschaftsunternehmen Rose of Galilee Chocolate & Candy Industries Ltd. – auf hebräisch »Vered Hagalil« – muß Imhoff mit einem persönlichen Grundsatz brechen. Er mag keine Teilhaber, aber mit der Koor Foods geht er ein Joint-venture ein. Vom Grundkapital der Rose von Galiläa von 4,7 Millionen US-Dollar bringen beide Seiten die Hälfte auf.

»Ein Teilhaber war in diesem Fall rechtlich wie vom Markt her geboten«, erläutert er seine Ausnahme von der Regel, »und ich muß ebenso offen zugeben, daß ich allein den Mut nicht gehabt hätte.«

Mit einem Aufwand von 16,8 Millionen US-Dollar entsteht in Safed eine Fabrik mit 6000 Quadratmeter Produktionsfläche – heute größter Arbeitgeber der Stadt.

Die Gegner dieses Projekts außerhalb von Israel reagieren, noch bevor das Werk seinen Betrieb aufnimmt. Eine Reihe von arabischen Ländern setzt Stollwerck auf die schwarze Liste. Doch die Front bricht rasch wieder zusammen. Im Gegenteil: Imhoff liegen inzwischen Anfragen aus Ägypten und Saudi-Arabien zum Bau von Schokoladenfabriken vor. Safed gibt ein Beispiel.

Zur Einweihungsfeier am 4. November 1986 mit über 1200 geladenen Gästen erscheinen auch wichtige Mitglieder des israelischen Kabinetts, so etwa der stellvertretende Premierminister und Außenminister Shimon Peres, ebenso Ariel Sharon, der Minister für Handel und Industrie.

Für seine Festrede hat Hans Imhoff eigens ein paar hebräische Sätze einstudiert. So besinnt er sich in der heiligen jüdischen Stadt der gemeinsamen Glaubenstradition beider Völker: »Gelobt seist du, Ewiger, unser Gott, König der Welt, der unser Leben erhalten, uns Wohlergehen geschenkt und diese Zeit hat erreichen lassen!« Die Geste des Deutschen findet großen Anklang. Das israelische Fernsehen sendet Textpassagen in seinen Abendnachrichten.

Welchen Stellenwert dieses Joint-venture innerhalb der Wirtschaft seines Landes einnimmt, charakterisiert Shimon Peres: »Die Schokoladenfabrik, die gemeinsam mit Hans Imhoff errichtet wurde, ist das Juwel in der Krone der israelischen Industrie. Zum erstenmal erfreuen sich die Einwohner Israels an Schokolade hoher Qualität.«

Damit tritt die Rose von Galiläa gegen ein langjähriges Monopol auf dem israelischen Schokoladenmarkt an. Zwar führen einige Geschäfte auch Importware, doch die ist wegen des Transportaufwandes zumeist alt und teuer.

Die Tafelschokoladenserie ›Intermezzo‹ etabliert sich auf Anhieb im israelischen Markt. Anfang 1987 nimmt Rose zusätzlich die Produktion von Pralinen und Dragees auf. Im gleichen Jahr geht eine zweite vollautomatische Tafelanlage in Betrieb. Die Reaktion der Konsumenten charakterisiert Rose-Chef Ami Dolev stolz: »Viele Veröffentlichungen und nur wenig Werbung verliehen Rose das Image, Schokolade exzellenter Schweizer Qualität zu produzieren.«

Und wie reagiert der bisherige Monopolist Elite auf die erstarkende Konkurrenz? Mit allen Mitteln, deutet Imhoff an: »Elite hat alles getan, um das Rose-Projekt zu Fall zu bringen.«

Gleichzeitig nimmt die Elite-Inhaberfamilie Moschewitz in Köln Kontakt zu Imhoff auf, um die Möglichkeiten aktiver oder stiller Zusammenarbeit zu prüfen. Als dies nichts fruchtet, setzen massive Abwerbungen von Mitarbeitern ein, werden nachteilige Informationen über Rose in die Öffentlichkeit lanciert. Doch schon bald konzentriert sich der Machtkampf auf seinen angestammten Platz – auf den Markt. Elite reagiert mit einer neuen Schokoladenserie verbesserter Qualität. Das engagierte Werben beider Firmen um Konsumenten läßt den israelischen Markt für Tafelschokolade sprunghaft um 34 Prozent wachsen.

Der frühere Bundeswirtschaftsminister Otto Graf Lambsdorff bewertet die deutsche Investition in Galiläa: »Bei aller kölschen Fröhlichkeit, die oft fälschlich mit Oberflächlichkeit gleichgesetzt wird, hat Hans Imhoff seine Entscheidung für ein Engagement in Israel bewußt und gezielt getroffen in Kenntnis aller deutsch-israelischen Probleme.« Für den liberalen Marktwirtschaftler gehört der Stollwerck-Chef »nicht zu denen, die dort aus blauäugigem Idealismus investieren und anschließend pleite gehen, weil sie aus lauter Idealismus vorher nicht gerechnet haben«.

Staatsbürgerliche Verantwortung und Gewinnstreben bedeuten für Graf Lambsdorff keine Gegensätze: »Ich bin ganz sicher: Hans Imhoff kommt auch in Israel auf seine Kosten und handelt damit vernünftig, indem er dauerhafte Arbeitsplätze schafft. Eine Scheinblüte müßte nicht nur er teuer bezahlen, am Ende auch die Israelis.« Trotzdem bewundert der frühere Bonner Wirtschaftsminister den Mut zu dieser Investition: »Das haben in der Tat nur wenige deutsche Unternehmer bisher gewagt.«

Und diese deutsch-israelische Kooperation bewahrt ihren außergewöhnlichen Charakter. Während der Internationalen Süßwarenmesse Ende Januar 1988 erhält Imhoff den anonymen Hinweis, auf dem Stand von Rose of Galilee in den Deutzer Messehallen sei eine Abhöranlage installiert. Tatsächlich entdecken Kriminalbeamte in einem Blumenkübel direkt am Hauptbesprechungstisch eine Wanze, noch dazu das sensibelste Gerät, was auf diesem technischen Spezialsektor zu finden ist. Noch in einer Entfernung von 300 Metern lassen sich selbst leise Unterredungen am Rose-Stand vom Autoparkplatz aus bequem mithören. Bis heute blieben diese Ermittlungen ohne Ergebnis.

Ein anderes Resultat steht ebenfalls noch aus – das Kräftemessen zwischen Elite und Rose. Der Konkurrenzkampf läßt Elites Gewinne schmelzen, versäumte Investitionen der letzten Jahre rächen sich nun. Der Mehrheitsaktionär, die Familie Moschewitz, muß die Chefetage räumen. Die 300 Jahre alte Londoner Commodity-Firma Man stockt ihren Anteil an Elite auf 44 Prozent auf.

Dann tritt eine Entwicklung ein, die das israelische Engagement zumindest für den Joint-venture-Partner Imhoff in einem völlig neuen Licht erscheinen läßt. Man, einer der weltgrößten Händler mit Kakao, Kaffee und Zucker, macht gewaltige Verluste im Kaffeehandel. Jacobs-Suchard übernimmt das Londoner Traditionsunternehmen. Plötzlich ist Jacobs Imhoff-Konkurrent (auch) in Israel.

Pikant genug, denn gerade ist ein Vertrag unterschriftsreif, nach dem der Rose-Vertrieb künftig zusammen mit Schokolade auch ›Jacobs-Kaffee‹ in Israel vertreiben soll. Denn auch Elite führt Kaffee im Sortiment. Der Kaffee-Deal platzt. Jacobs hat sich inzwischen aktiv bei Elite eingeschaltet, Ergebnisse stehen noch aus. »Unser Intimfreund ist auch in Israel präsent«, beschreibt Imhoff die neue Schlachtordnung.

Aus diesen zwischenzeitlichen Veränderungen zieht er eine klare Konsequenz: »Ich würde heute kein Joint-venture mehr mit 50 zu 50 eingehen – egal, wo –, dann würde ich lieber auf eine Chance verzichten.« Einen machtvollen Rivalen im Visier, möchte sich der agile Unternehmer auch fern der Konzernzentrale jeden Aktionsspielraum bewahren: »Ich würde nur noch 51 Prozent für uns und 49 Prozent für den Partner in einem Gemeinschaftsunternehmen akzeptieren, denn das Schlimmste ist Handlungsunfähigkeit.«

Solche Erfahrungen lassen Hans Imhoff keineswegs am Nutzen eines Auslandsengagements von Stollwerck zweifeln: »Dieses Investieren außerhalb der bundesdeutschen Grenzen dient zwei Zielen: dem Wachstum und der Risikoabfederung.« Der doppelte Effekt zeigt sich etwa im Jahr 1985. »Der deutsche Schokoladenmarkt erlebte eine Stagnation«, so bezeichnet Imhoff das Wechselverhältnis, »während der Absatz der Auslandstöchter florierte.«

Im Geschäftsjahr 1988 stellen die Stollwerck-Töchter in Israel, Belgien und der Schweiz 18 000 Tonnen Fertigprodukte her, die Konzernmutter daheim 60 000 Tonnen. »Ich hätte nichts dagegen, wenn sich diese Relation noch zugunsten des Auslands vergrößern würde«, kündigt Hans Imhoff weitere Expansionsabsichten an. Mit zwei Weltregionen beschäftigt er sich bereits intensiv: China und Kanada.

Ein Deutschstämmiger interessiert Imhoff erstmals im Oktober 1983 für Kanada, der Minister für Außenhandel der Provinz Alberta, Horst A. Schmid. Er möchte den Stollwerck-Chef für den Bau einer Schokoladenfabrik mit etwa 7000 Tonnen jährlicher Kapazität in Calgary oder Edmonton, der Hauptstadt von Alberta, gewinnen. Zwei Wochen lang schaut sich Imhoff vor Ort um, fliegt jedoch mit dem Eindruck heim, die verkehrsstrategische Lage der Provinz Alberta sei zur dichtbesiedelten Ostseite Kanadas ebenso ungünstig wie nach San Francisco und Los Angeles über die Rocky Mountains hinweg.

Aber Horst A. Schmid läßt nicht locker. Anfang Dezember 1987 sagt er sich erneut zum Besuch in Köln an. In seiner Begleitung ist J. Wilton Littlechild, Rechtsanwalt und Häuptling der Hobbema-Indianer. 6000 dieser kanadischen Ureinwohner leben in einem Reservat zwischen den Städten Metaskiwin und Red Deer in der Provinz Alberta. Tantiemen aus Erdöl- und Gasvorkommen haben diesen Stamm reich gemacht. Das Vermögen der Hobbemas, rund 100 Millionen kanadische Dollar, steckt in Beteiligungen an Lasertechnikfirmen und Versicherungen.

Vom Renditeaspekt her erscheinen die Energie-Dollar bestens angelegt, nicht jedoch unter dem Gesichtspunkt der Beschäftigung. Aus Mangel an sinnvollen Tätigkeiten im Reservat greifen viele junge Leute zur Whiskyflasche. Eine Schokoladenfabrik, so Schmids Kalkül, könnte sinnvolle Abhilfe schaffen. Häuptling Littlechild zeigt sich zu hohem finanziellen Entgegenkommen für den Investor Imhoff bereit, denn das Beschäftigungsproblem brennt dem Stamm unter den Nägeln. Vier von fünf Indianern im Reservat sind noch keine 30 Jahre alt.

Weniger als die Finanzhilfen des Reservats und der Provinzregierung entscheiden für Imhoff die Marktchancen über den Sinn eines solchen Projekts. Deshalb vereinbart die Delegation in Köln, die angesehene

New Yorker Marktforschungsgesellschaft Booz-Allen über den Plan ein Gutachten anfertigen zu lassen. Fällt dieses Urteil insbesondere für die Exportchancen nach Kalifornien hinein günstig aus, dürften künftig auch Indianer Stollwerck-Schokolade produzieren.

Marktchancen allerdings erscheinen Hans Imhoff – rein rechnerisch – nirgendwo verlockender als im Reich der Mitte: »Die Deutschen essen im Durchschnitt zehn Kilogramm Schokolade pro Kopf«, vergleicht der Stollwerck-Chef, »die Chinesen nur zehn Gramm im statistischen Mittel.«

Als der Bundesverband der deutschen Süßwarenindustrie im April 1983 auf Einladung der Regierung in Peking eine Reise in die Volksrepublik organisiert, ist Hans Imhoff mit von der Partie. »Schwarze Limousinen, Fahrer mit weißen Handschuhen«, schildert er Erinnerungsfetzen der zweiwöchigen Tour, »ein außerordentliches Erlebnis.« Rasch gewinnt Imhoff den bestimmenden Eindruck: »Da ist ein riesiger Markt, die Menschen sind nicht verwöhnt, aber der Lebensstandard beginnt sich langsam zu verbessern.«

Als der Stollwerck-Chef im Pekinger Yili-Werk beobachtet, wie Schokoladentafeln dort noch per Hand eingewickelt werden, schenkt er der Fabrik spontan eine gebrauchte Verpackungsmaschine aus Köln. Der deutsche Botschafter in Peking, Per Fischer, übernimmt die offizielle Übergabe.

In der Folgezeit besuchen mehrere chinesische Delegationen Stollwerck in Köln, darunter der Vizeminister für Leichtindustrie, He Zhiha. Eigens läßt Hans Imhoff einen Konzernprospekt in chinesischer Schrift verfassen – eine von den Gästen wohlverstandene Geste.

Gespräche über ein Gemeinschaftsunternehmen beginnen, das zugleich den Stollwerck-Export in den ostasiatischen Raum mit übernehmen könnte. Da Imhoff die Devisenknappheit der Chinesen kennt und ihre Sorge, sich über Gebühr zu verschulden, sucht er nach möglichst attraktiven Lösungswegen.

Zum einen bietet er den Chinesen an, mit heimischen Erzeugnissen zu bezahlen – mit Spargel und Erdnüssen, für die er eine führende deutsche Lebensmittelkette interessiert. Zum andern schlägt er eine Rohstoffversorgung für die Schokoladenfabrik vor, die weitgehend auf chinesischen Einsatzstoffen basiert. Imhoffs Idee einer nahezu kakaofreien Süßtafel, in der Bundesrepublik am Widerstand der Konkurrenten und der Richter vorerst gescheitert: Im Reich der Mitte soll diese Innovation ihre Marktchance bekommen.

Dann jedoch lernt Imhoff die chinesische Verhandlungsführung kennen. Geduld aber ist nicht seine Stärke: »Einmal habe ich in einer dramatischen Sitzung mit dem zuständigen chinesischen Minister auf den Tisch geschlagen und erklärt: ›Mein Gott, jetzt sitzen wir seit sechs Stunden hier und sind genauso weit wie am Anfang, wir müssen weiterkommen.‹«

Imhoffs Einwurf folgt Totenstille. Dann steht der Minister auf: »Verehrter Freund, wir respektieren Sie, ja wir arbeiten gern mit Ihnen zusammen. Aber Ihre Ungeduld können wir nicht verstehen. Sie denken in Tagen, Wochen, Monaten – höchstens in Jahren. Wir dagegen planen für Jahre, Jahrzehnte, vielleicht sogar für Jahrhunderte. Geschäfte können wir nur machen, wenn Sie sich unserer Mentalität anpassen.«

Als die Suche nach einem geeigneten Grundstück ansteht, erwarten die Partner in der Volksrepublik, daß sich Imhoff Zeit für eine dreiwöchige Reise im Land nimmt. Er habe doch Größe, Lage und Versorgungssituation klar vorgegeben, kommentiert Imhoff dieses Ansinnen mit Unverständnis.

Im Frühjahr 1987 kommen die Verhandlungen wenigstens einen Schritt voran. Stollwerck verkauft eine gebrauchte vollautomatische Anlage zur Herstellung von Schokoladeartikeln nach Shanghai. Das 14 Lastwagenladungen umfassende Aggregat hat einen Neuwert von zehn Millionen Mark. Inzwischen produziert diese Maschine in Shanghai Schokoladenerzeugnisse nach Rezepturen von Stollwerck.

Steht die große Investition im Reich der Mitte noch auf der Tagesordnung? »Das entscheidende Hemmnis im China-Geschäft«, macht Imhoff kein Hehl aus seiner Enttäuschung, »ist für mich ein langer, langer Marsch über Tausende von Schwierigkeiten hinweg – ein unerhört mühseliger Fortbewegungsprozeß, dem ich mich nicht unterziehen will.«

Die Mentalität der Chinesen läßt Hans Imhoff vor einem Engagement mit Millionenaufwand zurückschrecken: »Da bin ich der falsche Partner.«

Offenbar sind zwei Extreme aufeinandergestoßen, die in Epochen denkenden chinesischen Beamten und der dynamische Unternehmer.

Mögen die Marktchancen im Reich der Mitte noch so vielversprechend erscheinen, auch im Auslandsgeschäft bleibt Hans Imhoff zuerst sich selbst treu. »Mir fehlt die Geduld, Nägel in zu hartes Holz zu schlagen.«

7.
Eine deutsche Tellerwäscherkarriere

»Der Wille versetzt Berge – ohne Willen bleibt man Mittelmaß«

Er sagt von sich, er sei nur einer von vielen Mittelständlern. In der Schokoladenbranche ist Hans Imhoff ein Großer. Und einzigartig ist seine Nachkriegskarriere vom krassen Außenseiter zum Herrn über Stollwerck, Sprengel, Waldbaur, Eszet und Hildebrand.

Alfred Herrhausen, Sprecher der Deutsche Bank AG, würdigt den faszinierenden Aufstieg am 5. September 1987 im historischen Künstlerbahnhof Rolandseck. Imhoff feiert seinen 65. Geburtstag. Als »ein Freund unter Freunden« möchte Herrhausen sprechen.

Bereits die Anerkennung des Bankiers für das gelungene Fest gilt mehr noch dem Gastgeber: »Stollwerck, nicht Imhoff steht im Mittelpunkt – das zeichnet Sie als Unternehmer im besten Sinn aus, das Unternehmen steht vorn, nicht Sie.«

Aus nächster Nähe hat Herrhausen miterlebt: »Stollwerck ist Ihr Lebenswerk – eine große Lebensleistung.« Der Bankier hat dabei »eine Art Patenrolle gespielt«.

Was Herrhausen in Rolandseck nicht ausspricht: Imhoffs Sanierungserfolg bei Stollwerck hat dem ehemaligen Großaktionär Deutsche Bank imageschädigende Schlagzeilen erspart und Herrhausens Weg an die Spitze des renommierten bundesdeutschen Bankhauses sicher nicht ungünstig beeinflußt.

»65 Jahre – kaum zu glauben, wenn man ihm zuschaut«, dieses Kompliment Herrhausens gilt dem rastlosen Selfmademan, dem Dynamiker Imhoff.

Kurz erinnert der Bankier an den unternehmerischen Start als Hersteller namenloser Schokolade in einem abgelegenen Winkel an der Mosel: »Doch trotz der großen Entwicklung sind Sie immer der Unternehmer aus Bullay geblieben.«

»Ihr Herz ist nicht vom rechten Fleck weggerückt«, zollt Herrhausen der gewinnenden Art Imhoffs Respekt, seiner persönlichen Bescheidenheit, den unkomplizierten Umgangsformen. Die Richtigkeit dieser Charakteristik Herrhausens wissen die 250 geladenen Gäste bei der Geburtstagsparty zu bestätigen.

Imhoff hat sie zu einer Rheinparty auf die »MS Stollwerck« geladen, die zum Traumschiff herausgeputzte »Stolzenfels« der Köln-Düsseldorfer.

Hunderte bunter Luftballons schmücken bereits die Anlegestelle vor der Kölner Hohenzollernbrücke. Mit seiner holländischen Kirmesorgel macht Peter Kessel auch den zahlreichen Schaulustigen die Szene zum Vergnügen.

An Bord umrahmt das »Original Zigeuner Ensemble« die gemütliche

Kaffeestunde. Wittus Witt, der Weltmeister der Magie, zeigt unterdessen von Tisch zu Tisch Taschenspielertricks.

Beim anschließenden Drink auf dem Sonnendeck wissen die Akteure des »Kölner Bewegungstheaters Mobile« mit gekonnter Akrobatik und Pantomime die Blicke auf sich zu ziehen.

Bevor das rundum gelungene Fest mit einem Galabuffet, Tanzklängen der Dixieband von Günter Eilemann und einem rauschenden Feuerwerk zwischen den Kölner Brücken ausklingen soll, ankert die »MS Stollwerck« vor dem historischen Künstlerbahnhof Rolandseck. Alfred Herrhausen nutzt die Gelegenheit, dem Gastgeber für das Erlebnis dieser Geburtstagsparty zu danken und seine Lebensleistung – wie eingangs geschildert – zu würdigen. Dann spielt die »German Brass« auf, eine Vereinigung von zehn Spitzenbläsern aus den besten deutschen Sinfonieorchestern. Für ihren Auftritt haben sie eigens eine musikalische Reise um die Welt vorbereitet, bei der sie sich bekannter Volksweisen ebenso virtuos annehmen wie verborgener Schätze konzertanter Blasmusik.

Als Zugabe überraschen die Solobläser Hans Imhoff mit seiner Lieblingsmelodie, dem Einzugsmarsch der Gladiatoren aus der Verdi-Oper Aida. »Darin steckt eine unerhörte Kraft, Phantasie, Dynamik, melodische Steigerung.« Dieses Urteil Imhoffs über das Musikstück charakterisiert auch ihn.

Hans Imhoff zu erleben – das bedeutet eine Vielzahl ebenso beeindruckender wie womöglich auch verwirrender Einzelaktionen. Deshalb gilt es im folgenden, seine Lebensleistung einer zusammenfassenden Gesamtschau zu unterziehen, mit Blick auf die Persönlichkeit, ihre Stärken, ihre unverwechselbare Eigenart – aber auch ihre Schwächen.

Gäste seiner Geburtstagsparty steuern ihre ganz persönliche Sichtweise bei. Imhoffs Mitbewerber Professor Dr. Peter Ludwig erinnert sich an sein erstes Zusammentreffen mit dem Stollwerck-Chef, auch wenn es lange her sei: »Ein kleiner, gut genährter Herr, herzlich auf den Besucher zugehend und einige Schritte hin und her laufend, brillante Auffassungsgabe und schnell in seinen Reaktionen.«

Für Imhoffs größte Stärke hält Ludwig die »Schnelligkeit des Erkennens einer Chance für ihn«. Imhoffs größte Schwäche nennt der Aachener Schokoladenfabrikant und passionierte Kunstsammler ebenso präzise: »Daß seine führenden Mitarbeiter sich zuwenig selbständig entfalten können.«

Aus eigener Erfahrung weiß Ludwig von Imhoffs Verständnis für die Nöte der anderen Seite: »Ein Vertrag, den ich mit ihm hatte, brachte eine für mich ungünstige Konstellation. Ich habe ihn um Hilfe gebeten, und er hat sie sofort gewährt, obwohl der Text unserer Abmachung ihn zu nichts veranlaßt hätte.«

Kann man Hans Imhoff in einem Satz porträtieren? Professor Ludwig wagt es: »Einer der rastlosen Unternehmer, denen unser Land Wiederaufbau und wirtschaftliche Spitzenstellung verdankt, eine vollsaftige rheinische Persönlichkeit, die das Herz auf dem rechten Fleck hat.«

Als »vitale Persönlichkeit mit großer Ausstrahlung« zeichnet Tengelmann-Besitzer Erivan Haub den Stollwerck-Chef: »Er ist der geschickteste Händler, den ich kenne.«

Michael Jungblut, Leiter der Hauptredaktion Wirtschaft des Zweiten Deutschen Fernsehens, unterstreicht ebenso die emotionale Komponente der Persönlichkeit: »Hans Imhoff ist ein Mann, der über der Freude an seinem Erfolg nie die Grundlagen und Voraussetzungen dieses Erfolges vergißt – aber auch nie die Freude am Leben.«

Alfred Herrhausen fügt sein Kurzporträt an: »Er ist ein Energiebündel.« Diese Eigenschaft fiel dem Bankier bereits beim ersten Zusammentreffen im Mai 1971 auf: »Der erste Eindruck, der sich mir mitteilte, war: Hier handelt es sich um einen dynamischen, unorthodoxen Unternehmertyp mit Phantasie, Durchsetzungsvermögen und großer physischer und psychischer Belastbarkeit.«

Der Vorsitzende des Vorstandes der Hussel AG, Dr. Jörn M. Kreke, steuert seine Porträtskizze bei: »Er ist ein überaus risikofreudiger, höchst charmanter, immer etwas schlitzohriger und knallharter Unternehmer.« Seine Einschätzung verdeutlicht Kreke, indem der das Erfolgsrezept des Stollwerck-Chefs formuliert: »Hans Imhoff kennt aus kleinsten Anfängen heraus den Markt wie kein zweiter; er versteht mehr von Produktion und Rationalisierung als sonst irgend jemand in der Branche; günstiger als Imhoff kann keiner produzieren – besser und überzeugender als Hans Imhoff selbst kann keiner verkaufen.«

Das Erfolgsrezept von Hans Imhoff – für Alfred Herrhausen heißt es: »Beharrlichkeit beim Verfolgen der als richtig erkannten Ziele.« Professor Ludwig bringt es auf die knappe Formel: »Harte Arbeit.« Und der Generaldirektor der Schweizerischen Kreditanstalt, Dr. Max Kopp, nennt eine Lebensweisheit als Erfolgsgrund: »Wer wagt, gewinnt.«

Beharrlichkeit, Arbeitskraft, Wagemut – Professor Ludwig findet keine direkte Parallele zur Nachkriegskarriere von Hans Imhoff: »Seit den fünfziger Jahren ist er am Ball. Allein in diesem langen Durchhalten, ohne daß sich an seinem Führungsstil prinzipielle Änderungen ergeben haben, ist er beispiellos.« Ein einzigartiger Aufstieg, und doch

Oben: 1975. Der damalige amtierende Bundespräsident Walter Scheel informiert sich mit seiner Tochter über die Produktion von Qualitätsschokolade.
Unten: Der Landwirtschaftsminister Josef Ertl besucht den Stand der Stollwerck AG bei der Internationalen Süßwarenmesse in Köln. Von links: Hans Imhoff, der Kölner Oberbürgermeister Norbert Burger, Josef Ertl, der Hauptgeschäftsführer der Messe- und Ausstellungsgesellschaft Köln, Dieter Ebert, der Vorsitzende des Bundesverbandes der Süßwarenindustrie, Heinz Thormann sowie Ignaz Kiechle.

Oben: 1987 feierte Hans Imhoff seinen 65. Geburtstag. Viele, die ihn zumindest ein Stück seines Lebensweges begleiteten, waren anwesend.
Von links: Gerburg und Hans Imhoff, Elfi und Dr. Hans Rolf, Rechtsanwalt und stellvertretender Vorsitzender des Aufsichtsrates der Stollwerck AG.
Unten: von links: Dr. Alfred Herrhausen, Vorstandssprecher der Deutschen Bank, Hans und Gerburg Imhoff, Prof. Dr. Dr. Peter Ludwig.

Oben: Dr. Alfred Herrhausen, der ehemalige Regierungssprecher Peter Boenisch, Dr. Dorothea Wilms, Bundesministerin für innerdeutsche Beziehungen, Renate Jungen.
Unten: Hans Imhoff gratuliert Bernhard Langer, Deutschlands erfolgreichstem Golfprofi, anläßlich des Sprengel-Golfturniers im Marienburger Golf-Club.

Schokoladenspezialitäten, für deren Qualität Hans Imhoff bürgt – große Produktnamen, die international bekannt und beliebt sind.

blieb Imhoff der alte, wie Ludwig verdeutlicht: »Er führt sein kapitalistisches Imperium wie einen Mittelstandsbetrieb: Der Boß ist für alles da.«

Erivan Haub, Inhaber der Unternehmensgruppe Tengelmann, wagt einen Vergleich mit Josef Neckermann: »Auch dieser hat nach dem Zweiten Weltkrieg aus kleinsten Anfängen heraus ein Imperium aufgebaut.« Haub sieht Parallelen in der unternehmerischen Expansionsleistung, obwohl beide »von der Mentalität her wohl grundverschieden sind; Hans Imhoff hat sich niemals Zeit für ein Hobby gegönnt, sein Hobby ist sein Geschäft«. An diese beinharte Aufbauphase erinnert den Tengelmann-Besitzer in Imhoffs Verhalten noch heute »sein ungeheurer Fleiß und der eiserne Wille, ein sich selbst gestecktes Ziel zu erreichen«.

Hans Imhoff – eine Karriere im Wirtschaftswunderland: Läßt sich sein unternehmerischer Erfolg auf eine Formel bringen, quasi als Quintessenz für die Lehrbücher der Betriebswirtschaftsstudenten?

Der Schweizer Bankier Kopp betont Imhoffs Überzeugungskraft im Gespräch, sein Redetalent, seine unkomplizierten Umgangsformen und entscheidet sich für *»Management by facility to communicate«*. Hussel-Chef Kreke hebt besonders auf Imhoffs vorbehaltlosen Einsatz ab und votiert für *»Management by engagement and power«*. Dr. Bernd Otto, Vorstandsvorsitzender der co op AG, bewertet Imhoffs Flexibilität und Entschlußkraft: »Management wie Hase und Igel; wenn die Wettbewerber loslaufen, ist H. I. meist schon am Ziel.«

Professor Ludwig legt den Schwerpunkt auf die Beispiellosigkeit dieses unternehmerischen Weges und tituliert die Karriere *»Management by himself«*. Tengelmann-Inhaber Erivan Haub kommt zu dem gleichen Schluß: *»Management by doing it yourself«*. ZDF-Wirtschaftschef Michael Jungblut beschreibt den Erfolg als »Management durch Persönlichkeit und Vorbild«. Und Alfred Herrhausen betont noch einmal das vorbehaltlose Engagement als wesentliche Führungstechnik: »Management durch Hingabe«. Otto Graf Lambsdorff, der frühere Bonner Wirtschaftsminister, entzieht sich solchen Typisierungen und wartet stattdessen mit einer provokanten Charakteristik auf: »Ein geborener Unternehmer, ein Viertel verrückt – wie üblich bei solchermaßen Erfolgreichen –, aber drei Viertel wirklich *down to earth*, fest auf dem Boden der Tatsachen und genau wissend, was er will.« Der liberale Politiker findet Imhoffs Leistung imponierend: »In einer nicht sehr ertragsstarken Branche achtet er sehr sorgfältig auf die Liquidität und ist dennoch expansiv – auch durch Zukäufe.«

Für Lambsdorff zählt Hans Imhoff »zu einer Generation von Unternehmern, die praktisch bei Null angefangen haben und deren Erfolg ganz wesentlich auf ihrer eigenen Leistung beruht, aber auch auf der Fähigkeit, Risiko zu kalkulieren und einzugrenzen.«

Bereits als namenloser Außenseiter an der Mosel hat er hoch hinausgewollt. Als die Schweizer Edelmarke Tobler die Phantasie der Börsianer weckt, veröffentlicht das Berner Bankhaus Armand von Ernst & Cie AG ein großzügiges Übernahmeangebot – in Imhoffs Auftrag.

Doch Suchard läuft ihm mit einer kompletten Kaufofferte den Rang ab. Noch fehlt dem Newcomer eine Großbank im Rücken, um gegenzuhalten. Trotzdem machte seine öffentliche Übernahmeofferte – in den USA Wirtschaftsalltag – im Alpenland Furore. »Obwohl die Schweiz damals kopfstand«, erinnert sich Imhoff gern, »kam bis heute nicht heraus, daß ich dahintersteckte.«

Bis Anfang der achtziger Jahre nimmt Hans Imhoff Kaufhäuser aus der Perspektive des Lieferanten wahr, doch dann sieht er sie mit den Augen des Unternehmers. Er beginnt sich für die Karstadt AG zu interessieren. Schon seit Jahren bemühen sich die Manager vergeblich, das Versandhaus Neckermann aus der Verlustzone zu manövrieren – eine Herausforderung für einen erfahrenen Sanierer wie Imhoff.

Die Deutsche Bank und die Commerzbank halten über die Hälfte der Karstadt-Aktien, deshalb signalisiert Imhoff Herrhausen sein Interesse an einem Kauf von Karstadt-Anteilen. Doch entgegen seinen sonstigen Gepflogenheiten zögert der Stollwerck-Chef und sieht sich prompt von der Börse bestraft. Notierte die Karstadt-Aktie noch im Dezember 1982 bei 199, lag sie im folgenden April bei 283 – zuviel für Imhoff.

Unbefangener und konsequenter als viele seiner Unternehmerkollegen bekennt sich Hans Imhoff zu solchen Niederlagen. Wie sieht er selbst sein Leben? Die folgenden Eingeständnisse lassen fast vergessen, daß dieser Rückblick eigentlich eine bewundernswerte deutsche Tellerwäscherkarriere zum Inhalt hat:

»Meine Kindheit war geprägt von der wirtschaftlichen Not meiner Eltern als selbständige Handwerksleute und vom politischen Umfeld Ende der zwanziger, Anfang der dreißiger Jahre. Aus der Beobachtung anderer, denen es besserging, wuchs die Ungeduld, selbst etwas zu tun. Das fand seinen Ausdruck in der Meldung als Kriegsfreiwilliger, ebenso aber in der Ungeduld, rasch wieder die fürchterlichen Umstände des Soldatseins hinter mir zu lassen.

Unabhängig sein, selbst gestalten: dieser brennende Wunsch brachte mich nach dem Krieg nicht einmal auf die Idee zu studieren. Doch mich drängte es, als selbständiger Handelskaufmann aktiv zu werden – der Beginn einiger fürchterlicher Fehler und Rückschläge.

Die Unerfahrenheit manövrierte mich oft genug an die Grenze der wirtschaftlichen Katastrophe. Alles war dem Ziel untergeordnet: etwas zu werden, zu etwas zu kommen. Im Alltag bedeutete dies, daß ich immer zu schnell zuviel versucht habe. Die Wahl des Firmenstandortes Bullay war eine totale Katastrophe, sie belegt das Fehlen jeder Strategie. So mußte ich mir 1947 dort ein Haus bauen, um überhaupt mit meiner Familie dort wohnen zu können. Zwei Jahre hauste ich zuvor in einem möblierten Zimmer beim Revierförster Dünnwald in Alf.

Kredite mußte ich mir erkämpfen, das heißt, Geld bekam ich nur um den Preis eines etwas großzügigen Umgangs mit der Wahrheit. Die ständige Gefahr einer Illiquidität hat meine ersten zwanzig Jahre als Unternehmer überschattet.

Eine andere Schwierigkeit ergab sich daraus, daß ich unzulässigerweise in eine elitäre Branche eindrang, in einen Klub historisch bedeutender Produzenten von Markenschokoladen. Das bedeutete einen außerordentlichen Verschleiß an nervlicher Substanz, Filigranarbeiten mußten mit dem Grobbeil ausgeführt werden – dieser Einsatz ging zu Lasten meiner Familie, meiner Mitarbeiter, aber sicher auch zu meinen persönlichen Lasten.

Der unbedingte Wille, vom Konsumfritzen zum Markenhersteller aufzusteigen, ließ mich die Sanierung von Stollwerck anpacken, obwohl mir eigentlich gewisse Voraussetzungen als Markenartikler dazu fehlten. So provozierte ich etwa Schwierigkeiten durch übertriebenes Kostendenken, zu Lasten des klassischen Marketings: Das hat manche Million gekostet.

Immer habe ich zuviel investiert, aus einer Sucht zum Perfektionismus heraus den jeweils neuesten Stand der Technik gekauft und damit die im Arbeitsalltag nicht immer zuverlässigsten Maschinen eingesetzt.

Weder glückte mir der Erwerb von Tobler noch der Kauf von Suchard. Und andere Firmen wie Ferrero, Mars oder Storck beherrschten das entscheidende Instrument des Marketing besser als ich. Eines allerdings ist mir gelungen, das macht mir den Lebensrückblick zur Freude – ein wenig sogar zum Triumph: Finanziell bin ich völlig von Banken unabhängig, noch entscheidender, ich verfüge absolut über die Kapitalhoheit meiner Firma. Das gibt mir Souveränität, Zufriedenheit.«

Vom Außenseiter in die Spitze der elitären Schokoladenriege – Hans Imhoff kommentiert diesen Erfolg mit dem alten kölschen Spruch: »Ich will nie wieder arm werden, lieber trockenes Brot essen.«

Ein erstrebenswertes Ziel vor Augen, blieb er jederzeit offen für neue Wege, für unkonventionelle Lösungen. So betreibt er etwa das Kesselhaus seiner Berliner Schokoladenfabrik mit Biogas von einer Mülldeponie im Süden der geteilten Stadt, spart Energiekosten und hält die Luft über Marienfelde sauber.

Seine Erfolge weist die Bilanz der Stollwerck AG aus, seine Mißerfolge teilt er den Kleinaktionären ebenso freimütig mit. »Die Ertragslage war im Geschäftsjahr 1980 unbefriedigend, entsprechende Maßnahmen werden eingeleitet«, heißt es im Geschäftsbericht 1980 über eine Stollwerck-Tochter – soviel pflegen auch andere deutsche Firmen zu verraten.

Doch Hans Imhoff läßt dieser dürren Charakteristik zwei für ihn bezeichnende Druckzeilen anfügen: »Wir haben hier Lehrgeld bezahlt. Das mußte wohl mal sein.«

Hauptversammlung der Stollwerck AG am 12. Juni 1987 im Gürzenich: Was lockt tausend meist ältere Damen und Herren in Kölns gute Stube, wo zur Karnevalssession Konfetti und Büttenreden das Programm bestimmen und nun statt dessen Aktienkurse und Bilanzen? Ein Besucher vergleicht das jeweilige Präsidium und attestiert Hans Imhoff: »Das ist der Elferrat in einer Person.« Dies ist Imhoffs Publikum. Beide Seiten kennen ihren Part. Die Zuhörer wissen, was sie erwartet – auch an materieller Zugabe. (Hans Imhoff: »Wenn Sie nachher mit ihrem Brotbeutel von dannen ziehen . . .«) Und vor allem weiß der Stollwerck-Chef, in welcher Rolle ihn das Auditorium wünscht.

Hans Imhoff absolviert eine Ein-Mann-Show, aber drängt sich nicht in den Vordergrund: »Herr Friedrich, unser Finanzvorstand, wird Ihnen jetzt einiges aus dem Nähkästchen erzählen.« So bleibt der Vortrag über nüchterne Daten im passend korrekten Rahmen, ohne daß die Veranstaltung zum fiskalpolitischen Kolloquium verkommt.

Dinge auf den Punkt bringen, Unangenehmes watteweich servieren, Wir-Gefühl wecken: solche Einlagen sind Imhoff auf den Leib geschrieben. »Wir haben ein paar Generaldirektoren nach Hause geschickt, die viel Geld bekamen, aber wenig taten«, skizziert er die Knochenarbeit der Sanierung bei der belgischen Stollwerck-Tochter Jacques und fügt Zahlen an, die beeindrucken sollen: ein neues Grundstück nur einen Kilometer von der Autobahn entfernt, 3,5 Millionen Mark verlorener Zuschuß von der öffentlichen Hand in Belgien.

Beifall unterbricht ihn, das Publikum geht mit. In weniger als einem Jahr Bauzeit entstand eine hochmoderne neue Fabrik. »Jetzt dürfen Sie noch einmal klatschen«, Imhoff hat seine Zuhörerschar im Griff. Den Tagesordnungspunkt Jacques kann er als Pluspunkt auf seiner Sympathieskala vermerken.

Ein Unternehmer, der rastlos schafft, engagiert sich auch mit seiner ganzen Persönlichkeit. Diese Botschaft führt Imhoff am Beispiel Israel vor, der Stollwerck-Beteiligung an der Schokoladenfabrik Rose of Galilee: »Bereits der Name geht über die Zunge wie ein Stück guter Schokolade.«

Mögliche Warnungen vor einer Investition in einer solchen Krisenregion erstickt er mit einem Hauch weltmännischer Noblesse: »Natürlich bestimmen uns wirtschaftliche Überlegungen und die Hoffnung auf Erträge, aber da ist auch das Gefühl, mit dem Herzen dabeizusein – kurz: ein bißchen Politik.« Und welcher Kleinaktionär ist nicht selbst ein bißchen stolz, daß Stollwerck nun auch im diplomatischen Dienst glänzt? »Sie als Mitinhaber . . .«, macht Imhoff vor denen an den langen schmalen Tischen seine Verbeugung, und einen Moment lang dürfen sich alle insgeheim selbst auf dem Podium sehen. Nach solcher Gruppentherapie trifft später bereits eine Stimmenthaltung auf feindseliges Raunen.

Wir ohne ihn? In der Frage des Aktionärsvertreters schwingt Sorge mit: »Konsolidiert Stollwerck jetzt, wo Sie 65 geworden sind?« Treffender könnte das Stichwort nicht lauten, damit sich Hans Imhoff selbst weiter vorantreibt: »Ich tue mein Bestes, ich schlafe nicht auf dem Geldsack ein.«

Knappe fünf Prozent vom Stollwerck-Kapital besitzen die Kleinaktionäre. Imhoff braucht nicht ihr Geld, sondern sie selbst: Begeistert zollen sie ihm die Anerkennung, die das breite Publikum außerhalb des Gürzenich oft versagt hat.

Nirgendwo besser als vor Zuhörern weiß sich Hans Imhoff in die Pflicht zu nehmen.

Was ist diese Hauptversammlung nun: ein Dokumentarstück, ein Krimi, eine Komödie? Später an der Garderobe weiß einer, daß es hier weniger auf den Stoff oder die dramaturgische Form als vielmehr auf die Schauspieler ankommt: »Das ist wie gutes Kino ohne Eintritt.«

Und wie schätzt Hans Imhoff selbst das Instrument Hauptversammlung ein? »Ich möchte eine Vertrauensbasis schaffen zwischen den Aktionären und mir«, kalkuliert er nüchtern, »weil diese Aktienbesitzer, die Bankenvertreter und die Journalisten Multiplikatoren sind.«

Allerdings soll die Nachricht über dieses Treffen der Stollwerck-Aktionäre Imhoffs persönliche Handschrift tragen: »Ich absolviere meine kleine Show – in angemessener Form, das wird von mir erwartet. Wäre bekannt, daß ich eine Hauptversammlung nicht leiten würde, wären viele Aktionäre nicht dabei.«

Die Chance zur positiven Außendarstellung scheint Imhoff so reizvoll, daß ihm darüber der Aufwand für die Kleinaktionäre nicht übertrieben erscheint: »Hinterher bin ich naßgeschwitzt von dem Bad in der Menge und muß das Hemd wechseln.« Bei aller publizistischen Kalkulation kommen aber persönliche Gefühlswerte nicht zu kurz: »Wer freut sich nicht über Applaus? Wer hört nicht gern Lob? Ein bißchen eitel sind wir alle.«

Die Hauptversammlung also nutzt Hans Imhoff als wichtiges publizistisches Element. Sie soll ihn vorführen, wie er gern gesehen würde. Und wie sieht die Presse ihn wirklich, welches Bild zeichnet sie von Hans Imhoff?

Von vereinzelten Veröffentlichungen abgesehen, rückt er erst in die Porträtgalerie der Wirtschaftsmagazine und Tageszeitungen auf, als sein »Meisterstück« (›FAZ‹) bei Stollwerck ins Bewußtsein der Öffentlichkeit dringt. Das veranlaßt die meisten Journalisten, den »Vollblut-Unternehmer« (›manager magazin‹) verkürzt über eine Zeitspanne von knapp 20 Jahren zu beurteilen.

Drei Wesensmerkmale Hans Imhoffs prägen diese Presseporträts: zunächst seine besondere Begabung beim Sanieren von Firmen, dann sein hoher persönlicher Einsatz, schließlich sein unkonventionelles Auftreten als Unternehmer.

Michael Jungblut charakterisiert in der ›Zeit‹ Imhoffs Sanierungstalent besonders anschaulich: »Seine eigentliche Spezialität ist es, Rezepte für Firmen zu entwickeln, bei denen das Verhältnis von Kosten und Ertrag, Beschäftigten und Umsatz, Produktionsprogramm und Kundenwünschen nicht mehr stimmt. Er übernimmt Unternehmen, die von einem unfähigen Management an den Rand des Abgrunds manövriert oder von habgierigen und arbeitsscheuen Erben finanziell ausgeplündert wurden, und macht sie wieder flott.«

Das ›manager magazin‹ sieht Imhoffs Stärke nicht erst bei den Aufräumarbeiten, sondern noch früher im Erspähen besonders entwicklungsfähiger Übernahmekandidaten. »Mit einem sicheren Gespür für vorhandenes Markenpotential und aktivierbare Substanz« gehe der Aufkäufer vor. »Imhoffs Begabung, krisengeschüttelte Firmen der Süßwarenindustrie mit Sachverstand und hochmodernen Management-Methoden aus den roten Zahlen herauszuholen«, räumt auch der eher unternehmerkritische ›Stern‹ ein, »ist in der Branche unbestritten.«

Zu Recht weist der ›Kölner Stadt-Anzeiger‹ darauf hin, daß Sanierungsprofi nicht der Traumberuf Imhoffs war, sondern aus der Finanznot des Newcomers geboren wurde: »Imhoff war auf den Erwerb von Verlustbetrieben angewiesen, weil ihm das Geld fehlte, etwas Besseres zu kaufen.«

Rolf Heggen beschreibt in der ›Frankfurter Allgemeine‹ dieses Renovierungstalent geradezu zauberhaft: »Ein Magier in der Manege der Manager: Wo immer Bilanzen in die Binsen gingen, Imhoff zauberte Zahlen aus dem Zylinder. Vor den Augen aufgeschreckter Aktionäre ließ er rote Zahlen verschwinden, und – Hokuspokus eins, zwei, drei – schwarze kamen zum Vorschein.«

Doch sosehr einen Heggens Kunststückchen gefangennehmen mag, dieses blumige Bild verstellt den Blick auf die Imhoffsche Charaktereigenschaft, die Heggens Kollegen zu Recht neben seiner Sanierungskunst herausstellen: seinen hohen persönlichen Einsatz.

»Der kleine Dicke hat wohl auch eine ganze Menge geschafft«, bequemt sich selbst der ›Spiegel‹ zu einem ansehnlichen Lob. Die Fachzeitschrift ›Süßwaren-Großhandel‹ urteilt da schon sehr viel konkreter: »Tatsache ist, daß es Imhoff mit viel Schläue, hohem persönlichen Einsatz und offenbar großer Risikobereitschaft (umgeben vielleicht auch von cleveren Beratern) verstanden hat, in der Schokoladenbranche eine beachtliche Unternehmensgruppe aufzubauen.«

Diesen für das Wirtschaftsmagazin ›Capital‹ sogar »unaufhaltsamen Aufstieg unter die Creme der internationalen Schokoladenindustrie« erklärt das ›manager magazin‹ als »rastloses Streben nach Geltung und Größe«.

Rolf Heggen stellt seinem ›FAZ‹-Porträt den Imhoffschen Imperativ »Mach was!« voran. Nur Belastung schaffe Befriedigung, hat ihm Imhoff versichert und dann postuliert: »Wenn man auf etwas wirklich stolz sein will, dann muß man es sich selbst erarbeiten.«

Um den Dynamiker, »quirlig, ohne Geduld und Geld«, plastisch zu zeichnen, bedient sich das ›manager magazin‹ des Hausjargons bei Stollwerck: »Wiesel im weißen Kittel.« Diese typische Berufskleidung macht augenfällig, wie sehr sich der Unternehmer mit seinem Produkt identifiziert. »Er kann sich über jedes ernste Lob für seine Produkte freuen wie ein Schüler über die gute Note seiner Klassenarbeit«, beobachtet die ›Stuttgarter Zeitung‹ und verallgemeinert: »Imhoff kennt kein Tabu. Der kölsche Jung macht alles, was er anpackt, mit Begeisterung.«

Solch vorbehaltlosen persönlichen Einsatz erlebt die Öffentlichkeit gepaart mit unkonventionellem Auftreten, das die Presseporträts übereinstimmend als drittes hervorstechendes Merkmal betonen.

Auf Hauptversammlungen empfindet die ›Süddeutsche Zeitung‹ den Stollwerck-Chef als »eine Mischung aus Familienvater und Elferratspräsident«. Auch für die ›Kölnische Rundschau‹ ist Hans Imhoff »vordergründig mehr rheinische Frohnatur als kühler Unternehmer«. Diesen

Eindruck bestätigt auch die ›Wirtschaftswoche‹. Für sie verströmt Imhoff den »einnehmenden Charme eines Karnevalspräsidenten«.

In einer Beobachtung sind sich die Porträtierenden überraschend einig: Imhoffs »ungekünstelte, echte kölsche Art, sein jovialer Ton, das kumpelhafte Auftreten, die kleine, rundliche Statur« (›FAZ‹) macht womöglich einen Teil vom unternehmerischen Überraschungserfolg aus.

So warnt die ›Wirtschaftswoche‹: »Mit seiner zur Schau getragenen Kumpeligkeit strahlt er eine Biederkeit aus, die Geschäftspartner mit akademischer Bildung leicht zur Unterschätzung verleitet.« In der ›Zeit‹ charakterisiert Michael Jungblut den Schokoladenfabrikanten als »lebenslustigen Unternehmer, dessen mit Kölner Zunge vorgetragene Witze und unkonventionelles Auftreten allzuleicht vergessen lassen können, daß hinter der weichen Schale ein knallharter Kern steckt«.

Für die ›Welt am Sonntag‹ zählt Imhoff bündig »zu den Leuten, die gern zuletzt und somit am besten lachen«. Auf den Arbeitsstil bezogen, bedeutet dies für die ›Süddeutsche‹: »Jovial verbrüdernd nach außen, hart durchgreifend nach innen.«

Damit gewinnt Hans Imhoff in diesen journalistischen Porträts Konturen als Vollblutunternehmer, der sich selbst einer eisernen Arbeitsdisziplin unterwirft, unkompliziert auf Menschen zugeht und dessen herausragende Leistung in der Rettung krisengeschüttelter Firmen besteht.

Bezogen auf die Jahre seit 1970, trifft diese Einschätzung zu. Doch aus dieser verkürzten Perspektive in den Presseporträts lassen sich allenfalls Umrisse der Person Hans Imhoff ablesen, ein unverwechselbares Profil kristallisiert sich noch nicht heraus.

Die Blickrichtung, Imhoff vor allem als Stollwerck-Sanierer zu sehen, muß zu einer falschen Gewichtung des unternehmerischen Gesamterfolgs führen. So urteilt die ›Zeit‹, Imhoff sei »erst in der zweiten Lebenshälfte zu großer Form aufgelaufen«. In die gleiche Kerbe schlägt der ›Kölner Stadt-Anzeiger‹: »Bis 1970 brachte Imhoff es auf 100 Millionen Mark Umsatz. Bedenkt man, daß er dazu über 20 Jahre brauchte, war das unternehmerisch nicht die ergiebigste Zeit seines Lebens.«

Diese zahlenbezogene Argumentation auf die Spitze getrieben: Ist die unternehmerische Leistung eines Managers höher zu bewerten, der eine Firma erbt, im Vergleich zu einem Selfmademan, nur weil das Erbe eine Milliarde Mark Umsatz ausmacht, während der Konkurrent aus eigener Kraft – nur – 100 Millionen Mark geschafft hat?

Zweifellos unterscheiden sich die beiden Schaffensphasen von Hans

Imhoff vor und nach 1970 wesentlich. Zunächst rackert sich Imhoff als Produzent namenloser Schokolade in der Provinz ab, bevor er renommierte Markenartikelfirmen vor dem Ruin rettet.

Im folgenden gilt es aber zu belegen: Ohne die Erfahrung und den Erfolg der ersten Phase wäre die zweite nicht so überzeugend verlaufen. Die langfristig angelegte Karrierestrategie beschreibt die Fachzeitschrift ›Süßwaren-Großhandel‹ treffend: »Dieser quicklebendige Mann aus dem fernen Bullay hat es mit in der Branche ungewohnten unorthodoxen Methoden fertiggebracht, in das bis dahin geheiligte Zentrum der Schokoladenindustrie einzudringen.«

Früh selbständig – mit 26 Jahren gründet Imhoff seine Schokoladenfabrik – überrumpelt er die Etablierten der Branche mit Deutschlands ersten Nachkriegspralinen: Cadbury-Schokolade aus Care-Paketen läßt er in Suppenkesseln des ehemaligen Reichsarbeitsdienstes schmelzen, Zuckerkugeln damit überziehen und diese ›Teddy‹-Leckerbissen in alten Wehrmachtslastwagen zu den Kaufhäusern liefern.

Die Etablierung am entlegenen Moselstandort gelingt, obwohl die Region kaum industriegewohntes Personal aufweist, hochkarätige Führungskräfte die Provinz meiden und der ungünstige Firmensitz erhebliche logistische Nachteile verursacht.

Um der Markenkonkurrenz im Naturschutzpark Preisbindung Paroli zu bieten, bleibt Imhoff nur konsequentes Rationalisieren. In den sechziger Jahren hält Bullay einen beachtlichen Branchenrekord: Die Personalkosten des technisch hochmodernen Betriebs an der Mosel belaufen sich auf ganze vier Prozent im Vergleich zu bekannten Prestigeunternehmen mit zwanzig Prozent.

Als die Deutsche Bank Anfang der siebziger Jahre Imhoff für den geeigneten Stollwerck-Sanierer hält, ist dieser Marktführer bei Handelsmarken – das Ergebnis einer beinharten Auslese: 219 Firmen begannen in der Nachkriegszeit mit dem Herstellen von Schokolade. Ganze 42 blieben bis heute als selbständige Unternehmen übrig, von denen wiederum wandten sich zehn Betriebe anderen Erzeugnissen zu. Die Bullayer Fabrik behauptete sich gegen Konkurrenten, die heute kaum noch jemand kennt, ob etwa die Walter Carl Süßwarenfabrik in Hamburg-Altona, die Noris Schokoladenfabrik Carl Bierhals in Nürnberg, das Kakaowerk Groß Flotbeck Schacht + Co. in Holstein, die Edelweiß Schokoladenfabrik Mittelfelden GmbH in Ainring oder gegen die Delphi GmbH in Kranenburg am Niederrhein.

Gegenüber der Fachzeitschrift ›Food + Nonfood‹ hat Hans Imhoff seine Zeit als Produzent von Handelsmarken sehr plastisch geschildert:

»Mit 25 Jahren bin ich in Bullay als Konsumfritze gestartet und habe 20 Jahre wie ein Kuli gearbeitet, um am Leben zu bleiben und durchzukommen.«

Nacheinander beackert Imhoff damit zwei unternehmerische Aktionsfelder, die zugleich die Zwei-Klassen-Gesellschaft der Schokoladenbranche widerspiegeln: Als Newcomer schuftet er sich zum größten deutschen Hersteller von Konsumschokolade hoch, bevor er durch das Sanieren angesehener Traditionsfirmen unter den Markenartiklern einen hohen Rang einnimmt, als Arbeitgeber für über 4 500 Menschen im In- und Ausland und mit 1,3 Milliarden Mark Umsatz.

Die unternehmerische Lebensleistung Hans Imhoffs umfaßt also zwei gleichermaßen bedeutsame Phasen vor und nach 1970: das Überleben als »Hecht im Schokoladenteich« (›Handelsblatt‹) und das Aufleben als »Herr Stollwerck« (›Stuttgarter Zeitung‹).

Was das Ziel dieses Engagements sei, wollte Rolf Heggen in der ›FAZ‹ wissen, Profit oder Profil? »Die Mischung macht's«, gab Imhoff zurück, »ich muß gestalten können.«

Aufsichtsratssitzung der Stollwerck AG am 11. Dezember 1987 in der Kölner Hauptverwaltung: Was verbindet mehr als gemeinsame Freude oder Enttäuschung über das Wetter?

»Ich könnte ja mal vorab einen Wetterbericht geben«, leitet Hans Imhoff ein. »Etwas Schauer durch den Dollar, etwas Sonnenschein durch geringe Rohstoffkosten, trotzdem ein breites Wolkenband von Westen – die Konjunktur«, schon sind alle Beteiligten im Bild, ob die Vertreter der Deutschen Bank, der Schweizerischen Kreditanstalt oder der Arbeitnehmer. Als einziger der großen Schokoladenkonzerne besitzt Stollwerck die Rechtsform einer Aktiengesellschaft. Das bedeutet mehr Transparenz, als den Managern in diesem sensiblen Markt zuweilen lieb sein kann. Weil andere wenig vorzeigen, schauen alle auf Stollwerck. »Ich muß ja meine Zahlen veröffentlichen«, beschreibt Imhoff dieses Handikap.

Er selbst ist nominell Vorsitzender des Aufsichtsrates der Stollwerck AG, doch das bedeutet keinen Rückzug aus dem Tagesgeschäft – im Gegenteil. Hans Imhoff nutzt den Spielraum für seine Funktion im Aktiengesetz extensiv. So ist er bei der Aufsichtsratssitzung Moderator und wichtigster Auskunftgeber zugleich – sehr konzentriert, aber dennoch in lockerem Gesprächston.

Mit wenigen Strichen zeichnet er das Bild der Rohstofflage. Erfrischend offen zeigt Imhoff die Grenzen unternehmerischer Weitsicht auf:

»Man meint, man sei der Schlaueste – und das meine ich manchmal –, der Markt gehe hoch, und kauft, doch das Gegenteil passiert.«

Die Diskussion über die Preise für Fertigprodukte verläuft wie ein Intensivkurs in Konkurrenzbeobachtung. Aber bei der Charakterisierung des Stollwerck-Marktanteils gönnt Imhoff der Runde wieder einen Moment zum Entspannen: »Der verändert sich wie ein Hundeschwanz: ein bißchen rauf, ein bißchen runter.«

Das Gespräch über den aktuellen Geschäftsverlauf entwickelt sich zum aufbauenden Austausch von Anregungen und Erläuterungen zwischen dem Stollwerck-Management und den Bankiers. Als gelte es, die Arbeitnehmer nicht auszuschließen, bleibt Imhoff bei seiner Wortwahl ungeachtet des Diskussionsniveaus plastisch, spricht etwa vom »rachitischen Dollar«. Und dann bei einem Detailproblem das entwaffnende Eingeständnis: »Wir haben es nicht besser geschafft.«

Beim Wechsel zum nächsten Tagesordnungspunkt gestattet sich Imhoff eine kurze Reminiszenz an die harten Jahre in Bullay, als alle Finanzprobleme ein paar Nullen kleiner ausfielen und doch bedrohlicher werden konnten: »Das ist noch keine 20 Jahre her, da stürmte der Direktor der Kreissparkasse in die Verwaltung, schob meine Sekretärin mit einem barschen ›Ich darf da hinein‹ beiseite, trat vor meinen Schreibtisch und schnarrte, ohne seinen Hut abzunehmen: ›Was ist mit Geld?‹«

Seit diesen schwierigen Anfangsjahren achtet Hans Imhoff sorgsam auf eine offene Informationspolitik gegenüber den Banken, weil nur sie Vertrauen begründen könne. Dieses Bemühen, als verläßlich zu gelten, zieht sich auch durch die Aufsichtsratssitzung. Fragen aus der Runde werden ebenso präzise wie detailliert beantwortet.

»Wir sind reale Optimisten«, schließt Hans Imhoff seine Skizze über künftige Entwicklungschancen ab. Mehr, als hohe Erwartungen zu wekken, liegt ihm daran, keinen Zweifel am uneingeschränkten Einsatz des Stollwerck-Managements aufkommen zu lassen: »Wir kämpfen so, wie wir es gewohnt sind.« Hans Imhoff – ein kämpferischer Geist, sein Durchsetzungswille hat ihn auf einer Marterstrecke zum Erfolg getrieben. Woher schöpft diese Unternehmerpersönlichkeit solche Kraft? Was treibt ihn voran?

Rund hundert Stunden interviewte der Autor Hans Imhoff für diese Biographie. Der Großteil dieser Recherche konzentrierte sich auf das Herausarbeiten historischer Fakten und ihre Bewertung.

Wo immer jedoch das Forschen nach Motiven gegeben schien, rankten sich die Gespräche auch um charakterliche Eigenschaften und persönliche Wertmaßstäbe. Diese Antworten sollen im folgenden quasi gebündelt erläutern, warum Hans Imhoff unter immensem Einsatz seinen Erfolg anstrebte – eine Motivationsanalyse in Selbstzeugnissen.

Eine Umfrage des ›Capital-Führungskräfte-Panel‹ bei 576 deutschen Topmanagern, Spitzenpolitikern und hohen Beamten im Januar 1988 erbringt ein bemerkenswertes Ergebnis. »Glauben Sie, man kann durch Graphologie, also durch Untersuchung der Handschrift, Menschen besser beurteilen?« möchten die Interviewer des Instituts für Demoskopie Allensbach wissen. Fast jeder zweite (46 Prozent) glaubt das.

Auch Hans Imhoff denkt wie diese Führungskräfte. Zweimal nutzt er die Graphologie – zur Selbsterkundung.

Im Februar 1949 beurteilt der wissenschaftliche Graphologe Rolf Feder am Institut für Menschenkunde im niederbayerischen Gangkofen die Handschrift »eines 30jährigen kaufmännischen Angestellten, Name unbekannt, eine Bleistiftnotiz ohne Datum und Unterschrift«. Weil ihm die Vorlage unzureichend erscheint und andere Schriftproben zum Vergleich fehlen, gibt Feder sein Gutachten nur unter Vorbehalt ab.

Ein wesentliches Merkmal des Schreibers jedoch glaubt er zweifelsfrei zu erkennen, eine »innere Spannung«, ja »heftige Antriebe elementarer Natur«. Der Graphologe attestiert seinem Kandidaten »Eifer und eine nachdrückliche Tatbereitschaft sondersgleichen«.

Diesen Schreiber stellt sich Feder als einen Menschen vor, »dessen Aktivität von starken, ja heftigen inneren Antrieben maßgeblich geformt und dirigiert wird«. Was der Graphologe nicht wissen kann: Er charakterisiert Hans Imhoff, seit knapp einem Jahr Chef einer Schokoladenfabrik.

Sechzehn Jahre später, im April 1965, holt Imhoff ein weiteres graphologisches Gutachten ein, diesmal von der Psychologischen Unternehmensberatung Thost in Stuttgart.

Wieder durchzieht eine hervorgehobene Eigenschaft das Gutachten wie ein roter Faden. Dr. Werner Thost liest aus der Schriftprobe »ein dynamisches Vorandrängen, ja eine Unruhe, eine antreibende Tendenz« heraus. Dem »sehr impulsiven« Schreiber scheine »eine rasch weiterdrängende Arbeitsweise eigentümlich, bei der er die Details und Unwesentliches rasch übergeht und immer von fernen Zielen ergriffen wird«.

Ebenso interpretiert Thost, der Schreiber dränge »sehr rasch zur Tat«, seine Arbeitsweise lasse sich charakterisieren als »ein sehr zügiges Voranarbeiten, das allerdings zum Teil durch Ungeduld, Eile und Hast gekennzeichnet ist«. Ergänzend charakterisiert der Graphologe: »Von den starken, unermüdlichen Antrieben her ist er tätig in einer zähen Ausdauer. Es liegt darin eine starke Strebsamkeit, ja Geschäftigkeit in Verbindung mit starker Einsatzfreudigkeit.«

Mit diesen Fähigkeiten kann sich Thost den Schreiber schwerlich auf Dauer in einer untergeordneten Position vorstellen. Deshalb betont er am Schluß seines Gutachtens die Vorzüge des Kandidaten als Vorgesetzter: »Der Schreiber zeigt mitreißende Initiative, Durchsetzungsvermögen, Schwung, anspornendes und energisches Verhalten, eine gewisse herrische und bestimmende Überlegenheit.«

Was beide graphologische Gutachten treffend herausarbeiten, charakterisiert Hans Imhoff selbst in typisch bildhafter Formulierung auf der Hauptversammlung der Stollwerck AG am 4. September 1975. Im Börsensaal der Kölner Industrie- und Handelskammer nennt er als dominierende Triebfeder seines Handelns einen »knallharten Willen«.

Was das bedeutet, erläutert Hans Imhoff aus heutiger Erkenntnis: »Der Wille versetzt Berge – ohne Willen, ohne Energie und einen Schuß Fortune bleibt man Mittelmaß.« Statt auf das Glück zu warten, nimmt Imhoff sein Schicksal selbst in die Hand: »In mir ist ein ausgesprochener Kampfgeist.«

Zu Beginn seiner Karriere versucht er, mit hohem Arbeitstempo Startnachteile wettzumachen, Versäumtes nachzuholen. Sein Vater stirbt, als er 26 Jahre alt ist, seine schulische Vorbildung erscheint ihm mit dem Abbruch der Handelsschule eher dürftig: »Hätte ich eine erstklassige Ausbildung mitbekommen, wäre mir manches leichter gefallen.«

Solche Defizite betreffen betriebswirtschaftliche Detailzusammenhänge, juristische Finessen, Fremdsprachen. »Heute kaufe ich mir die Fähigkeiten, die ich selbst nicht habe, sehr großzügig hinzu und setze sie ein wie ein General seine Truppen«, benennt Hans Imhoff die Vorteile seiner Finanzausstattung, aber mehr noch die Souveränität des Lebenserfahrenen.

Seine Erfolgschancen als Schokoladenfabrikant könnten zu Anfang nicht schlechter stehen: Imhoff selbst fehlen die Fachkenntnisse; als Newcomer bleibt ihm nur die Außenseiterkonkurrenz über den Preis; Bullay liegt logistisch ungünstig; zum Zeitpunkt der Firmeneröffnung besteht ein Importverbot für den unentbehrlichen Rohstoff Kakao; das Unternehmen leidet über Jahre an bedrohlichem Kapitalmangel.

Intensives Dazulernen, ständige Suche nach qualifiziertem Personal, entmutigende Demütigungen als Mister Billigmacher, Transportprobleme, Nachschubschwierigkeiten und vor allem Geldsorgen bestimmen den Alltag in Bullay – fordern Durchhaltewillen.

Worauf ist Hans Imhoff am meisten stolz? Sonst schnell mit seiner Antwort, zögert er diesmal. »Auf natürliche Vorzüge, auf Glück und

Talente kann man nicht stolz sein«, verwirft er erste Gedanken. Doch dann bekennt er sich dazu, daß ihn sein knallharter Wille ans Ziel gebracht hat: »Ich bin stolz darauf, daß ich mich trotz aller Unkenrufe unternehmerisch durchgebissen habe und dabei ethische Grenzen eingehalten habe. Vor 30 Jahren hat es die Deutsche Bank noch abgelehnt, ein Konto von mir zu führen, nicht einmal auf Guthabenbasis.«

Managementtrainer empfehlen Führungskräften, die sich selbst motivieren müssen, erstrebenswerte Ziele anzugehen. Welche Leitbilder vermittelte das Elternhaus? Selbständig werden, finanzielle Sicherheit anstreben, fleißig sein, das geben ihm Vater und Mutter mit auf den Weg.

Dem Vater verdankt Hans Imhoff »die unbedingte Denke im Unternehmerischen, die kompromißlose Einstellung zum freien Unternehmertum«. Mutters Redensart geht ihm nicht mehr aus dem Kopf: »Ein Kellner, der mit 40 keine Kneipe hat, wird nichts mehr.«

»Geld spielte immer eine große Rolle bei uns«, erinnert sich Imhoff an eine weitere Prägung aus seiner Kindheit, »weil bis in die späten dreißiger Jahre nie genug davon da war.« Mutters Sorge um das tägliche Haushaltsgeld schmerzt den Jungen, Vaters Bemühen um Reserven und Sicherheiten beeindruckt ihn tief.

Fleiß schließlich lebt Fritz Imhoff seinem Filius vor. »Noch vor sechs Uhr ging mein Vater in die Werkstatt und kam abends gegen acht Uhr zurück«, beobachtete Hans Imhoff den kräftezehrenden Einsatz des selbständigen Handwerkers. »Manchmal, wenn er am Amboß stand, wechselte Vater mehrmals am Tag das durchgeschwitzte Hemd.«

Hohe Leistungsbereitschaft, so also der elterliche Rat, verspricht finanziellen Spielraum und eine eigene Firma. Diese frühen Erfahrungen lassen einen Durchsetzungswillen wachsen, der nachfolgend in drei Ausprägungen näher beleuchtet werden soll.

Wie äußert sich dieses Vorwärtsdrängen im Arbeitstempo von Hans Imhoff, seinem zeitlichen Einsatz, aber auch in Erschöpfungs- und Ruhephasen?

Wie beeinflußt diese zielorientierte Ungeduld die unternehmerischen Entscheidungswege, seine Entschlußkraft, aber auch Meinungsänderungen?

Wie wirkt sich zuletzt Imhoffs entschlossene Kursvorgabe auf die Zusammenarbeit mit Dritten aus, auf Führungskräfte und nachgeordnete Mitarbeiter, aber auch den Gedankenaustausch mit Geldgebern und persönlichen Beratern?

»Ich könnte niemals eine Tarifverhandlung mitmachen«, charakterisiert Imhoff sein rastloses Arbeitstempo, »niemals könnte ich Sitzungen leiten, die den Rahmen von drei oder vier Stunden sprengen. Ich kann keine Erfolge ersitzen, renne hin und her, gehe ans Fenster, lege mich zur Not eine halbe Stunde hin, nachdem ich vorher behauptet habe, Dringendes erledigen zu müssen.«

Diese Unrast bekommen die Mitarbeiter zwangsläufig zu spüren. Hans Imhoff versteht sehr genau zuzuhören, wenn jemand Fachkenntnisse besitzt. Aber bitte nicht länger als irgend nötig! »Meine Langeweile, meine Ungeduld«, beschreibt er seine Reaktion, »beginnt an dem Punkt, wo ich etwas begriffen und abgehakt habe, dann kann ich sehr provozierend sein und abrupt abbrechen.«

Dauern Sitzungen in anderen Firmen oft über viele Stunden, bei Stollwerck sind sie immer kurz und präzise, ohne Polemik und Lamento. »Ich komme ganz schnell auf den Punkt«, erklärt Imhoff seine Gesprächsführung.

Dinge interessieren ihn exakt nur so lange, bis eine Lösung gefunden ist. »Dann schiebe ich sie sofort weg und suche neue Herausforderungen«, bekennt sich Hans Imhoff zu seiner Unrast, »aus solcher Willensgebung läuft man Gefahr, sich selbst zu überrennen.«

Etwas tun, nur um etwas zu tun – diesem Zwang unterliegt Imhoff dennoch nicht. »Der Sinn beim Kauf einer sanierungsreifen Firma kann darin liegen, eine Chance wahrzunehmen, Menschen zu helfen, die Marktposition zu verbessern«, nennt der Stollwerck-Chef Antriebsmotive. »Entscheidend ist die Willensvorgabe: Da geh' ich ran! So wie ein Kardinal in Konklave geht und selbst gern zum Papst gewählt werden will.«

Bis in die Haarspitzen motiviert: Wie lassen sich da Niederlagen wegstecken? Zunächst kommt es auf den Zeitpunkt der schlechten Nachricht an, in gelassener und fröhlicher Stimmung ist Imhoff härter im Nehmen. »Doch im Streß können selbst Kleinigkeiten bei mir schlimme Reaktionen provozieren«, hält er andere Situationen dagegen.

Je negativer die Nachricht, desto ruhiger reagiert er. »Dann sage ich gar nichts und laufe im Büro hin und her wie ein Tiger im Käfig«, malt Imhoff sein Verhalten in unterschiedlich entmutigenden Lagen aus, »oder ich reiße das Fenster auf und hole mir eine Tüte Sauerstoff. Kommt es knüppeldick, verlasse ich mein Büro und laufe über den Hof.«

Brennt es wirklich einmal lichterloh, zwingt sich Hans Imhoff zur Ruhe: »Ich weiß um die Gefahr, vorschnell zu entscheiden. Wer kann im Zorn schon optimal urteilen?«

Ständiges Tempomachen erfordert auch Verschnaufpausen. Allenfalls Schlaf läßt ihn entspannen, weder der Urlaub noch Wochenenden sind für Hans Imhoff Ruhetage. »Früher waren auch Mitarbeiter sonntags im Büro, weil ich da war«, beschreibt er die Irritation, die seine Arbeitswut seinerzeit im Unternehmen auslöste, »heute sitze ich allein dort, fällt mir plötzlich etwas ein, rufe ich sofort bei meinen Mitarbeitern an, die sich nicht immer ›freuen‹, wenn ich sie in der Sonntagsruhe störe.«

Nicht einmal im Urlaub möchte Imhoff völlig abschalten. »Morgens erkundige ich mich jeweils in der Firma, was läuft«, schildert er mit einem Augenzwinkern. »Sagt meine Sekretärin dann: ›Gar nichts!‹, bin ich überhaupt nicht befriedigt. Brauchen die mich etwa gar nicht mehr?«

Arbeitswille und Herausforderungen bestimmen wesentlich auch die vermeintlich schönsten Wochen des Jahres fern von Köln, zumeist auf Sylt. »Im Urlaub habe ich sicher die besten Ideen gehabt, die besten Geschäfte angeleiert«, hebt Imhoff die kreativen Seiten eines Tapetenwechsels hervor. »Oft habe ich dann den Urlaub unterbrochen, einen Privatjet gemietet, um wichtige Verhandlungen zu führen. Selbst wenn aller Einsatz und Strapazen nicht zum positiven Ergebnis führen, kehre ich mit der tiefen Befriedigung zurück, auf jeden Fall alles versucht zu haben.«

Stärkster Wille vermag jedoch auf Dauer nicht gegen erlahmende Körperkräfte anzukämpfen. Will Hans Imhoff wirklich entspannen, dann schläft er. Allerdings träumt er häufig und intensiv: »Ich rechne Dinge aus oder erlebe Probleme, die ich noch nicht gelöst habe.« Dennoch gilt: Nichts läßt Imhoff besser regenerieren als Schlaf.

Und Ablenkung? Sosehr der dynamische Unternehmer Musik liebt: »Von zehn Opernbesuchen gehe ich dreimal in der Pause heim – dann habe ich die Musik genossen, kann aber nicht länger still sitzen. Den ›Ring des Nibelungen‹ würde ich mir nur gegen hohes Honorar ansehen.«

Weniger ein ablenkendes Unterhaltungsprogramm als vielmehr das Erleben eigener Erschöpfung als Beweis des Tatendrangs lassen Hans Imhoff innehalten: »Abends muß ich müde sein, einfach das Gefühl haben, möglichst schwer gearbeitet und viel erreicht zu haben – dann kann ich zufrieden essen und eine gute Flasche Wein trinken. Für meine Erfolge habe ich immer hart gerungen, aber das hat mich zufrieden gemacht.«

Hans Imhoff – ein kämpferischer, unruhiger Geist. Wie trifft der rastlose Tempomacher Entscheidungen? Diesem zweiten Fragenkreis gilt es nachzugehen, um die Ausprägungen seines starken Willens plastischer zu sehen.

»Offenbar habe ich eine Nase, eine Begabung, intuitiv Dinge rechtzeitig zu erkennen und daraus nötige Rückschlüsse und Konsequenzen zu ziehen«, nennt er eine Gefühlskomponente als maßgeblich, »hinzu kommen eine frühe Witterung von Gefahren und eine erhebliche Flexibilität.«

Solche sensible Witterung paart sich mit Entschlußkraft: »Ich zögere keine Sekunde, notwendige Maßnahmen zu treffen, auch wenn sie schmerzlich sind – alles andere wäre verantwortungslos.«

Diese Willensstärke macht auch vor Kurskorrekturen nicht schlapp. »Meine Ziele verfolge ich außerordentlich zäh, wenn sie nur wichtig genug sind«, betont Imhoff seine vorbehaltlose Hingabe an eine Aufgabe, »aber wenn ich erkenne, daß ein Ziel nicht erreichbar ist oder die Methodik falsch, kann ich mich in Sekundenbruchteilen eines anderen besinnen und das Gegenteil tun: Ich habe erkannt, das bisherige Vorgehen war dumm, also mache ich es anders.« Meinungswandel in Sekundenbruchteilen: die Übertreibung veranschaulicht die Entschlußkraft.

Verlieren die Mitarbeiter da den Mut zu widersprechen? Ihr Ansehen beim Chef erfordert die Gegenrede, keineswegs aber frustrierte Nörgelei. »Wer mir grundsätzlich nicht widerspricht, weil er sich beim Chef einkatzen will, den schätze ich ebensowenig wie jemanden, der nicht ertragen kann, daß ich besser bin«, grenzt Imhoff ab.

Mit dem Stollwerck-Eigner ebenbürtig zu streiten setzt neben hoher geistiger Beweglichkeit vor allem auch die Bereitschaft voraus, unkonventionelle Lösungen zu suchen. Denn Willensstärke bedeutet beim Rheinländer Imhoff keineswegs den schnurgeraden Weg voraus mit dem Kopf durch die Wand, sondern vielmehr: auf schnellstem Weg zum Ziel.

»Der Vorwurf des Kölner Klüngels«, bekennt sich Hans Imhoff zu seiner regionalen Herkunft, »trifft auf mich in klassischer Weise zu.« Der blasse Begriff Pragmatiker vermag solche urkölsche Geschäftstüchtigkeit nur andeutungsweise zu umschreiben.

»In Köln, dieser großen Kreuzung zwischen Nord-Süd-Achse und Ost-West-Verbindung«, interpretiert Imhoff historisch, »trafen sich schon römische Legionäre mit blonden Ubierinnen, da erschien das Leben leichter, wurden Freundschaften schneller geschlossen oder aufgegeben als etwa in Westfalen.«

Solchermaßen weltstädtisch eingestimmt, erfährt der Leser von Hans Imhoff nun, wie in den engen Gassen am Dom Wirtschaftspolitik gemacht wird: »Klüngel heißt: sich gegenseitig helfen, ergänzen, Schwierigkeiten diplomatisch, unbürokratisch und schnell aus dem Weg räumen.«

Aber das sei nicht allein typisch kölsche Art, wehrt Imhoff ab: »Überall, wo Menschen zusammenleben, wäscht eine Hand die andere

– ob in der Kirche, der Provinz, der Fabrik oder in der Politik. Das menschliche Verhalten ist im Prinzip dasselbe, in Sizilien oder in Köln-Nippes.«

Ganz praktisch: Wie klüngelt der kölsche Jung Imhoff? »Wenn ich ein Problem habe, hadere ich nicht mit dem lieben Gott, sondern versuche es möglichst einfach zu lösen. Muß ich hinter eine Mauer kommen, schaue ich zuerst nach, ob eine Tür eingebaut ist. Und finde ich eine, prüfe ich: Ist sie verschlossen? Sonst versuche ich sie zu öffnen. Gelingt das nicht, nehme ich in Augenschein, wie lang die Mauer rechts oder links verläuft, damit ich sie umgehen kann. Hilft das alles nichts, hole ich mir zur Not ein Leiterchen und steige über die Mauer.« Und das soll nun das Geheimnis des Kölner Klüngels sein? Oder hat Imhoff uns das Wichtigste verschwiegen: wer ihm jeweils die Leiter hält . . . Immerhin haben wir soviel gelernt: Rheinische Willensstärke ist weder westfälische Gradlinigkeit noch preußische Prinzipienreiterei. Wo ein Wille ist, findet ein Rheinländer wie Imhoff auch einen Umweg.

»Probleme lassen sich oft durch freundlichen Umgangston lösen«, leitet Imhoff selbst zum dritten Fragenkreis über. Wie kann der Dynamiker mit Dritten, was zeichnet seinen Umgang mit Menschen aus?

»Ohne Ehrgeiz wird man nichts, die Grenze heißt Menschlichkeit«, bekennt sich Imhoff zu seinem Zielstreben. Teilhaber mag er nicht: Was er nicht allein kann, fängt er erst gar nicht an. »Mehrere Superchancen in meinem Leben habe ich nicht genutzt deshalb, mehrmals haben mich deswegen besonders fähige Leute verlassen.«

Doch solches Selbstvertrauen verleitet ihn nicht zur Überschätzung seiner Möglichkeiten. Hans Imhoff besitzt den Mut, Schwächen einzugestehen.

So erbat er sich einen Kredit von der Mutter, um vor der Kaufmannsgehilfenprüfung zusätzliche Stunden bei einem Privatlehrer nehmen zu können. Oft gab es Canossagänge, besonders dann, wenn Imhoff Geld oder Aufträge fehlten.

An brütend heißen Sommertagen Kunden zum Ordern von Schokolade zu überreden ist kein Zuckerschlecken. Und gegenüber den Banken hat sich Imhoff jeweils betont offen gegeben: »Das schafft Vertrauen. Nur wenn ich zuverlässig bin, kann ich im Notfall auch Hilfe beanspruchen.«

Beispielhaft für dieses Bemühen steht eine Zusammenarbeit mit der Deutschen Bank, sein freundschaftliches Verhältnis zu deren Vorstandssprecher Dr. Alfred Herrhausen. Imhoff zweifelt nicht: Die Chance zum Sanieren von Stollwerck räumte ihm die Deutsche Bank ein, weil Herrhausen . ihm vertraute. Dieses Vertrauen erwidert Imhoff auf eine – gemessen an seinem Vorteilsdenken – höchst ungewöhnliche Art. Die Deutsche Bank hat Stollwerck zum Auftakt der Sanierung einen günstigen Kredit über 40 Millionen Mark für sechs Jahre eingeräumt, im ersten Jahr zu fünf Prozent Zinsen, für die restliche Laufzeit zu sechs Prozent. Der Kredit kann ohne Einschränkung zur geschäftlichen Disposition verwandt werden.

Was die Deutsche Bank nicht voraussehen kann: Die Marktzinsen klettern während der Kreditlaufzeit auf über 15 Prozent. Und wie verhält sich Hans Imhoff? »Ich habe den Kredit niemals ganz in Anspruch genommen, sondern bin tendenziell unter der Hälfte geblieben. Das bedeutete für manchen eine gewisse Torheit.«

Das Geld anderswo zu höherem Zinssatz wieder einzusetzen, versagt er sich. »Zwei Jahre später«, beschreibt Imhoff den positiven Nebeneffekt, »haben mir Herrhausen und Christians erklärt, daß dieses Verhalten ein entscheidendes Moment war für das spätere Vertrauen der Deutschen Bank in meine Unternehmen und mich.«

In den Anfangsjahren an der Mosel dagegen bleibt Imhoff die Kooperation mit den Großbanken verwehrt. »Beim Start war ich praktisch ohne Eigenkapital, das brachte mich einige Male in große Not«, beschreibt Imhoff die offene Flanke seiner Offensivstrategie im Schokoladenmarkt, »zigmal habe ich mich vor dem Kollaps gesehen.«

Hans Imhoff weiß den Stolz seinem Überlebenswillen unterzuordnen. Zweimal findet er in riskanten Schieflagen Helfer: den bedeutenden deutschen Rohkakaoimporteur Otto Bertram und den größten Haselnußimporteur der Bundesrepublik, Wilhelm Rickertsen senior. Aus welchen Motiven wagen sie etwas für den Nobody in Bullay?

»Bertram«, so Imhoffs Kurzcharakteristik, »engagierte sich, um seine Ware zu verkaufen, er gab sich sehr intellektuell, glänzte als grandioser Schauspieler – ein Mephisto.« Anfang der sechziger Jahre bietet Bertram gefährdeten Schokoladenfabriken Kredite, Imhoff erhält eine halbe Million: »Eine Hilfe mit hohem Risiko.« Aber ihm bleibt keine Wahl. Seine Befürchtungen bestätigen sich: Bertram geht in Konkurs und reißt neun Schokoladenfirmen mit in den Strudel. Allein Imhoff erreicht das rettende Ufer.

Ganz anders der Nothelfer Rickertsen. Aus Imhoffs Porträt spricht Hochachtung: »Er bestach durch seine aufrechte, stolze Haltung, 1,90 Meter groß, schlohweiß; in seiner Persönlichkeit lag enorm viel Noblesse – ein Mann, aus dem Nichts zu Deutschlands größtem Haselnußimporteur aufgestiegen.« Ende der fünfziger Jahre gerät der Bullayer

Fabrikant mehrfach in die Liquiditätsklemme, weil er kurzfristige Kredite für langfristige Investitionen genutzt hat. Wenn an der Mosel ›Land unter‹ droht, weiß Imhoff einen rettenden Anker an der Waterkant.

»Ich konnte Rickertsen senior in größter Not anrufen. Dann fragte er kurz: ›Wo fehlt's denn? Wieviel soll's denn sein? Wie eilig ist es denn? Soll ich es telegraphisch schicken?‹« Auf diese unkomplizierte Weise hilft Rickertsen dem Außenseiter in Bullay fast zwei dutzendmal.

»Er hatte überhaupt keine Sicherheiten, da gab es nur mein Wort und seine Sympathie für mich«, bewertet Imhoff diese Leistung des 40 Jahre älteren Unternehmers, »für mich war Rickertsen ein Leitbild.« Als Imhoff später bei Stollwerck ausreichend liquide ist, eröffnet auch er mehrfach jungen begabten Leuten unternehmerische Chancen.

Nichts belastet Imhoff mehr als die Teilnahme an einer Beerdigung. Aber Rickertsen gibt er das letzte Geleit. Und Imhoff weiß, wovon der Pastor spricht, als er seine Grabesrede eröffnet: »Viel Dankbarkeit hat hinter diesem Sarg zu stehen . . .«

So vehement Imhoff es ablehnt, seine Zielsetzungen mit einem Teilhaber abzustimmen, und sosehr er in Notlagen den Beistand von Förderern akzeptiert: in der Unternehmensführung standen ihm über die Jahre herausgehobene Persönlichkeiten zur Seite, quasi als rechte Hand. Hermann Neuhaus füllt diese Rolle in Bullay und bis zum Auftakt der Stollwerck-Sanierung aus, seither Hans Rolf – in beiden Fällen geschieht das in unkonventionellen Formen der Kooperation.

Neuhaus, Mitinhaber der Herforder Schokoladenfabrik Karina, Studienkollege von Alfred Herrhausen, ist vordergründig Imhoff in verschiedener Hinsicht überlegen: Akademiker, honoriger Unternehmer, erfahrener Schokoladenmacher mit einem ausgesprochenen Qualitätsdenken. Das Zerwürfnis mit der Mehrheitsgesellschafterin bei Karina verschlägt ihn an die Mosel. Imhoff ist er hoch willkommen: »Ein gradliniger Urwestfale, den man ins Feuer schicken konnte.«

Aber die Zusammenarbeit zwischen dem Newcomer und dem Schokoladendynasten, als Generalbevollmächtigter eingesetzt, bleibt kompliziert. Sosehr Neuhaus die Imhoffsche Kreativität in geschäftlichen Dingen schätzt und seine Flexibilität ebenso, insgesamt fühlt er sich überlegen.

»Die Probleme wuchsen, als Neuhaus den Vorstandsvorsitz bei Stollwerck übernahm«, charakterisiert Imhoff die komplizierte Lage Anfang der siebziger Jahre, als der eigentliche Sanierer Imhoff zunächst noch im Hintergrund bleiben soll. »Neuhaus konnte nicht ertragen, daß ich überhaupt ein Büro bei Stollwerck bezog, als ich noch nicht den Aufsichtsrat führte. Da kam ich morgens mit dem Aktenkoffer und klemmte mich in das Besucherzimmer.«

Als Neuhaus im Frühjahr 1974 überraschend das Angebot wahrnimmt, die Herforder Eisenwarenfabrik Sulo zu übernehmen, hat die Partnerschaft immerhin zehn Jahre gehalten. »Einen Mann von diesem Format«, würdigt Imhoff die Leistung von Neuhaus, »hatte ich nie vorher an meiner Seite, eine starke Entlastung für mich.«

Seither ist der Kölner Rechtsanwalt Dr. Hans Rolf engster Vertrauter Hans Imhoffs. Zwar übt er den stellvertretenden Vorsitz im Aufsichtsrat der Stollwerck AG aus, doch anders als Neuhaus fungiert er als externer Berater.

Imhoff charakterisiert Rolf als »wohl einmalige Mischung aus erstklassigem Juristen, Immobilienkaufmann, Strategen und Berater«. Außerordentlich selbstbewußt gab sich Rolf schon beim ersten Zusammentreffen. Der Frage, ob er für Stollwerck arbeiten könne, begegnete Rolf mit dem verblüffenden Hinweis, er sei wohl zu teuer – und unterstrich diese Einschätzung tatsächlich mit einer stolzen Honorarforderung.

Doch Hans Imhoff wollte diesen außergewöhnlichen Juristen und plädierte für einen Versuch. Seit nunmehr 17 Jahren erweist sich diese Zusammenarbeit als ungemein fruchtbar, Rolf brilliert seither als erfolgreicher Architekt des Imhoff-Imperiums. Imhoff und seine engsten Berater – ebenso sensible wie erfolgreiche Partnerschaften. Und wie beeinflußt Imhoffs Willensstärke seine Haltung als Arbeitgeber? Vor allem seine Mitarbeiter an der Mosel haben das Vorwärtsstürmen ihres Chefs zu spüren bekommen: »Bis ich 40 war, trieb mich eine brennende Ungeduld, eine ständige Unsicherheit: Schaffe ich es?« Eine hohe Personalfluktuation spiegelt den inneren Kampf Imhoffs wider: »Das ›*hire and fire*‹ war Ausdruck einer menschlichen Unreife. Lief etwas nicht sofort wie gewünscht, glaubte ich immer, es läge am anderen.«

Doch bereits damals verstellte ihm die Unduldsamkeit nicht den pragmatischen Blick für das Ziel allen Voranstürmens. So hält Imhoff etwa einen untreuen, aber wichtigen Mitarbeiter, weil für ihn in Bullay kein Ersatz zu beschaffen ist. Heute braucht er sich solche Sorgen nicht mehr zu machen, denn inzwischen weiß er auch seine Gefühle zu zähmen. Kürzlich hat Imhoff einen betrügerischen Geschäftsführer entlassen, aber nicht angezeigt: »Ich wollte ihn nicht vernichten.« Einstellen und Entlassen, beide Vorgänge im Betriebsalltag vermögen den erfahrenen Unternehmer noch innerlich zu bewegen. »Jemanden einzustellen ist ein erhebendes Gefühl«, beschreibt er sein Empfinden. »Wenn man jemanden aus Rationalisierungsgründen wegschicken muß, der sich nichts zuschulden kommen ließ, bedeutet das für mich eine starke Belastung. Denn ich habe das Gefühl, unrecht zu tun – zumindest empfindet der andere es so.« Je älter Imhoff wird, um so schwerer fallen ihm Entlassungen.

Was Einstellungen angeht, reklamiert Imhoff erst gar keine ausgeklügelten Auswahltechniken für sich: »Der erste Eindruck ist sehr wichtig – oft habe ich mich auch auf diese Art und Weise geirrt.« Ansonsten hält er sich keineswegs für »den großen psychologischen Guru«, sondern viel eher für jemanden, dem Sympathie als Orientierungshilfe dient: »Ich suche Leute mit blauen Augen, die trotzdem tüchtig sind.« Seine Mitarbeiterauswahl erweist sich als »ein Mix von Rationalität und Emotion, wobei das Gefühl wesentlich den Ausschlag gibt«. Läßt Imhoffs Erfolgsdenken Raum für soziale Gesten? »Wer Profit verteufelt, kann nicht wirtschaftlich denken«, schickt er voraus, »wer kein Vorteilsdenken besitzt, gehört nicht in die Führungsetage. Wer aber für das Unternehmen ebenso denkt wie für sich, der darf meiner Fürsorge sicher sein, egal, welche Hilfe er benötigt.«

Bekennt sich Hans Imhoff damit zu seiner Verantwortung als sozialer Unternehmer? »Mein Selbstverständnis als Firmenchef hat sich im Lauf der Jahre verändert«, arbeitet er eine persönliche Entwicklung heraus, »solange ich kein Vermögen hatte, habe ich soziale Dimensionen kaum beachtet. Als Unternehmer, der jeden Tag die Zahlungsunfähigkeit vor Augen hat, besitzt man kaum Verständnis für soziale Belange. Mein soziales Gewissen hat sich erst mit Anfang 40 entwickelt.«

Allerdings müssen sich soziale Belange dem obersten Ziel unterordnen, das Florieren des Unternehmens sichern. Imhoff veranschaulicht dies an einem Beispiel. Nach einer Werksbesichtigung bei der kurz zuvor von Stollwerck übernommenen Schokoladenfabrik Sprengel in Hannover spricht ihn der Betriebsratsvorsitzende von Stollwerck an: »Chef, die Sprengelaner haben ja immer mehr verdient als wir, das bedrückt mich, ich habe immer gedacht, Stollwerck wäre so ein sozialer Betrieb.« Imhoff setzt noch eins drauf: »Bei Sprengel gibt es sogar noch eine Badestunde wöchentlich, ein Relikt aus alten Zeiten, als die Belegschaftsmitglieder daheim noch keine Duschen hatten. Doch obwohl inzwischen jede Wohnung ein Badezimmer hat, ist diese Freistunde geblieben.« Aber dann konfrontiert Imhoff seinen Kölner Arbeitnehmersprecher mit der Gegenfrage: »Wer hat denn wen gekauft? Wessen Arbeitsplätze sind sicher?«

Herr über 4500 Arbeitsplätze zu sein, schafft das ein Gefühl von Macht? Hans Imhoff relativiert: »Ich leite einen größeren Mittelbetrieb, von dem es einige hundert in Deutschland gibt. Wir beschäftigen ganze eineinhalb Prozent der Siemens-Belegschaft und machen nicht mehr als zweieinhalb Prozent vom Daimler-Umsatz.«

Doch das weiß Imhoff sehr wohl, gegen die, gemessen an den größten deutschen Unternehmen, eher bescheidenen Firmenkennzahlen steht der Prestigewert der Marken: »Natürlich ist der Bekanntheitsgrad von Stollwerck, Sprengel – auch von Waldbaur – erheblich. Das schafft Motivation, macht Freude, so als hefte man sich eine kleine Perle auf die Krawatte oder ziehe sich einen Siegelring auf den kleinen Finger.«

Aber Macht? Imhoff würde statt dessen lieber von »Gestaltungsfähigkeit« sprechen: »Wenn ich Lust an der Macht hätte, wäre ich in die Politik gegangen.«

Knallharter Wille ohne Machtbewußtsein, geht das zusammen? »Ohne Durchsetzungsvermögen, um wichtige Dinge zu gestalten, ist meine Rolle nicht denkbar«, akzeptiert Imhoff schließlich den Firmenchef als Machthaber bei strategischen Entscheidungen. »Natürlich muß ich Rücksichten nehmen, auf Mitarbeiter, Kunden, Banken, die Familie – im wesentlichen aber klopfe ich dreimal auf den Tisch und sage: So wird es gemacht!« Die Macht des Machers und seine Lust am Machen lassen sich nicht leugnen. Stärke zeigen bedeutet auch Schwächen überspielen, übertönen – auch Ängste? Imhoff bekennt sich zunächst zu Sorgen. »Vor der Überalterung des Managements – mich eingeschlossen – und vor Illiquidität, der Abhängigkeit von Banken und Kunden.« Dann beschreibt er Ängste: »Vor Börseneinbrüchen, Salmonellen in der Schokolade, vor dem plötzlichen Tod wichtiger Mitarbeiter, vor dem Abspringen eines Großkunden oder vor einer extremen Schieflage bei der Rohstoffversorgung.«

Wo unternehmerischer Erfolgswille so beherrschend wirkt, bleiben Defizite. Auch zu ihnen steht Hans Imhoff. Durch den Vorstandsvorsitzenden der Hussel Holding AG, Dr. Jörn Kreke, lernt er den Gründer der ersten deutschen Privatuniversität Witten-Herdecke kennen, Dr. Konrad Schily. »Er hat mich stark beeindruckt«, schildert Imhoff die erste Begegnung, »sein Idealismus hat mich fasziniert, während ich bei Dingen, die ich tue, sehr oft ans Geld denke.«

Seither fördert er Schilys imponierende Initiative fern der bürokratischen Hochschulapparate. »Was ich selbst gern täte, aber nicht kann – das imponiert mir am meisten«, verrät Imhoff offengebliebene Wünsche.

Daß ein voll engagierter Spitzenbeamter wie der Kölner Oberstadtdirektor Kurt Rossa noch Essays schreibt und hervorragend Cello spielt, beeindruckt Imhoff nachhaltig. Als Rossa den Unternehmer daheim am Flügel hört, stimmt er ihn mit der Bemerkung nachdenklich: »Sie haben früher mal ganz gut gespielt.«

Hans Imhoff kennt seine Grenzen. Der Mutter hat er einmal gestanden: »Ich werde nie ganz groß, weil mir die dafür nötige Rücksichtslosigkeit und Skrupellosigkeit fehlen, aber ich bin zutiefst froh darüber, daß dies so ist. Sonst könnte ich mich selbst nicht leiden.«

Aber sein Anspruch zu führen, sein unbeugsamer Wille, seine Interessen wahrzunehmen und Vorteile auszunutzen, haben ihn weit gebracht. Dieser Erfolg macht ihn gelassen.

Der Kölner Oberstadtdirektor Kurt Rossa schätzt Imhoff als »Mischung aus Nachdenklichkeit, Tatendrang und Lebenslust«. Seine Freude sei vor allem »das Machen, nicht der Spaß am Haben«. So kann Hans Imhoff auch Rossas scherzhafte Kritik an seinen Klavierspielkünsten gelassen kontern: »Ich spiele grad so gut, daß ich es selbst noch hören kann.«

Einweihung der neuen Schokoladenfabrik der belgischen Stollwerck-Tochter Jacques Chocolaterie S. A. in Eupen am 30. September 1987. Dem 200köpfigen Publikum stellt sich Hans Imhoff unverwechselbar vor: »Ich bin 100 Kilo schwer, davon sind mindestens 80 Kilo Schokolade.«

Das Wort hat Gewicht, noch vor wenigen Jahren erlaubte sich der Stollwerck-Chef mittags zum Dessert 200 Gramm Nußschokolade, heute verkostet er immerhin noch ein Pfund Schokolade in der Woche. Besonders gern ißt Imhoff Bitterschokolade, »weil sich in ihr der spezifische Kakaogeschmack am besten entfaltet«.

Auf sonntäglichen Inspektionsgängen durch die Fabrik in Köln-Porz nimmt er das Pralinen-Zwischenlager besonders gründlich in Augenschein. »Wenn es niemand sieht«, beschreibt er sein Probieren scherzhaft, »kann ich auch nicht zunehmen.«

Seine Geschmacksnerven regen auch die Phantasie an, speisen die ohnehin bildhafte Sprache. Den Journalisten in Eupen begründet Imhoff seine unappetitliche Pflicht, zu Beginn der Jacques-Sanierung das Management auswechseln zu müssen: »Wenn ein Fisch stinkt, stinkt er immer am Kopf zuerst.«

Hans Imhoff bekennt sich zu einem bestimmenden Körpergefühl: »Heißhunger habe ich immer, auf Gaumengenüsse bin ich außerordentlich fixiert.«

Appetit weckt seine Kindheitserinnerungen, beschäftigt ihn im Firmenalltag, beeinflußt sogar seine dienstlichen und privaten Fahrtrouten.

»Mein Vater als schwer arbeitender Schlosser«, erinnert sich Imhoff an den Speiseplan im Elternhaus, »bekam grundsätzlich mittags ein Stück Fleisch aufgetischt, wir Kinder nur sonntags – da habe ich oft mit meinem Schicksal gehadert.« Heute zählt die Vorfreude auf die mittägliche Arbeitsunterbrechung zum festen Arbeitsplan: »Spätestens um halb zehn frage ich meine Sekretärin danach, was es zu essen gibt. Dann beginnt eine Diskussion, ob ich ›Mümmeltag‹ habe, das heißt trockenen Reis mit Apfel bekomme, oder mir eine Seezunge, Schellfisch oder ein Steak leisten darf.«

Selbst bei der Reiseplanung schaut Imhoff außer in den Straßenatlas noch in einen Restaurantführer: »Für ein gutes Lokal nehme ich weite Umwege in Kauf.«

In der Person von Hans Imhoff sieht der renommierte Unternehmensberater Egon Zehnder seine Prämisse für wirtschaftlichen Erfolg eindrucksvoll bestätigt: »Die Produkte müssen mit den sinnlichen Vorlieben der Manager übereinstimmen.« Wie sich Zehnder nur einen Raucher an der Spitze einer dynamischen Zigarettenfirma vorstellen kann, gehört ein Leckermaul auf den Chefsessel eines Süßwarenunternehmens. Imhoff liefert den praktischen Beweis des Zehnderschen Axioms: »Wir produzieren heute nichts mehr, was ich nicht selbst gern esse.«

Welcher innere Zusammenhang besteht zwischen wirtschaftlicher Leistung und Eßlust? Das Porträt eines bedeutenden Unternehmers aus der Nahrungsmittelbranche legt diese Frage nahe. Dabei scheint der modische Trend sie zu widerlegen. Wohlbeleibtheit als Wohlstandsideal gilt als Relikt aus der Wilhelminischen Ära. Da baumelte die goldene Uhrkette über dem prallen Trommelbauch. Erhards Wirtschaftswunderjahre vermochten noch einmal satte Zufriedenheit als Leibesfülle vorzuführen, seither jedoch steht kollektives Diätverhalten auf dem Speiseplan der Nation.

So beobachtete der Philosoph Max Horkheimer Anfang der siebziger Jahre, Repräsentanten wirtschaftlicher Macht sind »im Begriff, sehnige, schlanke Menschen zu werden«. Der Unternehmensberater Gerhard Kienbaum findet diese Erkenntnis täglich bestätigt: »Unter Führungskräften hat sich ein hohes Gesundheitsbedürfnis entwickelt. Die essen Vollkornbrot, um schlank zu bleiben.«

Das Nachrichtenmagazin ›Der Spiegel‹ nahm im Frühjahr 1985 Maß bei deutschen Managern: »Ein Blick auf die Vorstandsriege der Deutschen Bank genügt: keine schräglaufenden Nadelstreifen, keine Unze Fettgewebe zuviel.« Wer selbst nachmessen möchte, mag die Sitzbreite in der Economy-Class von Verkehrsflugzeugen als Indiz werten: 51 Zentimeter reichen dicke.

Nicht in dieses Raster zu passen bedeutet nach Beobachtungen des ›Spiegel‹, praktisch eine Außenseiterrolle zu spielen: »Die wenigen noch verbliebenen Dicken auf den Chefsesseln der deutschen Wirtschaft werden bestaunt wie weiße Elefanten.«

Hans Imhoff – von gestern, weil ihn des Guten zuviel schmückt? Zehnders Grundsatz von der sinnlichen Identifikation mit dem Produkt verbietet solches geschmäcklerische Taxieren nach Modeströmungen.

Vielmehr gilt es, das Zehndersche Axiom als Ausgangspunkt einer genüßlichen Analyse zu wählen mit dem Untersuchungsziel: Gibt es eine kulinarische Triebfeder des Erfolgs? Mehr noch: Läßt sich damit ein bislang völlig unbeachteter Beweggrund für Hans Imhoffs außerordentlichen unternehmerischen Erfolg beisteuern?

Professor Dr. Volker Pudel, Leiter der Ernährungspsychologischen Forschungsstelle der Universität Göttingen, eröffnet die gelehrte Plauderei über Genuß und Gewinn mit einer beruhigend demokratischen Note. Das Zeug zum Schokoladenfabrikanten ist niemandem speziell, sondern allen gleichermaßen in die Wiege gelegt: »Die Präferenz für ›süß‹ ist angeboren, von gesüßtem Essen wird mehr gegessen. Dagegen schlägt ›salzig, sauer und bitter‹ Widerwillen entgegen.«

Doch wie die staatlich erzwungene Gleichheit in der Geldbörse den Tag der Währungsreform nicht überlebte, entwickeln sich süße Vorlieben individuell weiter. »Kindliche Erfahrungen prägen die Richtung späteren Handelns«, charakterisiert der Münchner Psychologe Professor Wolfgang Marx diesen Vorgang und veranschaulicht ihn an einem Exempel: »Jean-Paul Sartre schreibt etwa über sich, er sei in einer Bibliothek aufgewachsen.«

Und der Gegenstand unserer populärwissenschaftlichen Neugier: Was nagte an den Milchzähnen von Hans Imhoff? Er naschte prächtig, die Ernährungsphysiologen und Tiefenpsychologen hätten ihre helle Freude an ihm gehabt.

Seinem Heißhunger auf Süßes gab sogar die Außenluft Auftrieb. Stand der Wind von der Stollwerck-Fabrik im Severinsviertel auf sein Wohngebiet am Kölner Neumarkt herüber, schwang er sich auf sein Fahrrad und tauchte in die Duftwolke ein, um sich satt zu schnuppern.

Einer Gleichaltrigen in der Nachbarschaft, Tochter eines Süßwarenhändlers, machte er unter Hintanstellung seiner wahren Gefühle den Hof, weil sein freundlicher Augenaufschlag ihren Blick von der Wiegeanzeige weglenkte.

Mit detektivischem Spürsinn und akrobatischen Einlagen stibitzte Imhoff seinem Vater zwei Pfund Pralinen.

Einen schwächeren Kameraden schützte er mannhaft vor Prügeleien auf dem Schulhof, weil dieser den Sicherheitsdienst mit einem besonders leckeren Pausenbrot lohnte.

»Jugendliche Lernerfahrungen können eine bestimmte thematische Auswahl für das berufliche Engagement vorgeben«, verknüpft Professor Pudel solche Schlaglichter aus den frühen Jahren unseres Studienobjektes mit gesicherten wissenschaftlichen Erkenntnissen. Hans Imhoff lernte Kaufmann in einem Autozubehörbetrieb – versucht er etwa aus unserer These auszubrechen? Schon bald hat ihn die Ernährungswissenschaft wieder.

Zuvor jedoch gilt es, die Hypothese sinnvoll zu erweitern: Nicht allein der Hang zu Süßem soll fortan als Ergebnis früher Prägung gelten, sondern zusätzlich Imhoffs vitales Interesse am Essen überhaupt – am ehesten erklärbar als Folge der entbehrungsreichen Jahre während der Weltwirtschaftskrise. In Sorge vor einer Wiederholung dieser bedrückenden Erfahrungen schloß Imhoff 1943 einen Anstellungsvertrag ab, der seine Qualifikation als Kaufmann in Naturalien lohnte. Später in der Stunde Null gründete er seine Existenz wiederum auf Lebensmittel, zunächst den Umständen entsprechend als Kompensationsgeschäft, bald als erster Großhändler an der mittleren Mosel.

Das fortan beginnende Wirtschaftswunder gestaltete Hans Imhoff als Produzent von Schokolade mit.

Der Arzt und Psychologe Dr. Dr. Martin Hambrecht charakterisiert diese Kindertage der Bundesrepublik ernährungshistorisch: »In den fünfziger Jahren wurde Ludwig Erhard zum Symbol des deutschen Wirtschaftswunders. Seine korpulente Erscheinung führte den Bundesbürgern sichtbar vor Augen: ›Wir sind wieder wer!‹ Übergewicht zeigte in den fünfziger Jahren, daß man die schlechte Zeit hinter sich gelassen hatte. Übergewicht war ein Zeichen für Wohlstand: ›Wir können uns was leisten. Uns geht's gut.‹« Noch hatte das Schlankheitsideal nicht alle positiven Attribute vereinnahmt, wie Hambrecht interpretiert: »Dicksein war gleichbedeutend mit Lebensfreude und Gemütlichkeit, mit Friede und Genußfähigkeit.«

In diesen Jahren des sprunghaften Wirtschaftsaufschwungs mußte sich Hans Imhoff gegen härteste Konkurrenz behaupten. Wenn überhaupt, dann hat unsere These von unternehmerischer Leistung, genährt aus Sinn für Süßes und Spaß am Speisen, in dieser Phase ihre Feuertaufe zu bestehen.

Direkt gefragt: Ist eine kulinarische Triebfeder für den wirtschaftlichen Erfolg Hans Imhoffs als bedeutender deutscher Schokoladenhersteller denkbar?

Professor Dr. Wilfried Diebschlag, Ingenieur und Mediziner am Institut für Arbeitsphysiologie der Technischen Universität München, antwortet mit einem »uneingeschränkten Ja«. Für ihn besteht kein Zweifel: »Voll hinter seinem Produkt zu stehen ist entscheidend. Noch besser: mit dem menschlichen Organismus dahinterzustehen.«

Diebschlag stellt sogar überraschende Relationen für beruflichen Erfolg her: »Für unternehmerische Ideen und Initiativen bedeutet die psychische Seite eine entscheidende Triebfeder, zumeist wichtiger als der Intellekt.« Er veranschaulicht seine Behauptung an einem Beispiel aus der Möbelbranche: »Wer als Chef von hoher Warte ohne jede Kenntnis des Produkts einen Stuhl fertigen läßt, bekommt ein 08/15-Ergebnis, ein fast seelenloses Produkt, kein Sitzmöbel, das für den Menschen gemacht ist.«

In der Nahrungsmittelindustrie erwartet Professor Diebschlag eine noch intensivere Identifikation mit dem Produkt: »Wenn Direktiven im eigenen geschmacklichen Willen wurzeln, bringt das durchschlagenden Erfolg.«

Dieses enge Wechselverhältnis von Gaumenfreuden und Gewinnstreben bestätigt auch Professor Dr. Hans Ditschuneit vom Zentrum für Innere Medizin der Universität Ulm anhand eines naheliegenden Exempels: »Erfolgreiche Köche kochen gern und essen gern. Von einer Idee voll erfaßt, fasziniert zu sein – das ist ein Antrieb für den Erfolg.«

Für die Richtigkeit dieser Einschätzung bürgt der bekannte Fernsehkoch Max Inzinger: »Als Koch habe ich ein sehr inniges, aber auch sehr bewußtes Verhältnis zum Essen, denn ich möchte mir die Gaumengenüsse bis ins hohe Alter erhalten.« Der Münchner Psychologe Wolfgang Marx bereichert die Analyse mit einem Beispiel aus einem weiteren Schaffensbereich: »Ich kenne einen erfolgreichen Künstler, der mit Leder arbeitet, weil er es als zweite Haut empfindet.« Professor Marx verallgemeinert: »Je intensiver eine Identifikation möglich ist, um so stärker wird die Motivation geweckt, um so mehr Lust habe ich, alle Kräfte zu mobilisieren.«

Für den Psychologen Marx läßt sich auch sehr wohl eine Verknüpfung früher Erlebnisse Imhoffs wie der karg gedeckte Tisch daheim und Heißhunger auf Naschereien mit seinem Einsatzwillen als Schokoladenhersteller denken: »Materielle Erfahrungen bilden ein Grundmotiv, das immer wieder durchschlagen kann.«

Der Mediziner und Psychologe Hambrecht assistiert: »Eßwünsche können positive stimulierende Wirkungen auslösen, starke Gefühle – auch Eßgefühle – können in Arbeitsintensität umschlagen.« In der Formulierung von Hambrecht wirkt unsere anfangs so vorsichtig formulierte These von einem kulinarischen Motivationsschub für unternehmerischen Erfolg schon fast selbstverständlich: »Als Triebfeder wirkt, was einem persönlich Freude macht.«

Dabei verstärkt Hambrecht die Argumentation zusätzlich, indem er auch den Adressaten des Managerhandelns mit in den Blick nimmt: »Das Produkt sinnlich zu erleben schafft den Vorteil, sich auch mit dem Verbraucher, dem Konsumenten identifizieren zu können.«

Eine weitere Dimension gewinnen unsere Überlegungen durch Einbeziehen einer unternehmerischen Parallele zu Hans Imhoff. Der französische Senkrechtstarter Bernard Tapie, wie Imhoff aus kleinsten Anfängen zur Ausnahmeerscheinung unter den Managern seines Landes aufgestiegen, legt in seiner Autobiographie »Gewinnen auf der ganzen Linie« ein beeindruckendes Bekenntnis zur gesunden Ernährung ab: »Ich bin überzeugt, daß stimmt, was man in Amerika sagt: ›*You are what you eat*‹ – man ist, was man ißt. Ich finde auch den Ausdruck ›sein Grab mit den Zähnen schaufeln‹ sehr treffend.«

Tapie geht in seinem Plädoyer für nährstoffreiches, naturbelassenes Essen weit über den Nutzen für das körperliche Wohlbefinden hinaus, er verspricht sich von gesunder Kost auch einen wachen, unternehmungslustigen Geist: »Dieser gräßliche Fraß, der in den ›Mc Donald's‹ und ›Wendys‹ heruntergeschlungen wird, all das, was die Amerikaner ›*junk food*‹, Abfallessen also nennen, wirkt sich zwangsläufig nicht nur auf die körperliche Form, sondern auch auf das intellektuelle und geistige Gleichgewicht aus.«

Bernard Tapie zieht eine unternehmerische Konsequenz aus diesen Einsichten: Er kauft und saniert die Reformhauskette ›La Vie Claire‹.

Bleibt schließlich die Gegenprobe. Läßt es sich an den Resultaten unternehmerischen Handelns ablesen, wenn die innere Übereinstimmung mit dem Produkt fehlt? Psychologe Wolfgang Marx hat da keinen Zweifel: »Sich in etwas verschlagen zu fühlen, was keine Identifikationschancen eröffnet, ist oft die Quelle geheimer Widerstände – und in der Folge der geheime Grund des Mißerfolgs.«

Marx pflichtet darin dem eingangs zitierten Unternehmensberater Egon Zehnder bei, ein Nichtraucher könne keine Zigarettenfirma erfolgreich führen: »Manager können nicht ohne weiteres von Schokolade zu Kohle wechseln.« Hans Imhoff sieht das nicht anders: »Ich muß mich mit einer Sache identifizieren und könnte mich deshalb niemals für Zigaretten oder Tabak engagieren.«

Zugleich erweitert Imhoff sein Verständnis von Identifikation mit einem Unternehmen vom Produkt auf politisches Handeln als Firmenchef: »Ich könnte mich nie nach dem Beispiel des Porzellanfabrikanten

Philipp Rosenthal in der SPD engagieren, weil mir das als pure Heuchelei erschiene. Denn für mich gilt die SPD als Arbeitnehmerpartei, während meine Profession eine unternehmerische ist.«

Für die Gegenprobe unserer These, daß nämlich mangelnde Identifikation die Kräfte lähmt, liefert Imhoffs Vita einen beeindruckenden Beleg. Um den Rekonvaleszenten Stollwerck vor Überanstrengungen durch Preisforderungen der kakaoproduzierenden Länder zu schützen, streut Imhoff 1976 die unternehmerischen Risiken durch den Erwerb der Immobilienfirma Concordia Chemie AG in Oberhausen. Sosehr sich dieses nahrungsmittelfremde Engagement nach zehn Jahren auch auszahlen soll, führt es ihm doch seine Grenzen vor Augen.

Wie die Sanierung von Stollwerck zerrt auch das Aufräumen bei Concordia, vor allem das Renovieren der Zechensiedlungen, Imhoff ins Rampenlicht: »Die Angriffe gegen mich, als wir die Grundstücke von Stollwerck in der Kölner Innenstadt verkauften, waren mindestens so groß wie bei Concordia.«

Dennoch liegen zwischen beiden publizistischen Schlachten in Köln und Oberhausen Welten, was die Schlagkraft des angegriffenen Unternehmers betrifft: »Die Schokoladenaktivitäten sind mein Lebensinhalt, mein Herzblut seit 1948. Ich war von dem Gedanken besessen, die Herausforderung Stollwerck zu meistern.« Wer so in seiner Aufgabe aufgeht, weicht nicht zurück.

Im Gegenteil sucht Imhoff erfolgreich die Vorwärtsverteidigung: »Der Neubau der Stollwerck-Fabrik machte alle Angriffe gegenstandslos, ich beabsichtige, das Unternehmen auszuschlachten.« Dagegen treffen ihn die öffentlichen Angriffe in Oberhausen weniger gewappnet: »Um den Vorwürfen ähnlich offensiv wie in Köln zu begegnen, hätte ich ein cleverer Baulöwe und Abschreibungsexperte sein müssen. Aber das war weder meine Profession noch mein Wollen.« Eingehend präzisiert Imhoff den Unterschied zwischen beiden Sanierungsfällen: »Mein Herz, mein Verstand hingen nicht an Concordia – Wohnungsbau liegt mir nicht, dagegen hängt mein Herz, mein Leben an der Schokolade. Da bin ich tüchtig, da habe ich etwas auf die Beine gestellt.« In dieser unterschiedlichen Identifikation mit der Sache sieht Imhoff »den entscheidenden Grund, warum ich Stollwerck durchgestanden und mich von Concordia schließlich gelöst habe«.

Quasi als Quintessenz unserer Analyse über eine kulinarische Triebfeder für unternehmerischen Erfolg bestätigt Hans Imhoff uneingeschränkt die Zehndersche Ausgangsthese, Produkte müßten mit den sinnlichen Vorlieben der Manager übereinstimmen: »Ich bin nur in der Lage, mich zu identifizieren, mich total zu engagieren und mich selbst bis aufs letzte Tröpfchen auszuquetschen, wenn ich eine Sache mag, wenn sie mich fasziniert – das ist bei Schokolade der Fall, inzwischen auch bei Fleisch und Wurst.« Damit erweist sich die eingangs zitierte Kurzcharakteristik Imhoffs bei der Fabrikeröffnung in Belgien, er wiege 100 Kilo, 80 davon seien Schokolade, als weit mehr denn ein publikumswirksamer Gag: Dieses Bild beschreibt ein Programm, charakterisiert die Schokolade als Teil von Hans Imhoff, als einen von seiner Person untrennbaren Lebensinhalt, das Verhältnis 100 : 80 deutet schließlich sogar die bestimmende Kraft dieses Engagements an.

Diesem Mann sieht man an, daß ihm seine Schokolade schmeckt. Das spüren die Profis der Düsseldorfer Werbeagentur R. W. Eggert im Jahr 1976, als sie eine Identifikationsfigur zur Präsentation der ›Alpia‹-Schokolade von Stollwerck im Fernsehen suchen. Der Chef wirbt darauf selbst – und der Publikumserfolg gibt den Marketingexperten recht.

Seine Statur zeugt davon: »Vor 20 Jahren wog ich 80 Kilo, seither ist pro Jahr eins hinzugekommen.« Die Reismahlzeiten im Büro, die »Mümmeltage«, weisen Imhoff als jemanden aus, der sich auch von Zeit zu Zeit Diäten unterzieht. Dennoch bekennt er ebenso freimütig: »Meine Genußfreude hat auch das Ergebnis von Diätkuren nach einigen Monaten wieder zunichte gemacht.«

Vielleicht nützt dies seiner Streßstabilität im aufregenden Alltag, wie die Einschätzung des Arztes Professor Ditschuneit von der Ulmer Universität nahelegt: »Meines Erachtens sind die Fettleibigen, die ›Adipösen‹, primär die Gesünderen. Sie sind für Notzeiten weit besser durch zahlreiche Stoffwechselregulationen gerüstet als die ›Dünnen‹.«

Vom »knallharten Willen« als Erfolgsgrund war bereits eingehend die Rede. Jetzt gesellt sich ein zweites, ebenso entscheidendes Motiv hinzu: das »Schokoladenherz« als Metapher für die Identifikation mit dem Produkt, die Gefühlskomponente dieses unternehmerischen Engagements, das sinnliche Erleben der täglichen Herausforderungen – kurz, das Herzblut in der Lebensaufgabe Schokoladenfabrikant.

Das Stollwerck-Gelände an der Porzer Industriestraße in Köln bietet einen besonderen Blickfang: Eine riesige Dampflokomotive flankiert den Besucherparkplatz. Ständig umlagern Kinder das schwarze Ungetüm.

Von seinem Arbeitszimmer hat Hans Imhoff ebenfalls die Güterzuglok Nr. 043 085 im Blick. Im Jahr 1942 bei der westpreußischen Schichau AG gebaut und für 213 800 Mark von der Reichsbahn erworben, leistete diese Dampflok Schwerstarbeit bis Ende 1975.

Mit 2100 Pferdestärken Zugkraft und 169 Tonnen Gewicht transportierte diese größte Güterdampflok, die jemals bei der Bundesbahn eingesetzt wurde, zuletzt Erz zwischen Rheine und Ems. 80 Stundenkilometer brachte der Koloß bei einer maximalen Zuglast von 80 beladenen Güterwagen auf die Schiene, dann schluckte das Feuer unter dem Kessel acht Zentner Kohle pro Stunde.

Als Hans Imhoff erfährt, daß diese letzte Güterdampflok der Bundesbahn auf dem Schrottplatz enden soll, entschließt er sich zum Erwerb des Veteranen. Bis die 043 085 schließlich nach 2 108 166 Schienenkilometern Dienstfahrt bei Stollwerck auf dem Abstellgleis steht, hat die Rettungsaktion den vierfachen Aufwand des Kaufpreises von 25 000 Mark erfordert.

Am Schluß seines Imhoff-Porträts in der ›Frankfurter Allgemeine‹ führt uns Rolf Heggen zu dieser Güterlok: »Ein Mensch wie Imhoff wirkt neben der gewaltigen Maschine wie ein Winzling. Doch im Gegensatz zu dem Koloß auf seinen riesigen Rädern steht der etwas kurzbeinige Kölner unter Dampf. So leicht wie das eiserne Ungetüm wird sich Hans Imhoff nicht auf ein Abstellgleis schieben lassen.«

Gemessen an den geltenden Regeln für seine Mitarbeiter, hat der Stollwerck-Chef das Rentenalter erreicht. Was nun, Hans Imhoff?

Welche Ziele, Wünsche, Träume bestimmen ihn noch? Wie lange will er noch selbst das Heft in der Hand behalten? Welche Hoffnungen setzt er auf die nächste Generation?

Beiden Ehen, die erste mit 21 Jahren geschlossen, die zweite 20 Jahre später, entstammen jeweils zwei Kinder. Monica, mit 42 Jahren die älteste Tochter, betreibt in Rendsburg eine angesehene Arztpraxis für Chirurgie und Unfallchirurgie. Sohn Hans, 40jährig, erwarb sich zwölf Jahre lang seine Sporen im väterlichen Betrieb, sammelte weitere Erfahrungen außerhalb von Stollwerck und zeichnet inzwischen im Konzern für den europaweiten Vertrieb von Kakaomasse und Couvertüre verantwortlich. Die 18jährige Tochter Annette aus zweiter Ehe Hans Imhoffs hat am Hochalpinen Töchterinstitut im schweizerischen Ftan ihre Matura gemacht und beginnt das Studium der Wirtschaftswissenschaften. »Auch sie wird in die Fußstapfen des Vaters treten und die unternehmerische Familientradition fortsetzen«, freut sich Imhoff über Annettes Zukunftspläne.

Ihre 17jährige Schwester Susanne, so beschreibt Vater Imhoff nicht weniger stolz, »lebt außer ihrem schulischen Engagement nur für ihre Pferde.« Als ebenso begeisterte wie erfolgreiche Springreiterin weiß auch sie sich bereits ehrgeizige Ziele zu setzen. Das Streben nach Selbständigkeit hat sich also in die nächste Generation fortgesetzt.

Welchen Karriererat gibt der erfahrene Konzernchef nicht nur seinen

Kindern, sondern jungen Leuten allgemein? »Entgegen meiner eigenen Laufbahn ein abgeschlossenes Studium«, lautet seine Empfehlung, dann »erste Erfahrungen zu Lasten anderer machen, aber mit spätestens 40 Jahren die eigene Kutsche fahren, denn danach wird man vorsichtiger, und die Kraft läßt nach.«

Auf eigenen Beinen stehen, auf eigene Rechnung arbeiten, erscheint Hans Imhoff als Grundvoraussetzung eines erfüllten Berufslebens: »Selbständigkeit wäre für mich – auch wenn ich noch einmal auf die Welt käme – von Anfang an das Ziel, aber man muß wissen, daß dies ein mühsames Behauen von Steinen bedeutet.«

Allerdings versteht Imhoff Selbständigkeit nicht eng auf unternehmerische Tätigkeit begrenzt, sondern ebenso auf herausragende künstlerische oder sportliche Leistungen. Diese Einschätzung bestätigt seine Antwort auf die Frage nach seinem Traumberuf: »Ein Opernsänger wie Placido Domingo wäre ich gern geworden oder ein Dirigent wie Herbert von Karajan oder Josef Neckermann, der Goldmedaillen gewonnen hat.«

Und wie lange will er noch bleiben, täglich im Chefzimmer der Stollwerck AG, voll engagiert für die Geschicke des Unternehmens? An Feierabend mag er noch nicht denken: »Mit 70 Jahren und wenn ich noch so gesund wie heute bin, wird sich bei mir wohl wenig ändern. Natürlich werde ich da und dort Verantwortung delegieren, denn keiner lebt ewig. Auch ist mir klar, daß nicht alles so bleibt, wie es ist, wenn ich einmal älter bin. Aber zur Zeit fühle ich mich noch recht munter, und immer, wenn es schwer oder sogar besonders schwer wird, wachsen meine Kräfte.«

Ein konkretes Ziel läßt Imhoff mit unverändertem Einsatz weitermachen: »Ich möchte die Bedeutung der Marken Stollwerck, Sprengel und Waldbaur stärken, über ihr jeweiliges Stammgebiet im deutschen Westen, Norden und Süden hinaus auf die gesamte Bundesrepublik und möglichst auch auf Europa ausdehnen.«

Hat der Mann mit der bewundernswerten Nachkriegskarriere noch unternehmerische Wünsche offen? »Träumen soll erlaubt sein«, deutet Hans Imhoff an, was für ihn die Krönung seines Engagements darstellen würde, »ich würde gern Stollwerck wieder zu der Bedeutung führen, die der Konzern vor dem Ersten Weltkrieg hatte: Nummer eins auf dem europäischen Kontinent.« Um diese Position streiten derzeit die Jacobs-Suchard-Gruppe und der schweizerische Nahrungsmittelkonzern Nestlé.

Stollwerck wieder die Nummer eins auf dem europäischen Kontinent: Hans Imhoff hat dies ausdrücklich als Traum, nicht als Ziel definiert. Die

Lebensleistung des Unternehmers bleibt auch unabhängig von der Erfüllung dieses Traumes beeindruckend.

»Ich habe immer alles gegeben, um Positives aufzubauen, zu gestalten, um das Unternehmen krisenfest zu machen«, zieht Hans Imhoff Bilanz. »Ich habe ernsthaft versucht, den Menschen, die mit mir zusammenarbeiten, eine gute Existenz zu verschaffen. Da, wo es notwendig war, habe ich oft helfen können. Die Kraft des positiven Denkens hat mich getragen – als realen Optimisten.«

Der Schlossersohn aus der Fleischmengergasse, der einst ins Severinsviertel radelte, um Kakaoduft zu schnuppern, der später einer kritischen Öffentlichkeit in seiner Heimatstadt zum Trotz die Stollwerck AG sanierte und in die Spitzengruppe der weltweit operierenden Schokoladenkonzerne zurückführte: am Ende beweist er mit einer urkölschen Redensart als Lebensmotto, daß er im Herzen immer ein kölscher Jung geblieben ist: »Wer gitt, wat hä hät, es wät, dat hä läv.«

Zum Nachahmen außerhalb der rheinischen Domstadt die hochdeutsche Übersetzung:

»Wer gibt, was er hat,
ist wert, daß er lebt.«

Heinz Commer

Manager-Knigge

– Moderne Umgangsformen im beruflichen Alltag –

256 Seiten, gebunden, Schutzumschlag

Alle Führungskräfte in Wirtschaft, Verwaltung, Verbänden und Politik und vielen anderen Institutionen stehen immer wieder vor schwierigen und manchmal unangenehmen Aufgaben: Wie bereite ich eine Konferenz vor? Wie kleide ich mich zu bestimmten Anlässen? Wie lade nich meinen Chef ein, und was mache ich dann? Wo sitzt wer beim Arbeitsessen? Was muß ich tun, wenn ein Todesfall eintritt?
Diese Fragen und mehr als hundert im Alltag eines Managers und auch für seine Sekretärin auftauchende Probleme werden in diesem Buch abgehandelt. Es bietet konkrete Checklisten, die sicherstellen, daß nichts vergessen wird, und es zeigt Lösungsmöglichkeiten für den Manager-Alltag.
Unsere Lebensformen haben sich in den letzten zwanzig Jahren so stark verändert, daß vieles, was zur Zeit von Frau Pappritz verbindlich war, heute nicht mehr zählt. Auch die Organisations- und Verwaltungsformen haben sich, insbesondere in der Wirtschaft, sehr stark verändert. Was früher noch mit strenger Hierarchie gelöst wurde, ist heute vielfach horizontalen Organisationsformen gewichen. So gelangen immer mehr Männer und Frauen in Managerpositionen, und ihnen hilft das Buch Commers mit der Forderung nach ebenso modernen wie individuellen Umgangsformen.

»Was Baedeker für die Reisen, Langenscheidt für die Sprachen, Michelin für die gastronomischen Sterne, das ist Commer für die richtigen Umgangsformen im Berufsleben.« *Kölnische Rundschau*